西洋手相術の世界

Astro Palmistry Lesson

『手』に宿された星々の言葉

伊泉 龍一 ◎ ジューン澁澤

駒草出版

プロローグ

「手相占い」と言えば、現代の日本では、誰もが知っている有名な占いのひとつです。ところでみなさんは、手相占いに対してどのようなイメージを持っていますか。

自分の周りの人に聞いてみると、手相占いは若手の占い師というよりも、占いを何十年と続けている年配のベテラン占い師さんがやっているイメージがあるようです。そればかりか、星占いやタロット占いなどの欧米からやって来た占いとは異なり、手相占いは東洋の昔からある占いだと思ってしまっている人も少なからずいるようです。いずれにせよ手相占いは多くの人にとって、星占いやタロット占いのように、ヨーロッパ的なイメージとは、あまり結びつかないようです。

ところが今日、一般的に知られている手相占い、すなわち手相術の方法のもとになっている考え方は、実際のところ東洋起源のものではなく西洋の伝統に由来します。そればかりか西洋の本格的な星占い、すなわち「占星術」との間には、驚くほど非常に深いつながりがあるのです。

手相術と占星術。このふたつの占いの関係について、これまでの日本の手相術の本では、あまり詳しく取り上げられていないようなので、いまひとつピンとこない人も多いかもしれません。けれども、ここで今日でも一般的に使われている手相術の用語をいくつか拾ってみると、このふたつの占いがいかに近い関係にあるかということが明らかになります。

たとえば、手相術では手のひらの特定の部位を表すのに、「金星丘」であるとか「月丘」といった名称が使われています。そう、占

星術に詳しい方は、ピンと来たかもしれませんが、そもそもこの「金星」とか「月」という名称は、占星術で使われている天体の名前にちなんだものなのです。こういったことは、まさしく本書で紹介する手相術の中心となる部分なので、詳しくは改めて本文の方で解説していきたいと思います。

　ここでいったん、本書の特徴と全体の構成についてお話しておきます。
　まず第Ⅰ部は、「手相とは何か」という簡単な概論からはじめ、各章ごとに手全体、及び指の形、さらに手のひらの「丘」・「線」・「印」などについて、順を追って説明していきます。
　これまでの手相術の本でも、「丘」・「線」・「印」などについて、ひととおりの説明はなされています。ただしそれらの多くは、単に「○○のときは○○を意味する」といった説明以上のものではなく、どうして「○○のときに○○という意味として解釈されるのか」という「しくみ」や「理屈」についてほとんど触れられることはありませんでした。
　それに対して本書の特徴は、あくまでその「しくみ」や「理屈」を前提として解説した上で、個々の解釈に入っていくところにあります。もしかすると、人によっては「しくみ」や「理屈」なんて面倒臭いという方もいるかもしれません。けれども、ある程度の「しくみ」や「理屈」が分かれば、どうして「○○のときに○○という意味になるのか」ということを前提に、さらに個々の解釈を自分なりのイマジネーションで作っていくことができるようにもなります。従って結果的に、「○○のときは○○を意味する」ということをひとつひとつ丸暗記していかなくても良くなるわけです。
　ちなみに、ここで言う「しくみ」や「理屈」のほとんどは、占星

術がベースとなっているものなので、すでに占星術に親しんでいる人には、特に興味を持って読んでいただけることと思います（もちろん占星術をまったく知らない人でも分かるように解説していますのでご安心ください）。また、「○○のときは○○を意味する」といった形での単なる丸暗記が苦手だという人、あるいは、これまで手相術の本を読んでみたけれども、覚えることが多すぎて挫折したという人にも、本書のメソッドはきっとおおいに気に入ってもらえるはずです。

　さて、以上のような第Ⅰ部のほうが実践篇だとすると第Ⅱ部のほうは、手相術の背景をより深く理解していただくために、現代に至るまでの、その起源や歴史についてもきちんと紹介していきます。さらにこれから手相術を本格的に研究していきたいという人の手引きとなる内容になっていることと思います。

　本書は、同シリーズの前著、『数秘術の世界』のときと同様、共著という形をとっています。第Ⅰ部のⅡ章以降は、手相術をはじめ各種西洋占術に精通されているジューン澁澤さんにお願いしました。そして第Ⅰ部のⅠ章、及び第Ⅱ部のほうは、伊泉龍一が書いています。

　それなりに歴史の長さがあるどの占い方法にも言えることですが、やはり手相術も、その全貌の詳細を明らかにしようと思うと大変な紙数を費やさなければならなくなり、この1冊の本の中にすべてを収めることはまず不可能です。

　ですから本書では、手相術のすべてについて詳しく網羅することではなく、さきほどすでにお話したように占星術と深く結びついた手相術のメソッド、すなわち「アストロ・パーミストリー（Astro Palmistry）」に絞って紹介することにしました。

詳しくは改めて本文の方で説明することになりますが、アストロ・パーミストリーは、特に15世紀から17世紀のヨーロッパで占星術と密接な関係を持ちながら発展していったメソッドであると同時に、今日の一般的な手相術の基礎となったものです。

　人の運命を告げる「大宇宙」の星々の言葉が、「小宇宙」としての手のひらの中に刻み込まれている。そんなアストロ・パーミストリーの世界観に、もし興味をひかれたなら、ぜひとも本書で紹介する手相術を試してみてください。きっと他の占いにはないアストロ・パーミストリー独特の面白さの虜になるはずです。

伊泉龍一（いずみりゅういち）

Contents【目　次】

プロローグ（伊泉　龍一）…………………………………… 003
本書の使い方………………………………………………… 013

第Ⅰ部　手相術の実践
Ⅰ　手相占いの予備知識
アストロ・パーミストリーとは？………………………………… 022
ホロスコープについて…………………………………………… 023
12星座について ………………………………………………… 025
天体について…………………………………………………… 026
カイログノミーとカイロマンシー………………………………… 028
右手か左手か…………………………………………………… 029

Ⅱ　手の形を読む＝性質の基盤
ハンドタイプの割り出し方……………………………………… 034
4つのハンドタイプは性質の基盤を示す……………………… 036
プラクティカル・ハンド（現実の手）…………………………… 038
インテレクチュアル・ハンド（聡明な手）……………………… 040
インテューティブ・ハンド（直観の手）………………………… 042
センシティブ・ハンド（感じる手）……………………………… 044

Ⅲ　手の指と丘を読む＝能力
手のひらと指の8区分…………………………………………… 049
能力と、それを使う自由意志…………………………………… 049
指を読み解く基本……………………………………………… 050
丘を読み解く基本……………………………………………… 051
ジュピターの指と丘……………………………………………… 052
サターンの指と丘………………………………………………… 054

アポロの指と丘⋯⋯⋯⋯⋯⋯⋯⋯⋯⋯⋯⋯⋯⋯⋯⋯⋯⋯⋯⋯⋯⋯⋯056
マーキュリーの指と丘⋯⋯⋯⋯⋯⋯⋯⋯⋯⋯⋯⋯⋯⋯⋯⋯⋯058
マーズの丘と平原⋯⋯⋯⋯⋯⋯⋯⋯⋯⋯⋯⋯⋯⋯⋯⋯⋯⋯⋯060
ヴィーナスの丘⋯⋯⋯⋯⋯⋯⋯⋯⋯⋯⋯⋯⋯⋯⋯⋯⋯⋯⋯⋯062
ルナの丘⋯⋯⋯⋯⋯⋯⋯⋯⋯⋯⋯⋯⋯⋯⋯⋯⋯⋯⋯⋯⋯⋯⋯064
親指⋯⋯⋯⋯⋯⋯⋯⋯⋯⋯⋯⋯⋯⋯⋯⋯⋯⋯⋯⋯⋯⋯⋯⋯⋯066

Ⅳ 手のラインを読む＝運命

ラインが表すのは運命⋯⋯⋯⋯⋯⋯⋯⋯⋯⋯⋯⋯⋯⋯⋯⋯070
4本のメジャー・ライン⋯⋯⋯⋯⋯⋯⋯⋯⋯⋯⋯⋯⋯⋯⋯070
ラインについての考え方⋯⋯⋯⋯⋯⋯⋯⋯⋯⋯⋯⋯⋯⋯⋯071
基点と到達点⋯⋯⋯⋯⋯⋯⋯⋯⋯⋯⋯⋯⋯⋯⋯⋯⋯⋯⋯⋯072
メジャー・ラインを読む手順⋯⋯⋯⋯⋯⋯⋯⋯⋯⋯⋯⋯072
ライフ・ライン⋯⋯⋯⋯⋯⋯⋯⋯⋯⋯⋯⋯⋯⋯⋯⋯⋯⋯⋯074
ハート・ライン⋯⋯⋯⋯⋯⋯⋯⋯⋯⋯⋯⋯⋯⋯⋯⋯⋯⋯⋯080
ヘッド・ライン⋯⋯⋯⋯⋯⋯⋯⋯⋯⋯⋯⋯⋯⋯⋯⋯⋯⋯⋯086
フェイト・ライン⋯⋯⋯⋯⋯⋯⋯⋯⋯⋯⋯⋯⋯⋯⋯⋯⋯⋯092
マイナー・ライン⋯⋯⋯⋯⋯⋯⋯⋯⋯⋯⋯⋯⋯⋯⋯⋯⋯⋯102
マイナー・ラインの考え方⋯⋯⋯⋯⋯⋯⋯⋯⋯⋯⋯⋯⋯103
マイナー・ラインを読むポイント⋯⋯⋯⋯⋯⋯⋯⋯⋯⋯103
ジュピターの丘上のライン⋯⋯⋯⋯⋯⋯⋯⋯⋯⋯⋯⋯⋯104
サターンの丘上のライン⋯⋯⋯⋯⋯⋯⋯⋯⋯⋯⋯⋯⋯⋯105
アポロの丘上のライン⋯⋯⋯⋯⋯⋯⋯⋯⋯⋯⋯⋯⋯⋯⋯106
マーキュリーの丘上のライン⋯⋯⋯⋯⋯⋯⋯⋯⋯⋯⋯⋯107
マーズの丘と平原上のライン⋯⋯⋯⋯⋯⋯⋯⋯⋯⋯⋯⋯108
ヴィーナスの丘上のライン⋯⋯⋯⋯⋯⋯⋯⋯⋯⋯⋯⋯⋯109
ルナの丘上のライン⋯⋯⋯⋯⋯⋯⋯⋯⋯⋯⋯⋯⋯⋯⋯⋯110
丘をまたがるライン⋯⋯⋯⋯⋯⋯⋯⋯⋯⋯⋯⋯⋯⋯⋯⋯⋯112

V　印を読む＝変調の兆し

　印の表れは変調の兆し……………………………………… 116
　丘とラインに表れる印……………………………………… 116
　　クロス……………………………………………………… 118
　　スター……………………………………………………… 120
　　スクエア…………………………………………………… 122
　　アイランド………………………………………………… 124
　　ドット（スポット）……………………………………… 126
　　グリル……………………………………………………… 128
　　トライアングル…………………………………………… 130
　　バー………………………………………………………… 132
　　タッセル…………………………………………………… 133

VI　手相の複合リーディング

　手相の複合リーディング…………………………………… 136
　恋愛に関するリーディング例……………………………… 140
　　ハンドタイプで「恋愛傾向」を読む…………………… 140
　　指と丘で「恋愛能力」を読む…………………………… 141
　　ハート・ラインで「恋愛運」を読む…………………… 143
　　仕上げはマイナー・ラインと印………………………… 145
　　恋愛リーディングの手順とポイント…………………… 148
　仕事に関するリーディング例①適職を知る……………… 152
　　ハンドタイプで「適職を探す指針」を読む…………… 152
　　指と丘で「仕事能力」を読む…………………………… 153
　　フェイト・ラインで「使命」を読む…………………… 154
　　マイナー・ラインで「特別な適性」を読む…………… 155
　　適職リーディングの手順とポイント…………………… 156
　仕事に関するリーディング例②転機を知る……………… 160
　　ハンドタイプで「適性」を読む………………………… 160

指と丘で「仕事能力」を読む……………………………… 161
ラインで「転機」を読む…………………………………… 162
転機リーディングの手順とポイント……………………… 166
結婚に関するリーディング例………………………………… 170
ハンドタイプで「理想的な結婚形態」を読む…………… 170
パートナーの指と丘で「相性」を読む…………………… 171
パートナーから見たあなたとの相性……………………… 173
ラインで「結婚運」を読む………………………………… 174
結婚リーディングの手順のポイント……………………… 176

第Ⅱ部　手相術の歴史
Ⅰ　古代の手相術──ハンド・リーディングの起源
はたして手相術は古代のオリエント文明へと
　遡ることができるのか？………………………… 184
大人気の古代エジプト説…………………………………… 186
アリストテレスは本当に手相術に精通していたのか？……… 188
古代ギリシャの哲学者たちは、
　本当に手相術をおこなっていたのか？………… 190
「迷信」としての手相術 …………………………………… 192
『聖書』のなかの手相術 …………………………………… 195
紀元前2000年のヴェーダ文献のなかの手相術 !?……… 196
インドからギリシャ・ローマへ…………………………… 199
「手から運命を読む」というアイデアの起源 …………… 201

Ⅱ　12世紀から15世紀にかけての手相術
　──ヨーロッパにおける手相術のはじまり
中世ヨーロッパにおける手相術の出現…………………… 208
12世紀ルネサンス ………………………………………… 209
アラビアからヨーロッパへ………………………………… 211

アラビアの手相術……………………………………………… 213
　　　アラビア語からラテン語へと翻訳された手相術…………… 214
　　　ヨーロッパにおける最も初期の手相術への言及…………… 218
　　　教会のなかで書かれた手相術………………………………… 220
　　　中世のキリスト教会は手相術を弾圧していたのか？……… 224
　　　手相術と医学…………………………………………………… 227
　　　初期のさまざまな手相術の写本……………………………… 228

Ⅲ　16世紀から17世紀の手相術──手相術の黄金期
　　　印刷された手相術の本………………………………………… 238
　　　イタリア・ルネサンス期の手相術…………………………… 241
　　　手相術と解剖学………………………………………………… 245
　　　ドイツにおける占星術的手相術のはじまり………………… 246
　　　ドイツの手相術とアカデミズム……………………………… 251
　　　ノストラダムスの時代のフランスの手相術………………… 253
　　　カバラと手相術………………………………………………… 257
　　　シェイクスピアが描く手相術………………………………… 259
　　　ジプシーと手相術……………………………………………… 260
　　　ロバート・フラッドの手相術………………………………… 264
　　　17世紀イギリスにおける有名な占星術師たちによる手相術 … 267

Ⅳ　18世紀の手相術──手相術の衰退
　　　手相術の衰退…………………………………………………… 276
　　　「科学革命」を経て …………………………………………… 279
　　　民衆的レベルでの占い………………………………………… 282

Ⅴ　19世紀から20世紀初頭までの手相術
　　　　──手相術の復興
　　　ナポレオン・ボナパルトの手相………………………………… 286

近代手相術の原点……………………………………………289
エリファス・レヴィの弟子による手相術の復興……………296
ヴィクトリア朝手相術のはじまり……………………………301
ロンドン手相学協会……………………………………………304
栄光を極めた手相術師…………………………………………309
世紀末のアメリカに現れたサン＝ジェルマン伯爵の手相術……317
20世紀手相術のバイブル………………………………………320

VI モダン・パーミストリー――占いと科学の狭間で
医学的手相術の幕開け…………………………………………328
占星術パラダイムからの離脱…………………………………331
ダーマトグリフィックス………………………………………333
手相術の科学的調査……………………………………………335
心理手相学………………………………………………………339
ネオ・トラディショナル手相術………………………………342
東洋式手相術……………………………………………………344

引用・参考文献…………………………………………………347
図版出典目録……………………………………………………355
用語・人名索引…………………………………………………357

エピローグ（ジューン澁澤）……………………………362
エピローグ（伊泉　龍一）……………………………364
西洋手相術チャート

本書の使い方

　この本は２部構成に分かれています。
　第Ⅰ部では、「手相とは何か」という簡単な概論からはじめ、各章ごとに手全体の形や指、あるいは手のひらの「丘」・「線」・「印」などの読み方や意味について、順を追って説明していきます。
　第Ⅱ部のほうは、手相術の背景をより深く理解していただくために、現代に至るまでの、その起源や歴史について紹介してあります。
　巻末にあるチャートでは、第Ⅰ部で得た結果をもとにあなたの手相を書き込むことができるようになっています。

　ここでは、チャートを作成するにあたって、必要なポイントを簡単に説明していきます。詳しくは各章をご覧になってください。

☆　手の形＝性質の基盤と生きる指針を示す
　まずあなたの手の形を割り出しましょう。
　手のひらの横幅と縦の長さを比べて、どちらが長いかを確認します。次に手のひらの横幅を、中指の長さと比べてください。
　このふたつの組み合わせから、あなたの手のタイプを割り出すことができます。
⇒第Ⅱ章

☆　手の指と丘＝能力を示す

　手のひらと指を8つの部分に分けて、それぞれの部分を天体の対応に当てはめましょう。

　各部分を支配している天体のパワーがあなたの指と丘にどんな能力を宿したのか、読み解いていきましょう。

⇒第Ⅲ章

☆　手のライン＝運命を示す

　4本のメジャーラインの名前を覚え、自分の手相に当てはめていきましょう。

　各ラインには流れの基点と到達点が必ずあります。その間を等間隔で3分割すると子ども時代、青年時代、壮年時代に当てはめることができ、あなたの人生のどの時代にどんなことが起こり得るかを読み解くことができます。

　次にマイナー・ラインを探していきましょう。マイナー・ラインはすべての人の手にあるわけではありません。従ってマイナー・ラインが出ていること自体が個人個人の「特別な運命」を読み解くカギとなります。

⇒第Ⅳ章

☆　印＝変調の印

　手相を読み解く最終の段階、「印」に注目します。

　印は人生における何らかの兆しを表しています。そのため、表れたり消えたりすることもあります。

　印は丘の上、またはライン上に表れます。形、表れた場所によりさまざまな意味を持っています。

⇒第Ⅴ章

以上の導き出された結果をチャートに記入してください。
　第Ⅵ章の実践例を参考にしながら、あなたの手相を複合的にリーディングしていきましょう。

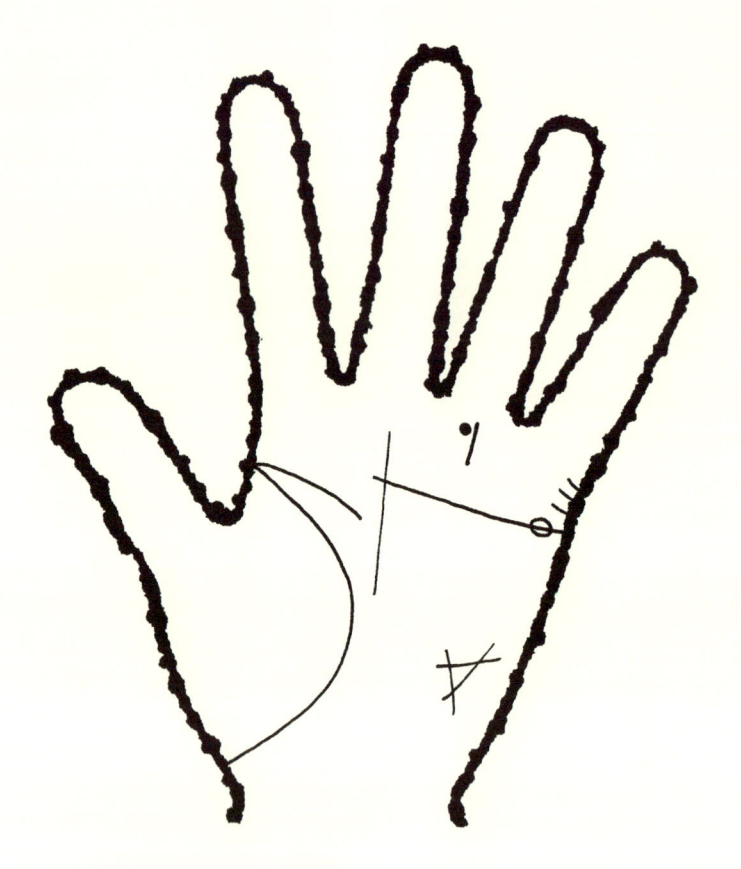

Astro Palmistry Chart【自己診断表】

[Name] Hanako　　　　　　　　　[Age] 23

step:1【「ハンドタイプ」を書き込んでみましょう。】

ハンドタイプ：インテューティブ・ハンド　　エレメント：火
キーワード：未知に挑むパワフルな輝きの人
傾　向：自分の直観と情熱に身を任せるのが得意。

Astro Palmistry Chart【自己診断表】

step:2【特徴的な「指と丘」を書き込んでみましょう。】

特徴的な指と丘	状態	アビリティ	傾向
サターンの丘	盛り上がっている	忍耐力	恋を持続させられる
サターンの指	傾いている	忍耐力	精神的に弱い
ヴィーナスの丘	盛り上がっている	官能を得る力	情熱がさらに高まる

step:3

「メジャー・ライン」の全体像を書き込んでみましょう。

	形状	基点と到達点	傾向
ライフ・ライン	カーブが深い	手のひらのはじ	バイタリティが強い
ハート・ライン	太く、ハッキリ一直線	マーズの丘	愛を貫く運命
ヘッド・ライン	カーブが浅い	マーズの平原	個性的な考えや思想に走る
フェイト・ライン	普通	中央より下ではじまる	人生の中盤で使命が見つかる

「マイナー・ライン」を探しましょう。

マイナー・ライン	丘	傾向
リレイションシップ・ライン 3本	マーキュリー	他者との結びつきが強い
アポロ・ライン	アポロ	大きな成功力がある

step:4【「印」を探しましょう。】

印	基本の意味	表れた場所	傾向
アイランド	弱さと孤立	ハートラインの子ども時代	子どものとき、孤独で自信をなくしている
ドット	停滞と苦悩	アポロの丘	愛情表現が困難
トライアングル	恵みと成就	ルナの丘	感受性が豊か

How to use

第Ⅰ部　手相術の実践

Ⅰ 手相占いの予備知識

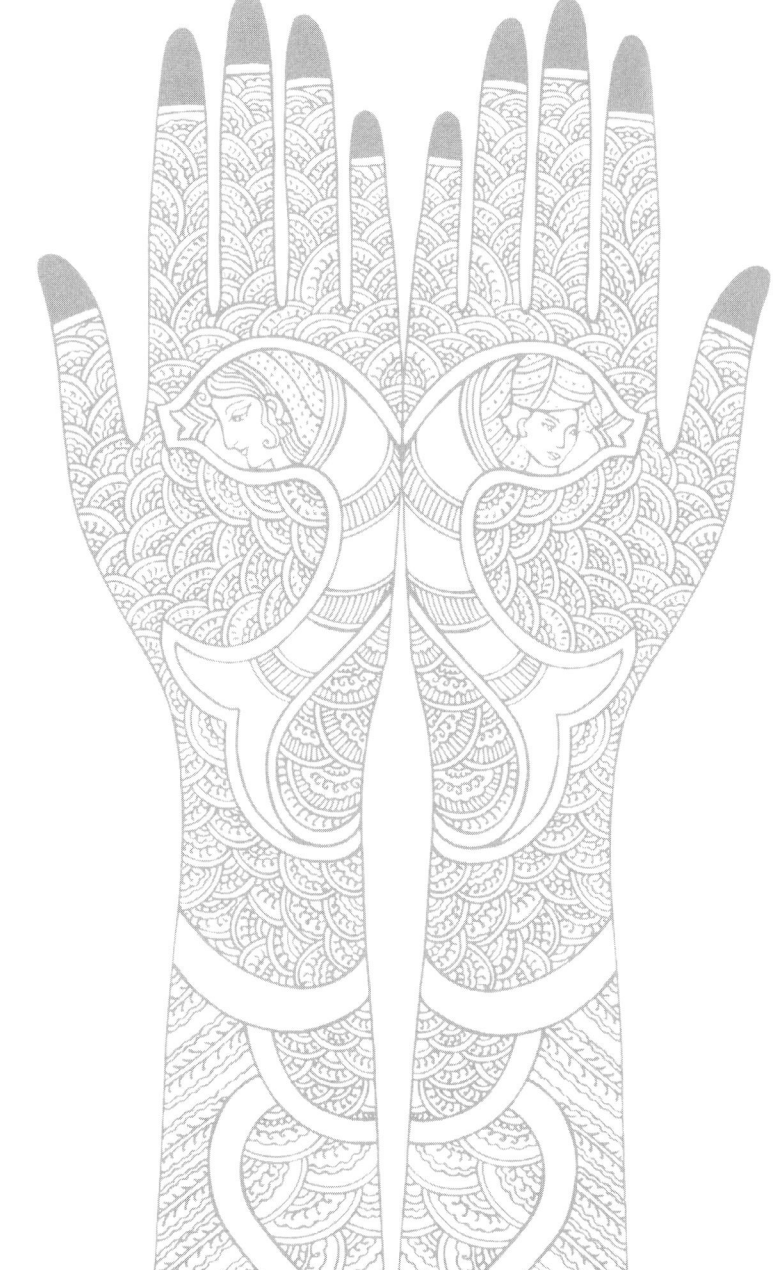

Preliminary Knowledge of Palmistry

Preminary Knowledge of Palmistry

　プロローグでも述べたように本書では、占星術と深いかかわりのある「アストロ・パーミストリー（Astro Palmistry）」を紹介します。

■アストロ・パーミストリーとは？

　そもそもアストロ・パーミストリーのアストロ（astro）という語は、「星」を意味します。また、パーミストリー（palmistry）は、今日英語圏で、「手相術」全般を指す語として使用されています。

　ちなみにパーミストリーという語は、もともとは中期英語のPawmestryという語に由来します。Pawmestryは、「手のひら」を意味するPaume、そして「研究」という意味をもつestrieからなり、合わせて「手のひらの研究」といった意味を持ちます。従って、アストロ・パーミストリーを日本語に直訳するなら「星の手のひらの研究」、また意訳するなら「占星手相学」といったような呼び方になるでしょう。この「占星手相学」という名称はやや堅い感じがしますので、本書では、「アストロ・パーミストリー」という英語のカタカナ表記のまま呼ぶことにします。

　詳しくは第Ⅱ部の歴史のところでお話することになりますが、アストロ・パーミストリーは、ヨーロッパでは中世以来、伝統ある手相術のメソッドとして知られています。現代の海外の手相術の本の多くでは、あえて「アストロ・パーミストリー」と呼び方を使っていない場合でも、その主要なメソッドは、明らかに占星術と関連した中世の手相術に由来するものとなっています。そういった意味でも、アストロ・パーミストリーは、今日の主流となっている手相術のメソッドのまさしくベースとなっているものな

のです。

　ただし、20世紀後半になってからは、伝統的なアストロ・パーミストリーとは大きく異なる手相研究のメソッドもしっかりと形をなしてきています。一般的に「モダン・パーミストリー」と呼ばれる、そういったより新しい手相研究の具体的なメソッドについては、本書第Ⅰ部ではその目的が異なるため、詳しく扱うことができません。ただし、そのおおまかなアウトラインについては、第Ⅱ部のほうで、その歴史的な流れと合わせて紹介するつもりです。

■ホロスコープについて

　アストロ・パーミストリーは、占星術的な世界観を背景に持った手相術です。ですから、占星術についてある程度の理解がある人には、非常に親しみやすいものだと言えます。

　アストロ・パーミストリーの具体的なメソッドに入る前に、ここではまず、占星術とはどのようなものであるか、簡単にそのおおまかなところを述べておきましょう。

　占星術は、生まれたときの星の配置を調べることによって、その人の性格や運命を占います。その際に必要となるのは、生年月日と生まれた時間、そして生まれた場所といったデーターです。それらをもとに、占星術師は「ホロスコープ」と呼ばれるチャートを作成します（図1）。

　昔は、このホロスコープを作成するためには、数学、及び天文学の知識が必要でした。ただし現代では、ホロスコープを作成するためのパソコンのソフトも市販されています。ですから、パソコンを使っている人であれば、ソフトをインストールしデーター

を入力するだけで、図1のようなチャートが瞬時に画面上に現れます。ちなみに図1は、海外の多くのプロの占星術師たちが実際に使用している「ケプラー」というソフトで作成したものです。

占星術師たちは、こうして出来上がったホロスコープをもとに、人の性格や運命を占っていきます。まったくはじめての人からすると、さまざまな記号が散りばめられたホロスコープは、何がなんだか分からないものでしょう。けれども、ある一定の基本

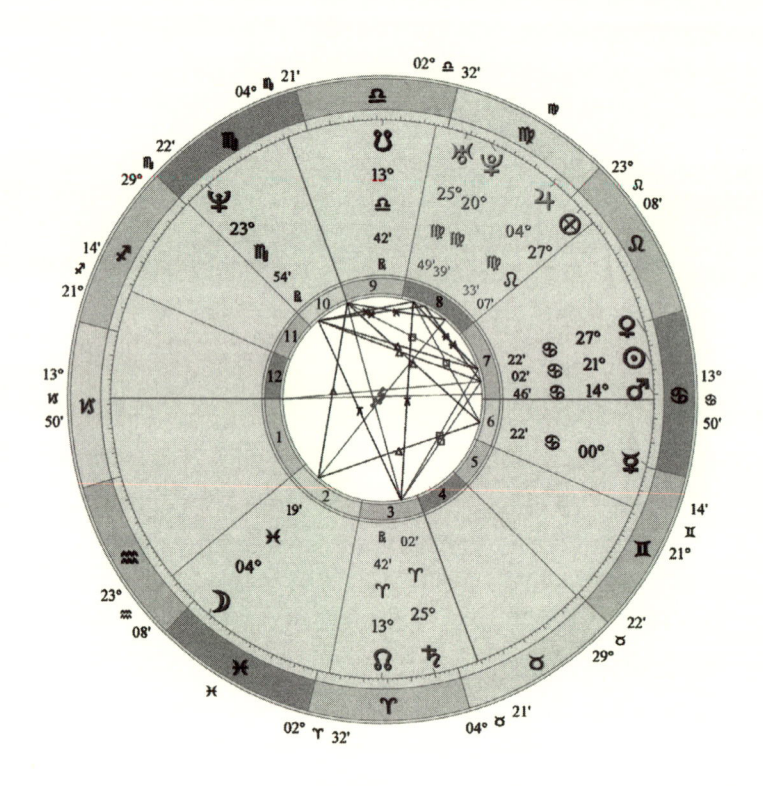

図1　ホロスコープ（出典25）
© Kepler Superb Astrology Software, Cosmic Patterns, Inc.

的なルールを覚えれば、簡単な運勢判断程度であれば、誰でもすぐにできるようになります。

　本書は占星術の本ではないので、ホロスコープの解釈方法をひとつひとつ説明していくことはいたしません。ここでは、アストロ・パーミストリーと関連する範囲で、占星術の世界をもう少しお話ししていきたいと思います。

■ 12星座について

　牡羊座からはじまる「12星座」は、テレビや雑誌の「星占い」でもおなじみなので、多くの人がご存知でしょう。ただし自分の星座の名前は知っているけれど、12星座全部は分からないという人もいると思いますので、念のため12星座の名称とその記号をすべて以下に列挙してみます。

牡羊座 ♈	牡牛座 ♉	双子座 ♊
蟹　座 ♋	獅子座 ♌	乙女座 ♍
天秤座 ♎	蠍　座 ♏	射手座 ♐
山羊座 ♑	水瓶座 ♒	魚　座 ♓

　ちなみに、先ほどのホロスコープでは、円周の一番外側の部分に書かれているマークが、ちょうどそれぞれ12星座を表す記号となっています。この12星座と言うのはそもそも「黄道」と呼ばれる地球から見たときの太陽のとおり道を12に分割した空間のことです。

　また、この12星座は、「火」、「地」、「空気」、「水」と呼ばれる4つの「エレメント（元素）」に関連したものとして、それぞれ次のようにグループ分けすることができます。

火：牡羊座／獅子座／射手座　　　地：牡牛座／乙女座／山羊座

空気：双子座／天秤座／水瓶座　　水：蟹座／蠍座／魚座

　グループ分けされた各星座は、「火」、「地」、「空気」、「水」、それぞれのエレメントの性質を持っているとみなされます。すなわち、たとえば「牡羊座」、「獅子座」、「射手座」はいずれも、「火」の性質を持った星座だということになるわけです。
　この「火」、「地」、「空気」、「水」という4つのエレメントは、後に「手の形」を解釈する際の分類のカテゴリーとして登場することになります。

■天体について

　さて、伝統的な占星術では、12星座とは別に、「太陽」、「月」、「水星」、「金星」、「火星」、「木星」、「土星」の7つの天体が、占い上の重要なシンボルの役割を果たします。
　先ほどのホロスコープには、星座のマークのさらに内側の場所に、☉、☽、☿、♀、♂、♃、♄といった7つの天体を表す記号が散らばっています。これらは順に「太陽」、「月」、「水星」、「金星」、「火星」、「木星」、「土星」の記号です。
　ところでこのような日本語の、「太陽」、「月」、「水星」、「金星」、「火星」、「木星」、「土星」は、英語では「サン（あるいはアポロ）」、「ムーン（あるいはルナ）」、「マーキュリー」、「ヴィーナス」、「マーズ」、「ジュピター」、「サターン」と呼びます。
　「サン」と「ムーン」を別として、天体のそれぞれの英語の名称は、実は古代ローマの神々に因んだものとなっています。というのも伝統的な占星術では、それぞれの天体の性質は、それぞれに関連する神々の性格と関連づけられて考えられていました。また太陽と月も、その名称自体は神々の呼び名に因んではいないとはいえ、やはりほかの天体と同様に、関係していると考えられていた神々がいます。以下は、天体と神々の対応を表にしたもので

す。

天体の名称	関連するローマの神々
太陽（サン、あるいはアポロ）	アポロ
月（ムーン、あるいはルナ）	ディアナ
水星（マーキュリー）	メルクリウス
金星（ヴィーナス）	ウェヌス
火星（マーズ）	マルス
木星（ジュピター）	ユピテル
土星（サターン）	サトゥルヌス

　それぞれの天体には、このように神々と関連させられることによって、それに因んだ属性が割り当てられることになります。たとえば、ローマ神話を読むと分かるように、ウェヌスは「愛と美を司る女神」として知られています。従って、ウェヌスと関連している金星は、「愛と美」を象徴する天体であるとみなされることになります。
　以下に伝統的に占星術で言われている、それぞれの天体が象徴するキーワードを一覧として示しておきます。

天体の名称	象徴するキーワード
太陽（サン、あるいはアポロ）	自我　理性
月（ムーン、あるいはルナ）	感情　本能
水星（マーキュリー）	コミュニケーション　通商
金星（ヴィーナス）	愛　美　喜び
火星（マーズ）	怒り　争い
木星（ジュピター）	寛大さ　公正さ
土星（サターン）	厳粛さ　権威

このようにそれぞれ象徴的な意味を担った天体は、アストロ・パーミストリーにおいて、指、及び手のひらの特定の部位と密接なかかわりを持っていると考えられています。それぞれの天体が象徴する事柄を含めて、手の部位との関係については、後ほど改めて詳しく解説していきます。

　ちなみに、占星術ではホロスコープを解釈する際に、それぞれの天体がどの星座の場所に入っているかということが非常に重要なポイントとなってきます。たとえば、先ほどのホロスコープで太陽の場所を見てみると、蟹座の場所に位置していることが分かります。次に月の場所を見ると魚座に位置しています。以下、水星は蟹座、金星は蟹座、火星は蟹座、木星は乙女座、土星は牡羊座にそれぞれ位置しています。すなわち占星術では、12星座をいわば座標軸のように用い、天体がホロスコープ上のどこに位置しているのかを見ていくわけです。

　本書は占星術の本ではないので、残念ながらこれ以上ホロスコープについて詳しく解説するゆとりはありません。さらに詳しく知りたい方は、占星術についての専門の解説書を参照してみてください。

　また、以上見てきた星座を4つに分類するエレメンツと7つの天体に関しては、アストロ・パーミストリーの要となるものなので、後ほどひとつひとつ改めて詳しく説明していきます。

■カイログノミーとカイロマンシー

　ここで「カイグロノミー」と「カイロマンシー」という用語について説明しておきましょう。

　今日の手相術では、そのアプローチの仕方を大きくふたつに分けて区別する場合があります。その際に使われるのが、「カイログノミー」と「カイロマンシー」という用語です[1]。

　まずカイログノミー（Chirognomy）から説明します。

そもそもカイグロノミーは、19世紀フランスを代表する手相研究家ダルペンティニーによってはじめられた"科学的"なアプローチによる手相研究に由来します（ダルペンティニーについて詳しくは、第Ⅱ部の歴史のところで紹介します）。しかしながら今日では一般的に手や指の「形」に注目することで、主にその人の「個性」や「気質」などを判断することを指すのにカイログノミーという語が使われています。

　次にカイロマンシー（Chiromancy）について説明します。

　カイロマンシーは、非常に古くから用いられている語です（もともとギリシャ語で「手」を意味するchiro、そして「予言」を意味するmancyからなります）。

　一般的に現代の手相術師の間においてカイロマンシーは、手のひらの上の「線」から占いの結果を読み解くことを意味しています（しかしながら非常に古くから使われているこの語は、もともと手のひらの線の解釈に限られていたわけではなく、手全体に関連した占いを意味する語でした）。

　先ほど述べたように、カイログノミーがその人の「個性」や「気質」などを判断することに主眼が置かれるのに対して、カイロマンシーは「未来」や「運命」といったより占い的な事柄を判断するのに使われています。

　本書でも、この区分法にのっとり、以下Ⅱ章からⅣ章までをカイログノミー、Ⅴ章とⅥ章をカイロマンシーの解説にあてていきます。

■右手か左手か

　ところで、手相をリーディングする（読み解く）ときに、右手と左手どちらの手に注目すればよいのでしょうか。

　このことについて実は、いくつか諸説があり、現代の手相術師たちの間でも、完全な意見の一致はありません。

たとえば古い時代は、男性の場合は「右手」を、女性の場合は「左手」をリーディングするという考え方もありましたが、現代ではこの伝統に従っている手相術師は、あまり多くはありません。

　むしろ現代の手相術師の間では、どちらか片方の手だけではなく、両手ともリーディングするというのが、一般的なスタイルとなっています。さらに、欧米で比較的スタンダードとなっている手相術のメソッドでは、それぞれの手を「アクティヴ・ハンド」、及び「パッシヴ・ハンド」と呼んでいます。

　ここで言うアクティヴ・ハンドは、その人の「利き手」のことです。一方、パッシヴ・ハンドは、「利き手ではない」ほうの手です。つまり、右利きの人は右手がアクティヴ・ハンドになり、左利きの人は左手のほうがアクティヴ・ハンドになります。

　ちなみに、一方の手の優位がほとんどないと感じている「両利きの人」はどうなるのでしょうか。この場合は、字を書いたりするような作業で、日常的に頻繁に使用するほうの手が、アクティヴ・ハンドということになります。

　一般的にアクティヴ・ハンドのほうは、その人の「後天的な要素」を表すとみなされるのに対して、パッシヴ・ハンドは、その人の生まれながらに持つ「先天的な要素」を表すとみなされています。また、心理学的なアプローチを取る手相術師は、アクティヴ・ハンドを「その人が意識している自覚的な事柄」を示すのに対して、パッシヴ・ハンドは、「その人が意識していない無意識のなかにある要素」を示すと解釈しています。

　本書でも、このような現代の欧米の手相術において比較的スタンダードなっている右手と左手の意味づけをもとに説明していきます。

　以上で、予備知識についての解説は終わりです。次章からは、いよいよ実際のアストロ・パーミストリーのメソッドの解説に移

っていくとしましょう。

1：以下のカイログノミーとカイロマンシーの区別については、Fred Gettings, Fred Gettings, The Book of Hand: An Illustrated History of Palmistry, Paul Hamlyn, 1970, Original edn., 1965, pp. 7-8.

II 手の形を読む

Reading A form

Reading A Form

■ハンドタイプの割り出し方

　手相を読み解くための最初の一歩。それは「手のひらの形」と「指の長さ」から４つのタイプ分けをすることです。以下の手順に沿って、さっそく自分のハンドタイプを割り出してみましょう。

step:1

手のひらの横幅と縦の長さを比べて、どちらが長いかを確認します。

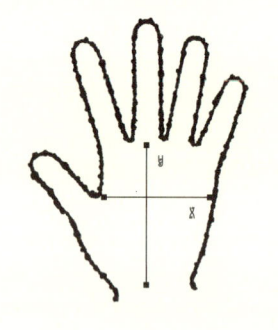

A.
横幅と、縦の長さがほぼ同じなら**「四角い手」**。

B.
横幅よりも縦のほうが長いなら**「長方形の手」**となります。

step:2

手のひらの横幅を、中指の長さと比べてください。左手のひらに右手の中指を重ねてみると分かりやすいでしょう。

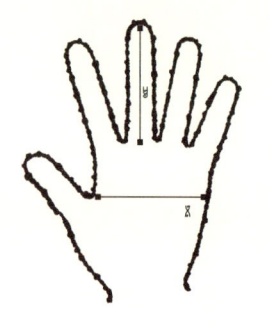

a.
ほぼ同じ長さであれば**「短い指」**。

b.
横幅よりも中指のほうが長ければ**「長い指」**と判断します。

手の形を読む

step:3

「手のひらの形」と「指の長さ」の組み合わせから、4つのタイプのどれに当てはまるかを確認します。

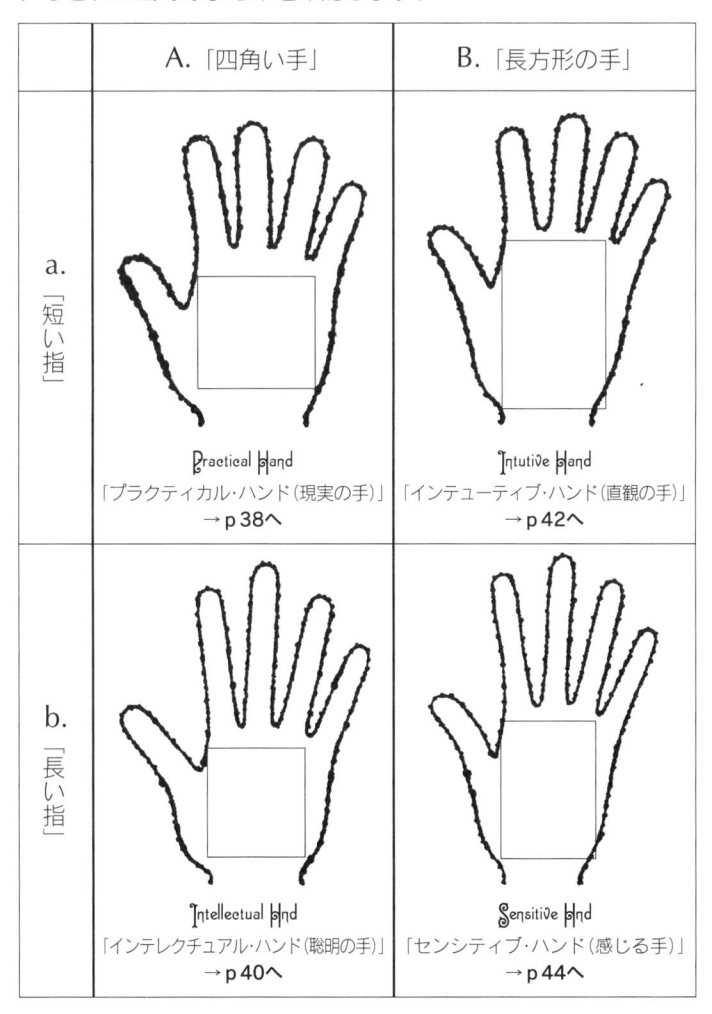

	A.「四角い手」	B.「長方形の手」
a.「短い指」	Practical Hand 「プラクティカル・ハンド(現実の手)」 →p38へ	Intutive Hand 「インテューティブ・ハンド(直観の手)」 →p42へ
b.「長い指」	Intellectual Hand 「インテレクチュアル・ハンド(聡明の手)」 →p40へ	Sensitive Hand 「センシティブ・ハンド(感じる手)」 →p44へ

■ **4つのハンドタイプは性質の基盤を示す**

　さて、自分のタイプが分かったら、38頁からのタイプ別診断を読んでいきましょう。

　この4タイプは、西洋占星術の4エレメント（火・地・空気・水）の分類と対応しています。

　「エレメントなんてはじめて聞いた！」という方もいらっしゃるでしょう。でも、ご安心を。占星術に必ず出てくるこの分類法は決して難しいものではありません。

　占星術において4エレメントは人間の基本タイプ解釈に欠かせないものとなっています。

　手相における4タイプもまた、その人の性質の基盤、そして生きる指針を示すものとして、とても重要なものです。

　ここで頭に入れておいていただきたいのは、「この4分類が、手相を見るための基礎となる」ということだけ。何故これが基礎であり、重要なのかは、第Ⅵ章の実践例を読み進むうちに必ず分かってくるはずです。

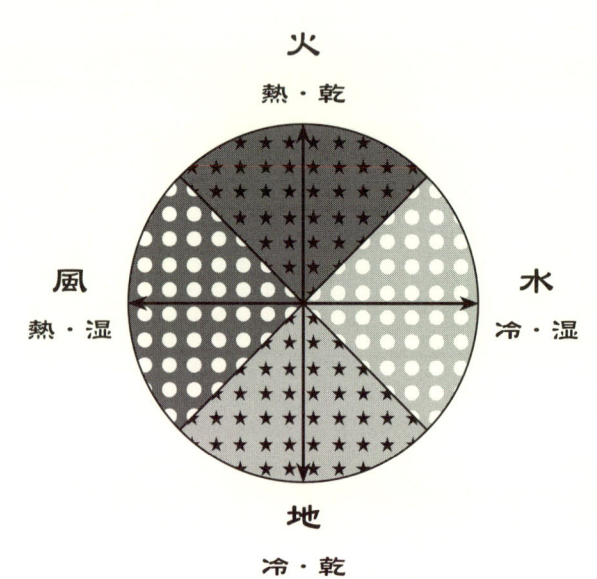

火
熱・乾

風
熱・湿

水
冷・湿

地
冷・乾

タイプの診断法について

　占星術４エレメントに対応する手相の４タイプの分類法は、イギリス人、フレッド・ゲティングスの『手の本』（1965）のなかで、はじめて紹介されました。その後、イギリスを中心とする多くの手相術家が、このメソッドを採用しています。

　フレッド・ゲティングスは手のひらの形と指の長さの測定法として、中指のつけ根を機軸にコンパスで円を書き、円の内側に収まる手、指だけが円からはみ出す手、などと割り出す方法を取っています。

　この本では、コンパスを持ち歩かなくても、手のひらの縦、横の幅と指の長さを比較することで、タイプ分けが簡単にできる方法を紹介することにしました。

４つのエレメントについて

　占星術の４エレメントをまったく知らない方のために、簡単な説明をしておきます。

　古代ギリシャ科学においては、哲学者エンペドクレス（前450年頃）に由来する「地上における万物は、「火」・「地」・「空気」・「水」の４元素によって成り立っている」という説がありました。西洋占星術は、この「４元素説」をロジックに取り込み、12サイン（星座）の性質の基盤を読み解くひとつのキーとしてのメソッドを作り上げたのです。

　「火」とはエネルギーであり、「地」とは固体、「空気」は気体、「水」とは液体に当たると考えてみると、この４元素のそれぞれの性質をイメージするのに役立つかもしれません。

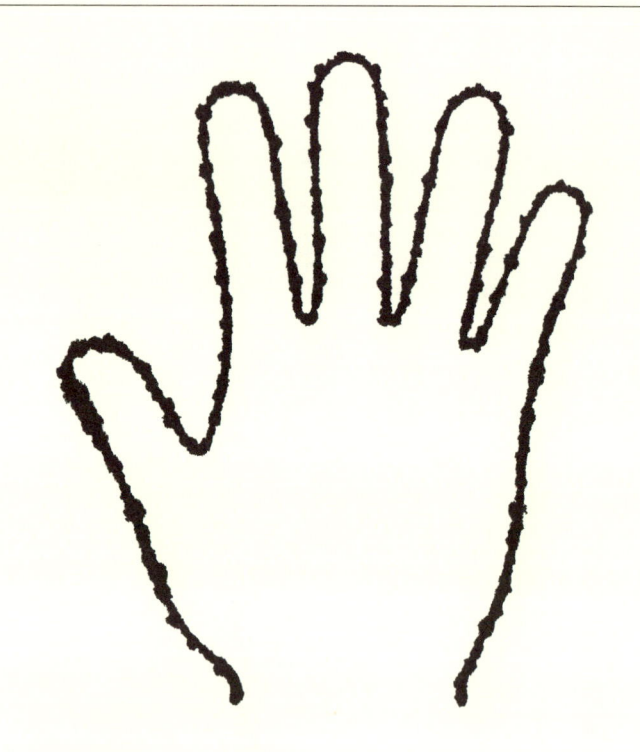

Practical Hand 【プラクティカル・ハンド（現実の手）】

性質の基盤 [character]

　『プラクティカル・ハンド』タイプは実際的な利益、自分自身の感覚、手ごたえなどを重んじる人です。
　たとえば「おいしい」と評判のレストランに出かけたとき。このタイプは自分の舌が満足しないかぎり、その評判に納得しようとしません。話題の映画を観に行ったけれども、自分としては面白いとは思えなかった。こういうときも、他人の評価がどうであろうと、自分の実感を大事にします。
　このキッパリとした自己感覚。これこそが『プラクティカル・ハンド』タイプの性質の基盤なのです。

キーワード：着実な人生を優雅に歩む人

地のエレメントに対応する手 [type]

　このタイプは地のエレメントに当てはまります。「地」という要素の特徴を考えてみてください。すると、地とは固いもの、揺るぎのないものを示しているように思えてきませんか？
　そのイメージを、このタイプの人に当てはめてみましょう。落ち着き、安定感、信頼性の高さ、優美などのキーワードが、しっくりきます。
　ときにはガンコになること、動きや考えのスピードが少しスローになることもあるかもしれません。けれども、それはこのタイプが自分の感覚に根づいて物事を判断、処理するのを得意とすることの結果なのです。

生きる指針 [guide]

　『プラクティカル・ハンド』タイプにとって重要なのは、自分の感覚に従って、自分が納得できる人生を歩んでいくことです。他人から見れば幸せに見える生き方や仕事、恋愛をしても、本人が気に入らないなら、満足のいく人生は手に入りません。世の中の評価や流れに逆らっても、「これが好き」「ここにいたい」という感覚を重んじていけば、いつかきっと大きな成功や幸福を得られるはずです。
　また、そういう生き方をすることで、誠実で信頼のおける人間として評価される機会が増えるでしょう。エレガントな大人の魅力と、人の心を落ち着かせてくれる優しさを持つ人間として、多くの異性から愛されるようにもなるはずです。
　大きな夢を実現するパワー、豊かな世界を堪能する能力にも恵まれるようになります。

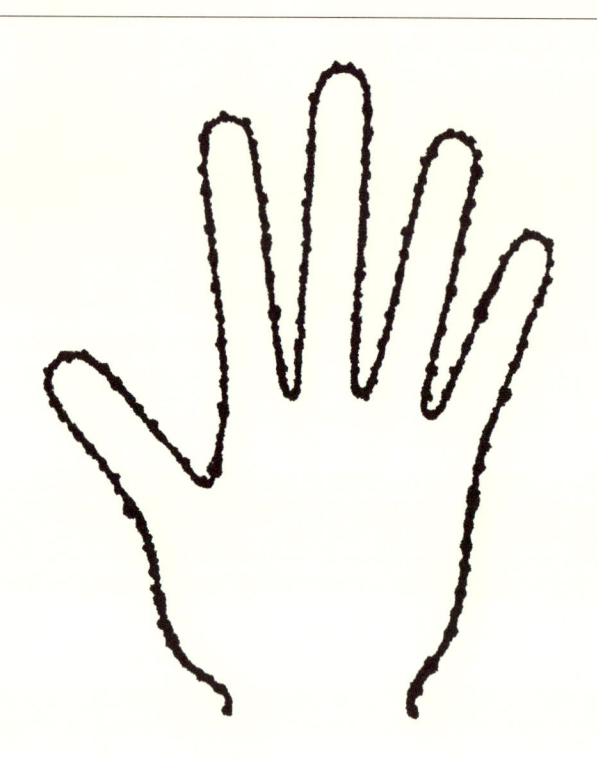

Intellectual Hand 【インテレクチュアル・ハンド（聡明な手）】

性質の基盤 [character]

　『インテレクチュアル・ハンド』タイプは知識と見聞を広めることを重んじ、自由な生き方をしたがる人です。

　子どものころから好奇心が旺盛で、「何故？」「どうして？」という質問で、大人を困らせた人が多いでしょう。好きな人ができると、その人のすべてが知りたい！と思います。

　ところが、自分自身は恋人に束縛されたくない、人にあれこれ探られたくない、と思うのが、このタイプの面白いところ。でも、それは『インテレクチュアル・ハンド』タイプの性質の基盤に「広がりを求める心」があるゆえなのです。

キーワード：自由と思索を愛する粋な人

空気のエレメントに対応する手 [type]

　このタイプは空気のエレメントに対応しています。エレメントにある4分類中の「空気」の要素の特徴とは、気体であること。つまり、無色透明であり、軽やかに流れるものです。

　「空気のような人」というイメージを、このタイプに当てはめてみると、どうでしょう。ベタベタしない、重くない、澄んでいて、さわやか。そんなキーワードが浮かびませんか？

　このタイプに恋すると、まるで「空気をつかもうとしているような」つかみどころのなさに悩んでしまうことがあるはず。

　けれども、固定観念や偏見にとらわれることのない聡明なその人柄こそ、このタイプの魅力なのです。

生きる指針 [guide]

　『インテレクチュアル・ハンド』タイプにとっては、自分の世界を広げながら生きることが、何よりも重要なこと。狭い世界に自分を閉じ込めていると、息が詰まり、フラストレーションが溜まってしまいます。

　「落ち着かない人」「気まぐれな人」などと他人から中傷されても、自分らしく生きるためには変化を求めるべき。今の人生、仕事、恋愛などに不満を感じたら、無理にその場に留まらず、次なる目的に向かって進みましょう。

　そうやって、さまざまな経験を積み、知識を身につけ、見聞を広める生き方をしていけば、いずれ自分に最もふさわしいライフ・スタイルや天職が見つかるはず。どんなシチュエーションにも対応できる洗練された雰囲気と、幅広い知性を武器に、数多くの幸運を手にするようになるはずです。

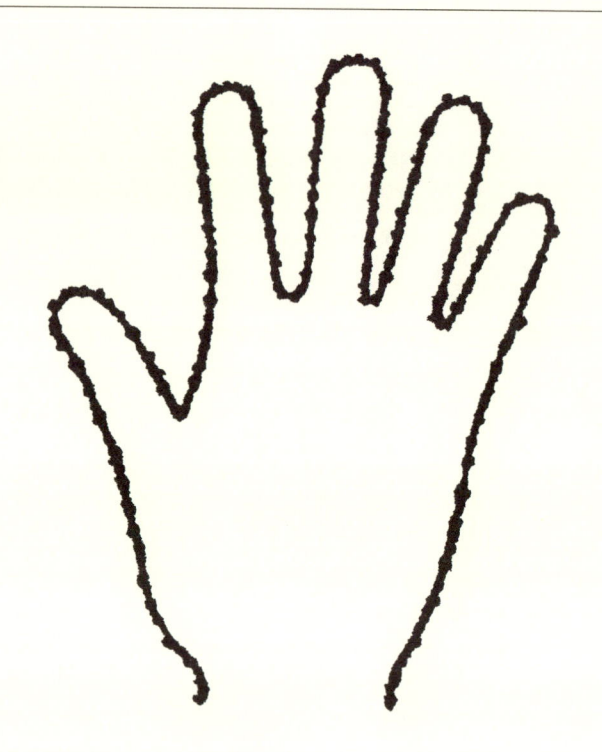

Intuitive Hand 【インテューティブ・ハンド（直観の手）】

性質の基盤 [character]

　『インテューティブ・ハンド』タイプは自分の直観と情熱に身を任せるのが得意な人です。

　何かを思い立ったら、それが夜中でも、すぐに実行したくなる。楽しいことには時間を忘れて取り組むのに、やる気のしないことには、すぐ飽きる。こうした傾向は、このタイプの性質の基盤が「湧き上がるインスピレーションや衝動」にあることを示す代表例です。

　形にならないイメージや未知の可能性に魂が突き動かされる感覚。このタイプは常にそういう経験をしているはず。

キーワード：未知に挑むパワフルな輝きの人

火のエレメントに対応する手 [type]

　このタイプは火のエレメントに対応しています。4つのエレメントのなかで、「火」の要素とはエネルギーを示すもの。エネルギーとは、言い換えれば、モノを動かす力です。

　「火」というものを、そういうイメージでとらえると、このタイプにふさわしい動的、情熱的、創造的などのキーワードが自然と浮かんでくるでしょう。

　退屈が苦手で、唐突な行動を起こすことがあり、周囲の人間をイライラ、ハラハラさせることのある人ですが、それもエネルギーの強さゆえのこと。このタイプを理解するカギは、「燃えさかる炎」をイメージすることにあります。

生きる指針 [guide]

　『インテューティブ・ハンド』タイプにとって、生きがいや情熱を持つのはとても重要なことです。情熱を持って取り組めることに全力を注ぐ。これを大切にしてください。

　その際、ほかのことが多少おろそかになるのは仕方ありません。仕事に燃えているときは、家のことや恋人や家族に対する配慮などが欠けてしまうでしょう。遊びに夢中になれば、義務的な仕事を放り出しがちになるはず。

　そんなときも、まんべんなく全てをこなせない自分を責めてはいけません。意欲的になれることに全力を尽くしてこそ、このタイプの活動力は増していくのです。

　自分のなかの情熱の炎を絶やさないこと。それによって輝ける人生、予想外の幸運、そして人をひきつけてやまないパワーを手に入れることができるのです。

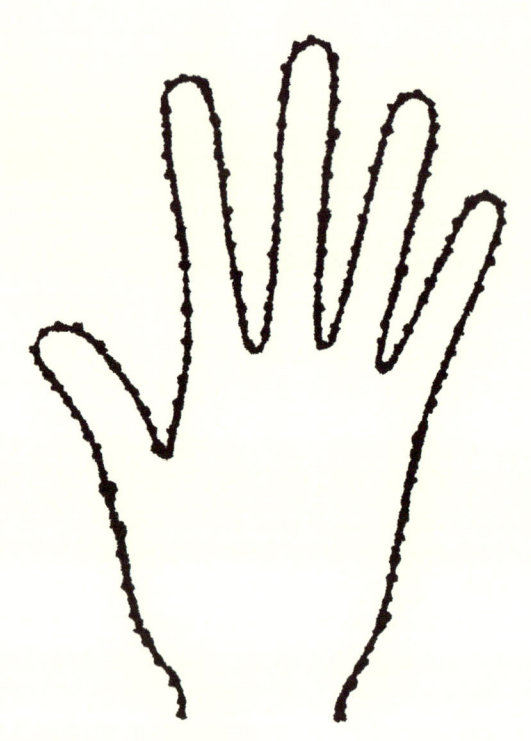

Sensitive Hand 【センシティブ・ハンド（感じる手）】

性質の基盤 [character]

　『センシティブ・ハンド』タイプは他人の気持ちに対する感受性に富む人です。
　人から誘われるとイヤと言えない。困っている人を見かけると、つい手を貸してあげたくなる。苦手な人と過ごすのは苦痛だけれど、孤独はもっと嫌い。そんな『センシティブ・ハンド』タイプの性質の基盤になっているのは「つながりを求める心」です。このタイプにとって、恋心や友情でつながっている相手は自分の分身のような存在に思えます。他人の痛みを自分のことにように感じる感性の強さを持っているからです。

キーワード：世界とつながる力を持つ優しい人

水のエレメントに対応する手 [type]

　このタイプは水のエレメントに対応しています。「水」というのは液体であり、固体に浸透していく力を持つものです。

　この「水」のイメージに合うのはどんな人か、思い浮かべてみましょう。協調性があり、カドがなく、潤いがあり、なめらか。そういう人物が浮かんできませんか？

　どんな人に対しても合わせ上手だし、どんな環境にも馴染んでいける適応力こそ、このタイプの強みです。ただ、それだけに他人や環境から受ける影響は大きく、悪い流れに乗ってしまうと、自分ではその流れを変えられない弱さもあるのが『センシティブ・ハンド』タイプなのです。

生きる指針 [guide]

　『センシティブ・ハンド』タイプにとって大切なのは、人や環境から受ける影響をうまく活用することです。やる気が出ないときは、パワフルな人と一緒に過ごすようにして、パワーを得るとよいでしょう。疲れが溜まっているときは、南国、温泉、高原などに出かけ、その土地に体を癒してもらいましょう。

　今の自分に必要な相手や場所を見極めるのは、難しいことではありません。心の声に耳を傾ければ、すぐに見つかります。

　ひとりでがんばろうとするのは、このタイプにとって正しい生き方ではありません。他人や環境から受ける恩恵を大事にしてください。そうすれば、自分もまた人々や環境に恩恵を与えることができるでしょう。自分とつながる人や環境を愛する気持ちが強まるほどに、幸福を感じる機会、才能が花開くチャンスなどが増え、人生が豊かになっていくのです。

III 手の指と丘を読む

Reading of Finger and hill

Reading of Finger and hill

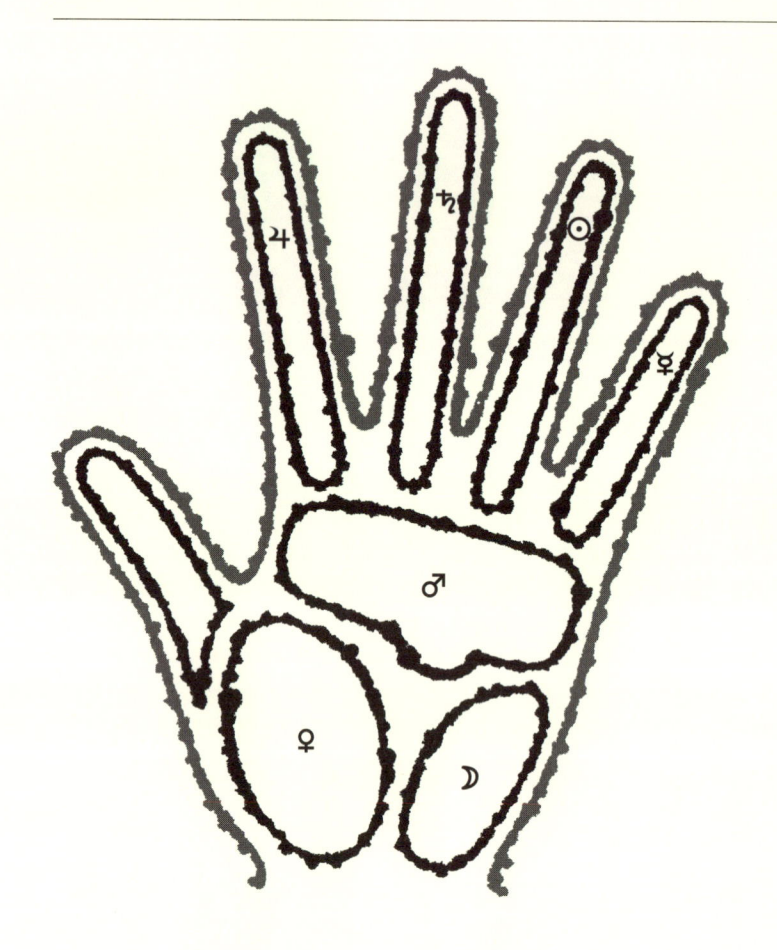

♃—木星　♄—土星　☉—太陽　☿—水星
♂—火星　♀—金星　☽—月

手の指と丘を読む

■手のひらと指の8区分

手の形の4タイプを理解したら、次のステップに進みます。

今度は手のひらと指を8つの部分に分けて、それぞれの部分を天体との対応によって読み解いていきましょう。

まずは、占星術の7天体が部分別に割り当てられている左の図を見てください。これは、その部分がそれぞれの天体に支配された領域であることを示した図です。

たとえば、人さし指と、そのつけ根にあたる指骨の部分(この指骨部分を手相術では「丘」と呼びます。)はジュピター、つまり木星の支配する部分となっています。

■能力と、それを使う自由意志

この8区分で分かるのは、その人の持つさまざまな「能力」についてです。

各部分には、そこを支配している天体のパワーが宿っていると考えてください。占星術に詳しい方なら、木星のパワーとは向上心や発展力、土星のパワーとは集中力や忍耐力であることが、すぐに連想できるでしょう。

ところで図をよく見ると、親指だけは天体と関連づけられていないひとつの囲みになっています。これについての詳細は親指の解釈ページで扱いますが、手相術においてこの部分は「自由意志」を示す場所とされています。

手のひらの7つの部分に宿る7天体の能力。そして、それを使いこなすための自由意志を表す親指。この8区分が手相を読む第2ステップとなります。

■指を読み解く基本

　指を見るときのポイントとなるのは「長さ」と「傾き」の2点です。

　まず「長さ」の読み方を説明しましょう。右の図を見てください。これは自分の手のなかで相対的に5本の指それぞれの「適度な長さ」を描いたものです。「適度な長さ」を判断するポイントを読みながら、自分の指がそれぞれ適度な長さかどうかを確認してみてください。

　たとえば、人差し指なら、パッと見たときに薬指と「だいたい同じ」と思える長さなら「適度な長さ」と判断します。薬指よりも目立って長い場合は「適度な長さ」より長いということになります。

　詳しい解釈は、後のページで指別に見ていきますが、どの指も解釈の基本は同じです。「適度な長さ」の指は、その指に象徴される能力が「適度に発揮されること」を示します。

　一方、それより長いか短い場合は、過剰に、あるいは控えめに、その能力が発揮されると読みます。

　このことを覚えておくと、解釈のしくみが理解できるので、指1本1本の長さにおける意味を、すべて丸暗記しなくても、指のリーディングができるようになるでしょう。

　一方、指の「傾き」からは「その能力の個性」を読み解きます。右か左に傾いている指は、能力の使い方や表れ方に、よくも悪くも個性が出ると考えます。これは、傾いているほうにある別の指が司る天体の影響を受けてしまうからです。

　まっすぐに伸びている場合、その指の能力は独立して機能しており、良好な状態だと読みます。

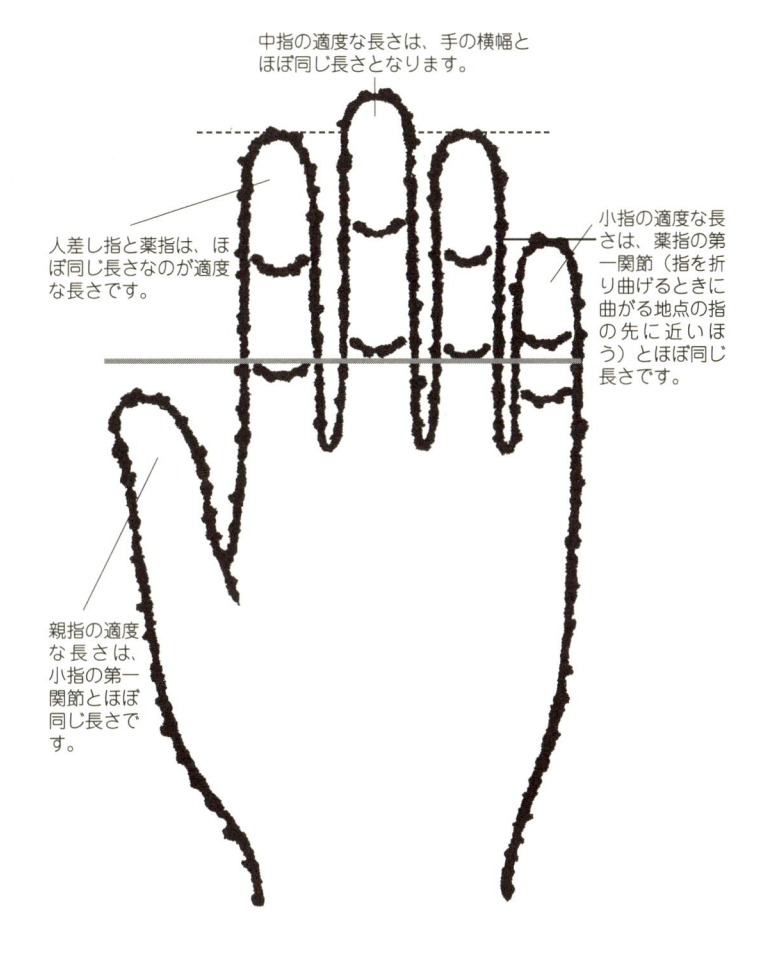

中指の適度な長さは、手の横幅とほぼ同じ長さとなります。

人差し指と薬指は、ほぼ同じ長さなのが適度な長さです。

小指の適度な長さは、薬指の第一関節（指を折り曲げるときに曲がる地点の指の先に近いほう）とほぼ同じ長さです。

親指の適度な長さは、小指の第一関節とほぼ同じ長さです。

■丘を読み解く基本

　丘を見るポイントはふくらみ具合です。ふくらみがあり、きれいなピンク色の丘は、十分な能力があり、それを発揮するチャンスも多いと読みます。他の丘にくらべてふくらみがなく、白っぽい色をしていれば、能力が弱いか、能力発揮のチャンスが少ない、と解釈します。

　また、丘については、そこに表れた「印」を読み解くことも大切です。これについては、第Ⅴ章で詳しく取り扱います。

Jupiter 【ジュピターの指と丘】

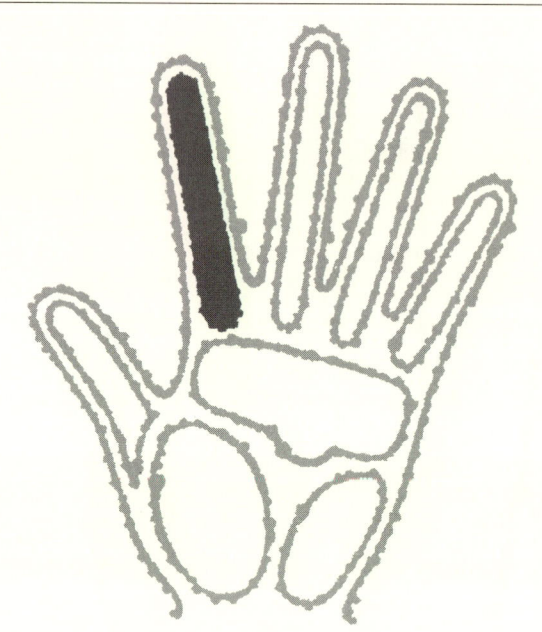

　人差し指は、英語では forefinger、つまり「前方へ向かう指」という意味の名前を持つ指です。この指と、それにつらなる丘を支配する天体はジュピター（木星）。占星術では、「拡張・発展」を象徴する天体として知られています。
　ジュピターの指と丘が表すのは、外の世界へと向かって伸びていこうとするパワー。向上力や活動力、リーダーシップ力などを示しています。
　この指の意味を覚えるには、こんなイメージを頭に浮かべてみましょう。「人差し指でサッと前方を指し示し、大軍を率いている指揮官」。目的へと向かうパワーや指導力が、この指と丘に秘められているような気がしてきますね。
　まっすぐに伸びたジュピターの指と、ほどよくふくらんだジュピターの丘を持つ人は、この能力をフルに発揮できる人です。

支配星「ジュピター（木星）」
アビリティ「外的世界へ向かう力、向上力、活動力、指導力」

指の長さ [length]

　ジュピターの指が薬指より長い人は、向上心が強いタイプ。ただ、際立って長い指の場合は、どこまでいっても満足しない欲深さが、人生を困難にすることがあります。
　薬指より短い人は、理想の追求が苦手です。自分が先頭に立って、未知へと進んでいくことより、人の後進に回り、用心深く歩みを進めようとするでしょう。

指の傾き [slope]

　親指方向に傾いているジュピターの指は、自分の意志を達成するパワーの強さを示します。ただ、傾きが強すぎる場合は、独断性、ワガママさが目につくことが。
　中指方向に傾くジュピターの指を持つ人は、理想と現実のバランスを取るのが上手い人。でも傾きが強すぎれば、冒険を恐れるあまり、今に甘んじることが多いタイプと読みます。

丘の状態 [state]

　ジュピターの丘が他の丘に比べて平坦な人は、向上力や指導力を使う機会に恵まれないかもしれません。丘の色が白っぽいときは特に、他の丘が示す能力を発揮するチャンスのほうが多くなるでしょう。
　ふくらみのあるジュピターの丘を持つ人は、向上力や指導力を磨く機会に恵まれるので、さらに能力を高めていけるはず。

Saturn 【サターンの指と丘】

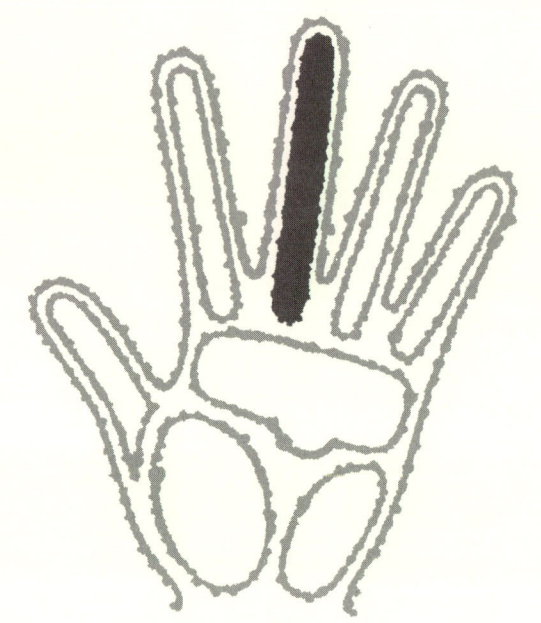

　5本の指のちょうど真ん中に位置する中指。この指と、それにつらなる丘はサターン（土星）に支配されています。サターンとは「制限・保守」を象徴する天体です。文鎮や重石のような役割を果たすものだと思ってください。

　このサターンのパワーとは、ポジションを安定させる力。社会環境への適応力や、何かに取り組むときに必要な集中力、忍耐力を表しています。

　サターンの指と丘は、手の中心軸にあたります。スポーツの解説などを聞いていて、「軸がぶれないこと」は「安定したパワー発揮の源」だと耳にしたことはありませんか？　すらりとしたサターンの指と、ふっくらしたサターンの丘を持つ人は、まさにこの「ぶれない軸」を持つ人。忍耐力と集中力を使い、安定した生活、安定した自己を保つ能力に優れた人です。

支配星「サターン（土星）」
アビリティ「社会に対する適応力、忍耐力、集中力」

指の長さ [length]

　サターンの指は、手の横幅と同じ長さが「適度な長さ」とされ、ベストです。適度な集中力、忍耐力を発揮できます。
　横幅よりも短い指は、強い忍耐力を意味しますが、ガマンのしすぎで自分を押し殺してしまいやすい傾向も意味します。
　横幅より長い指は集中力、忍耐力が強くないことを表しています。あと一歩の粘りがなく、あきらめが早いタイプです。

指の傾き [slope]

　サターンの指が左右に大きく傾いていると、生活や精神の安定感、社会への適応力が損なわれると考えます。
　人差し指方向に傾いている人は、堅苦しい社会が苦手。その日暮らし的な生き方をしがちになります。
　薬指方向に傾いている人は、大勢と共同して活動、生活するのが苦手です。その結果、孤独を心に抱えがちで、心が不安定になりやすい傾向があります。

丘の状態 [state]

　サターンの丘が他の丘に比べて平坦だと、忍耐力や集中力を十分に鍛える機会に恵まれないかもしれません。人生全般において、他の丘が示す能力を発揮する機会のほうが多いでしょう。
　ふくらみが十分にあるサターンの丘を持つ人は、これらの能力を鍛える機会に恵まれるので、能力がどんどん強まっていくはずです。

Apollo 【アポロの指と丘】

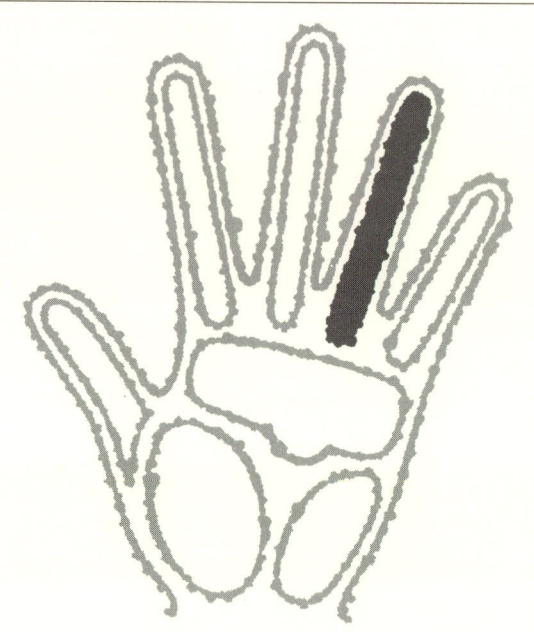

　薬指と、その下の丘は、太陽神アポロが支配している領域です。太陽は太陽系の中心に位置し、自ら光と熱を発する存在です。この太陽の象徴するパワーとは自らを表現し、人を引き寄せ、輝く力。アポロの指と丘はその人の持つ創造性と自己表現力、人気や名声を得る力を表しているのです。

　薬指の別名は「紅差し指」。これは日本語ですが、アポロの指と丘の意味を覚えるのに役立つ名前です。粉と水を混ぜて口紅を作っていた時代、女性は「紅差し指」を使い材料を混ぜ、その指でくちびるに紅を差し、自分の魅力を彩っていたのです。その様子を思い描いてみれば、アポロの指に表現力と人の注目を集める力が宿っているように思えてくるはず。

　アポロの指がまっすぐ伸びていて、丘がふっくらしている人は、この能力に長けています。

支配星「アポロ（太陽）」
アビリティ「自らを表現する力、創造力、輝く力、求心力」

指の長さ [length]

アポロの指が人差し指より長い人は、創造力、表現力に長けていて、エンターテイナー的な才能があります。ただし、人差し指より際立って長いと、個性や表現にアクがありすぎて、人から敬遠されることがあるかもしれません。

人差し指より短いアポロの指は、創造力が強くないことを意味します。人に倣うのは得意でも、奇抜な自己表現をするのは苦手なタイプです。

指の傾き [slope]

アポロの指が中指方向に傾いている人は、目立つことを嫌う傾向があります。傾きが強いほど、引っ込み思案で、自己アピールが苦手だと読みます。

小指のほうに傾いている人は、自己主張を得意としますが、傾きが強すぎると、余計なところで悪目立ちしてしまうことが多いかもしれません。

丘の状態 [state]

アポロの丘が他の丘よりも平坦なのは、創造力や表現力を使う機会の少なさを意味します。他の丘の表す能力のほうが、使用頻度が高いはずです。

ふっくらとしたアポロの丘の持ち主は、能力を発揮する機会に恵まれる人です。そのおかげで、ますます創造力、表現力が高まるでしょう。

Mercury 【マーキュリーの指と丘】

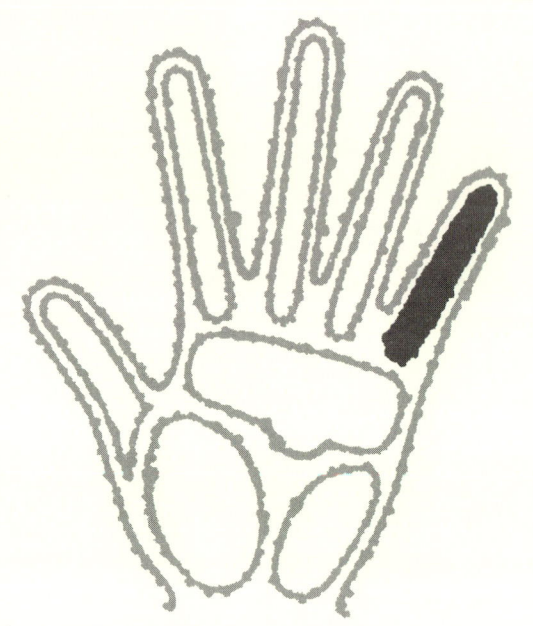

　小指と、その下に位置する丘を支配するのはマーキュリー（水星）です。マーキュリーとはローマ神話に出てくるメルクリウスという商人の神様の英語名で「交渉・交換」を象徴する天体とされています。
　他人と関係を持ち、意見や情報などをやり取りする能力。マーキュリーの指と丘は、この能力を読み解くカギなのです。
　小指は人と約束を交わす際に「ゆびきり」するのに使われる指です。約束とは、お互いの「同意」によって成り立つもの。この「同意」を導き出すには、交渉力やコミュニケーション力といった能力が欠かせないはずです。
　マーキュリーの指がまっすぐで、マーキュリーの丘がふっくらしている人は、他人と関係を結ぶ能力に長けています。巧みな社交術で、多くの人と良好な関係を築くことができます。

支配星「マーキュリー（水星）」
アビリティ「コミュニケーション力、社交力、交渉力」

指の長さ [length]

　マーキュリーの指が薬指の第一関節の位置とほぼ同じであるなら、それは適度な長さです。ばつぐんのコミュニケーション力を意味します。これより短いマーキュリーの指は交渉能力の欠如を意味し、人の言いなりになりがちで、対等な人間関係を持ちづらい傾向を示します。
　適度な長さよりも長いマーキュリーの指は、交渉術にウソや欺瞞(ぎまん)を持ち込む傾向を意味します。

指の傾き [slope]

　薬指のほうにマーキュリーの指が傾いている人は、コミュニケーションの主導権を握りたがるタイプですが、根本的には人づき合いが好き。
　薬指とは反対の方向に傾いている人は、人づき合いが苦手だったり、人からの干渉を嫌ったりする傾向があります。
　まっすぐな指の持ち主は、持ちつ持たれつの関係を人と築くのが上手な人です。

丘の状態 [state]

　他の丘に比べてマーキュリーの丘が平坦な人は、社交力や交渉力を十分に発揮しようとしないかもしれません。この丘より豊かなふくらみを持っている丘の能力のほうが、優先して発揮されがちでしょう。
　マーキュリーの丘がふっくらとしている人は、能力を発揮するチャンスを積極的に生かそうとするでしょう。

Mars 【マーズの丘と平原】

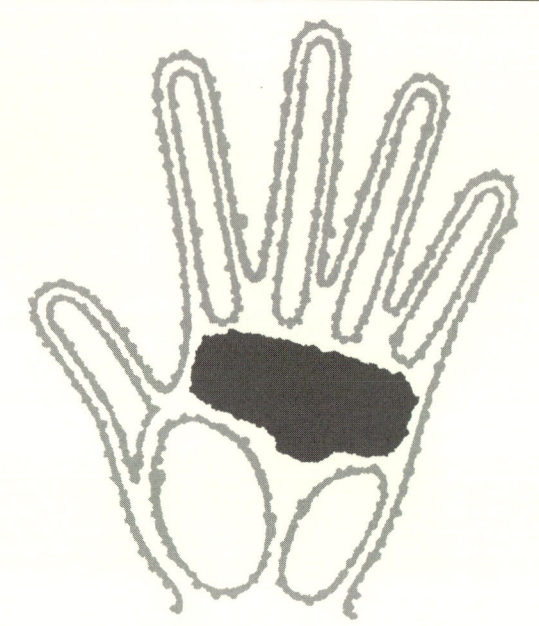

　手のひらの中心部を縦断する一帯はマーズ（火星）の支配領域です。この火星は、占星術では「闘争本能」を象徴する星であるとされています。

　マーズの支配領域は３つの部分に分けられ、左はじから「マーズの内なる丘」「マーズの平原」「マーズの外なる丘」という名称がついています。そして、それぞれに火星の性質を分けて当てはめていくのですが、根本的にはどれも闘争本能と関連しているのです。

　闘争本能とは生きるために戦う力。生存欲求の強さを表す力であり、サバイバル能力とも言えますが、同時にそれは自分を守る力でもあります。

　マーズの２つの丘に十分なふくらみがあり、マーズの平原がきれいな平らであれば、この能力がフルに発揮されます。

支配星「マーズ（火星）」
アビリティ「チャレンジする力、闘争力、抵抗力、自衛力」

マーズの内なる丘　　　　　　　　　　　　[inner hill]

　積極的に外の世界とかかわっていくためのチャレンジ力、闘争力の強弱を、この丘の状態から読み解きます。
　この部分が他の丘より盛り上がっている人は、戦うパワーに優れていて勇敢です。一方、ふくらみが小さい人は勝負事に弱く、勝ちを人に譲るような傾向があるかもしれません。

マーズの平原　　　　　　　　　　　　　　　[plain]

　この部分はきれいな平らで、周りを囲む丘よりも少しくぼんでいるのがよいとされます。
　マーズの平原が周りの丘と同じぐらいふくらんでいる人は、強い生存欲求を持っているのでパワフルですが、ちょっと攻撃的なタイプです。
　反対にマーズの平原が深くくぼんでいる人は闘争心が弱く、穏やかです。

マーズの外なる丘　　　　　　　　　　　　[outside hill]

　自分を外敵から守る力は、こちらの丘から読み解きます。この丘のふくらみを確かめるには、手のひらを小指側から真横に眺めてみるとよいでしょう。
　力強いふくらみが見られれば、防衛力が強い証拠。平坦であれば、自分を守る力が強いほうではないはずです。

Venus 【ヴィーナスの丘】

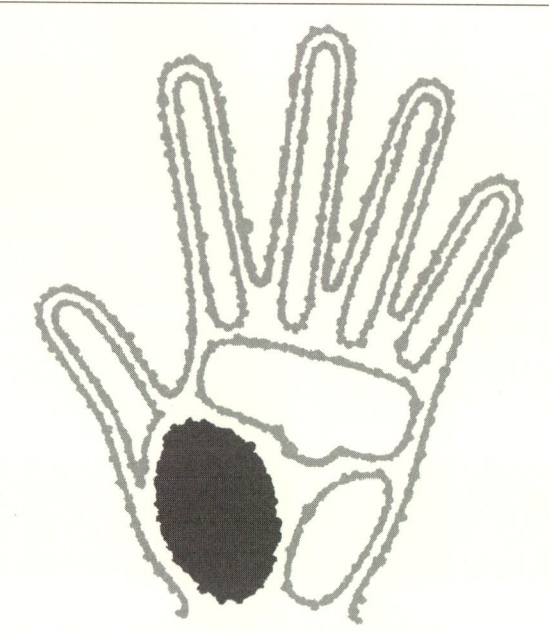

　手のひらのなかで、親指を根もとから動かすとき、一緒になって動く部分がヴィーナスの丘にあたります。

　ヴィーナス（金星）とは占星術では「愛と美」を象徴するとされ、恋の運気を見るのに使われやすいのですが、手相術におけるヴィーナスは、より根源的な意味で使われます。

　ちょっとここで恋に落ちたときのことを思い出してください。誰かを好きになったとたん、いつもの景色が違ってみえて、世界の何もかもが急に輝いているように感じたことはないでしょうか？　これは恋という魔法のおかげで、あなたの五感が敏感になった証拠。

　ヴィーナスのパワーとは、五感をとおして官能を得る力であり、それは生きる喜びを強め、活力を増すのに役立つ能力なのです。

支配星「ヴィーナス（金星）」
アビリティ「美や喜びを感じる力、活力、官能を得る力」

丘のふくらみ [swelling]

　この丘が発達している人は、意欲的に生活を楽しみ、豊かな人生を満喫しようとする人でしょう。

　手の指全部を思いきり開いたとき、ヴィーナスの丘が十分に盛り上がっていて、鮮やかなピンク色をしていれば、活力および、官能力は非常に強い状態だと言えます。情熱的、意欲的に人生を楽しむことができるでしょう。

　丘の盛り上がりが小さく、赤みの少ない人は、活力が足りないタイプ。でも、恋に落ちるとか、人生の喜びを深く味わう機会を持つなどすると、丘の色が鮮やかなピンクに変わっていくはずです。外部からの刺激を受けて、活力が高まりはじめるでしょう。

Luna 【ルナの丘】

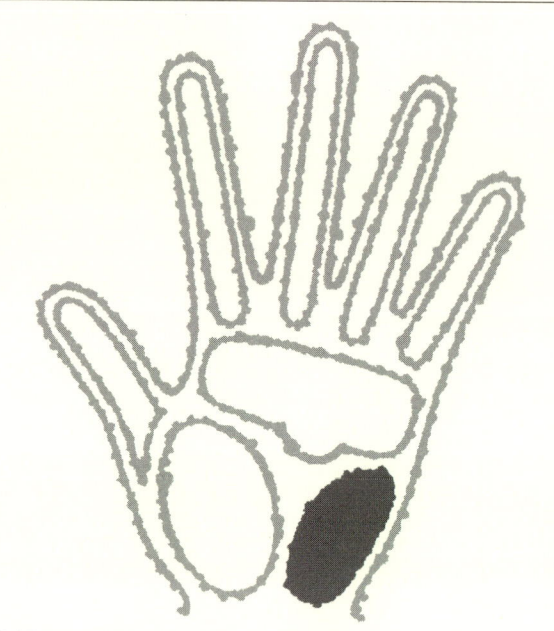

　小指側の下方部分にルナの丘はあります。手首のつけ根から、マーズの丘の手前までの部分です。
　ここはルナ（月）が支配する領域で、何かを感じ取る力を表しています。月が象徴しているのはジェンダーとしての女性性であり、占星術では無意識の領域を司る星とも言われています。
　このルナのパワーとは、何かを察したり、推し量ったりする力であり、想像力でもあります。
　イマジネーション豊かな芸術家や、人の気持ちを感知し思いやるのが上手な人は、この能力に長けています。逆に想像力に欠けていれば、目にしたものを、そのままに受け止めることしかできないので、イマジネーションを働かせる芸術家となることはできません。また、人の気持ちにも鈍感なため、思いやりに欠けた人になってしまうでしょう。

支配星「ルナ（月）」
アビリティ「感知する力、想像力、共鳴力」

丘の状態 [state]

　ルナの丘がふっくらしてピンク色の人は、想像力がバランスよくあるタイプです。芸術を愛好し、他人への思いやりを欠かさない人でしょう。

　ふくらみがあまりなくて、白っぽい色をしている場合は、想像力や感知力があまり強くないことを示しています。でもイマジネーションを働かせることに努めるようにすると、丘の状態は変わってくるでしょう。色が鮮やかになり、ふくらみも出てくるはず。

　丘がパンパンに盛り上がり、赤くなっている人は、現実をゆがめて見てしまうほど、想像力が過剰なタイプです。空想にふけるのが好きですが、そのせいで、日常生活や仕事に支障が出ることがあるかもしれません。

Thumb 【親指】

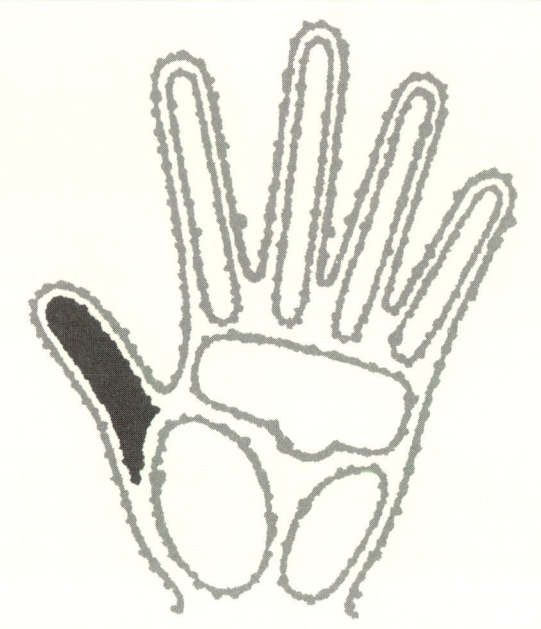

　親指は手のなかで、唯一どの天体にも支配を受けていない領域です。天体に支配されないこの指は、その人の自由意志を表しています。それは「自分に与えられた各能力を、どう使いこなすかを統御する力」と言い換えてもいいでしょう。

　このことを頭において、改めて手のひらを眺めてみてください。親指は他の指と違って、手のひらを監視しているかのような内向きの構造になっていますね。親指は各能力の見張り役のような存在なのです。

　制御力の強い親指の持ち主は、自分の人生を自分で設計していこうとする意欲に満ちています。とはいえ、この制御力は強ければ強いほどいい、というものでもありません。強すぎる制御力は、ときに他人や環境までも自分の支配化に置き、操ろうとするエゴにつながる場合があるからです。

支配星「なし」
アビリティ「自発的な意志の力、統括力、制御力」

指の長さ [length]

　適度な長さの親指を持っている人は、自由意志を適度に使いこなし、自分の望む人生を目指していける人です。

　小指の第一関節より長い親指は、意志の力がかなり強いことを意味します。ただ、「これ」と決めたことは貫かなければ気がすまず、融通が利かないタイプだともいえます。

　一方、短い親指は、意志の力の弱さを示します。自分自身の舵取りがうまくできず、他人の思惑や、その場の状況に流されやすいでしょう。

指の傾き [slope]

　親指は他の指のように「左右どちらに傾いているか」ではなく、真横から見たときの「そり加減」を解釈の対象とします。

　そりがあまりなく、上方向にまっすぐ伸びている人は、自分に与えられた能力を自発的に使うのが上手です。自分の意志で、未来を切り開いていこうとします。

　グッと後ろにそっている親指は、自発的な能力の発揮を苦手とすることを意味します。けれども、運命から与えられる課題を受け止め、臨機応変に立ち向かうのは得意です。運命に逆らわずに、うまく身を預けて、幸運の波に乗れる人です。

IV 手のラインを読む

Reading A Line

■ラインが表すのは運命

　手のひらに走る複数のライン。これは、その人のたどる「運命」を読み解く指針です。

　手のひらには何本ものラインがありますが、大きく分けると誰の手にもほぼ共通して見られるライン、人によってあったりなかったりするラインに分類することができます。

　手相術では前者をメジャー・ライン、後者をマイナー・ラインと呼びます。ここではまず、メジャー・ラインの読み方を説明していきます。そのあとで、マイナー・ラインを見ていくことにしましょう。

■4本のメジャー・ライン

　メジャー・ラインは以下の4本。右の図を確認しながら、それぞれの名前を覚えてください。

【ライフ・ライン】
人差し指と親指の間から下方向に伸びるライン

【ハート・ライン】
小指の下から横方向に人差し指のほうへ伸びるライン

【ヘッド・ライン】
人差し指と親指の間から斜め下方向に伸びるライン

【フェイト・ライン】
手のひらの中央つけ根あたりから上方向に伸びるライン

手のラインを読む

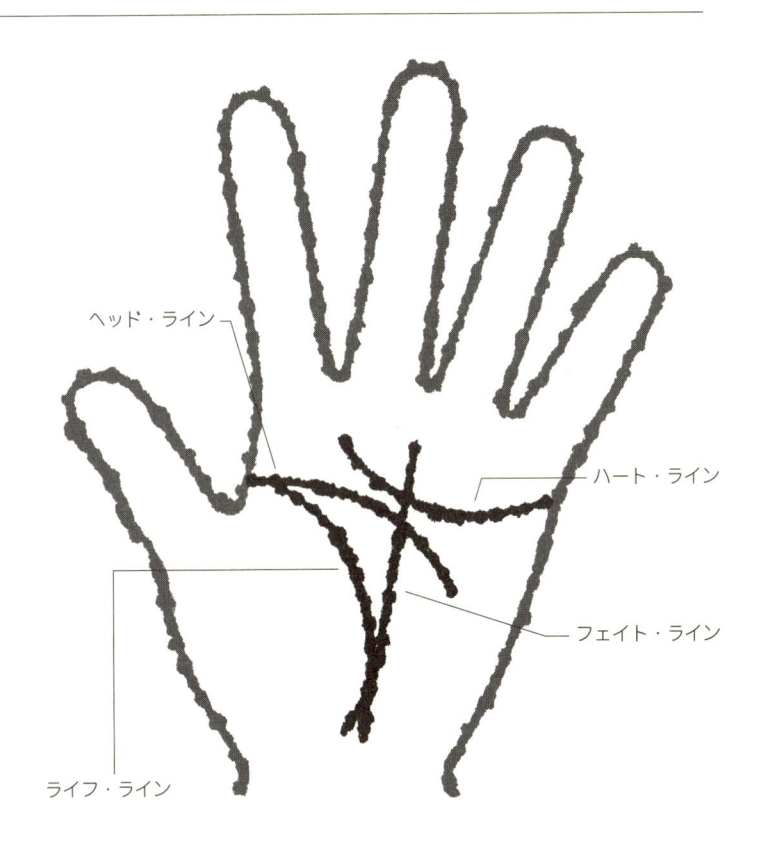

（図中ラベル）
- ヘッド・ライン
- ハート・ライン
- フェイト・ライン
- ライフ・ライン

■ラインについての考え方

　メジャー・ラインというのは「運命」という名の川の流れのようなものです。太くしっかりした流れは、運命の順調な流れを表しているし、流れに見られる途切れやうねりは、運命の紆余曲折を暗示しているのです。

　このように考えると、ラインを読むとき、ひとつひとつの特徴をいちいち覚えなくても、パッと見た感じで、だいたいの判断をつけることができるようになります。

■基点と到達点

　各ラインには、流れの基点と到達点があります。（それぞれの基点、到達点は、次のページからの図を参照してください。）ラインの流れは人生の流れと同調しているので、ラインを3分割すれば、子供時代、青年時代、壮年時代という、おおまかな人生の時期と重ね合わさることになります。

　つまり、ラインに現れている途切れやうねり、印などの位置から、その人の人生のどの時代にどんなことが起こりうるかを読み解けるのです。

　ラインと運命の関係を理解したら、次に具体的なラインの読み方に進むことにしましょう。

■メジャー・ラインを読む手順

　まず、ライン全体の形状から基本的な運を読み解きます。どのラインを読むときも次の4つの点をチェックしてください。これによって各ラインが象徴するテーマにおける運命の特徴が分かります。

step:1

【ラインの濃さ】

　深く太いラインほど、そのラインの象徴する運の強さ、あるいは豊かさを表しています。

step:2

【ラインのうねり】

　すっきりと流れているラインは、順調な運命を意味します。曲がりくねるラインは、変転の多い運命を暗示します。

step:3

【ラインの途切れ】

　ラインに途切れのないことも、運命の順調さを示します。途切れの多いラインは、紆余曲折する運命の表れです。

step:4

【ラインの方向】

　ラインの基点、あるいは到達点は、人によって異なります。これはその人の運命に個性となって現れます。

　次に、ラインを３分割して、人生の時期別判断を行います。

　基点からはじまる３分の１が成人するまでの子ども時代、真ん中の３分の１が成人してからの青年時代、到達点までの３分の１が円熟した人生の後半期である壮年時代とみます。

　それぞれの部分に途切れや枝分かれ、ラインの絡まりなどが出ている場合は、運命に何らかの大きな変化、困難や障害、あるいは幸運や喜びがもたらされる暗示として、その意味を読み解きます。これについては、次ページから各ライン別に詳しく説明していきます。

Life Line

基点

到達点

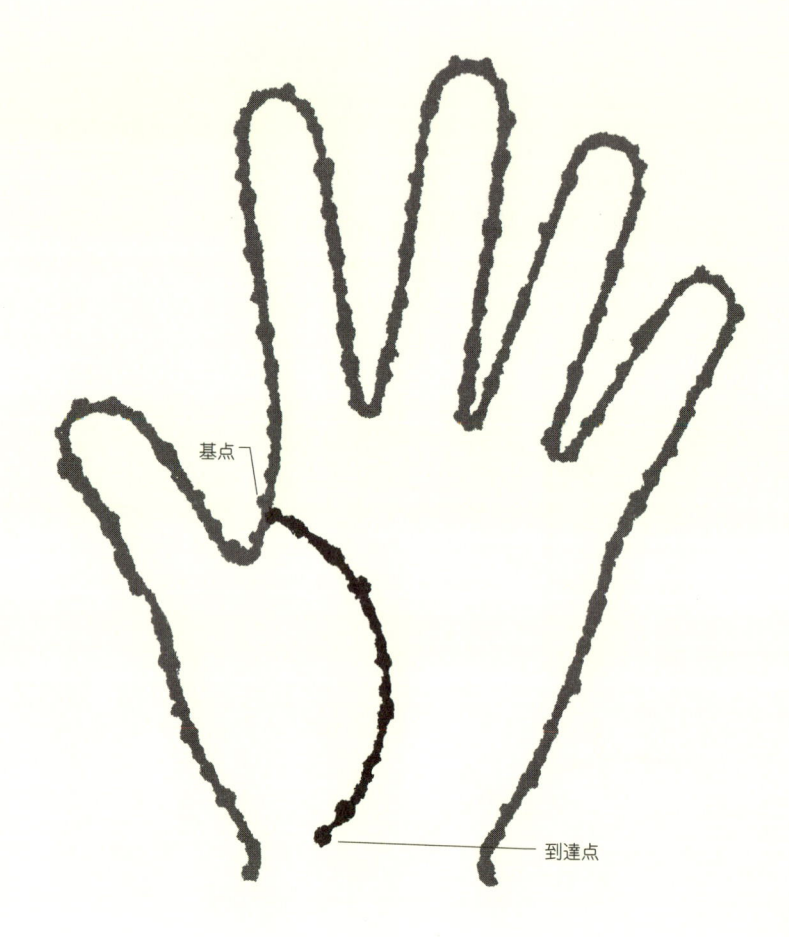

ライフ・ライン
【生命活動にかかわる運命】

生命活動と生涯の流れ [flow]

ライフ・ラインが示すのは、生命活動にかかわる運命です。心身の活力状態、生活上の変化、人生における大きな出来事などが、このラインに表れる主な要素です。

ラインの全体像 [perspective]

ライフ・ラインは手のひらに深く刻まれていて、途切れることなく、適度なカーブをつけて長く続いているのがベストとされ、豊かで活気に満ちた人生を意味しています。

ラインが細く、途切れがちなら、生命エネルギーの流れが滞ることが多く、精力的とはいえない人生を送る、と読みます。

曲がりくねったラインは、変動が多くて、そのために疲れやすい人生を意味します。カーブが小さく、すとんと下降していくようなラインの場合、その人の人生は平坦で、大きな冒険をする機会は少ないことが分かります。

ラインの基点と到達点　　　　　　　　　　　　　　　　[course]

　ライフ・ラインは人差し指と親指の中間にあるマーズの丘からはじまって、親指の斜め下にあるヴィーナスの丘に沿うようにして下降し、到達点に達します。

　「ライフ・ラインが短い人は寿命が短い」という考えは迷信です。このラインは人生の長さを示すものではなく、生命活動の質を示しているのです。

　従って、ラインを読み解くポイントは長さではなく、基点から到達点に至るまでのカーブの具合にあります。

　ラインがきれいな丸い円の弧のようで、手首近くまで到達しているのは、適度に変化し、適度に安定した人生を意味します。就職、結婚、子どもの誕生など、多くの人が歩んでいく人生経路をしっかりたどり、充実した人生を歩んでいくしょう。

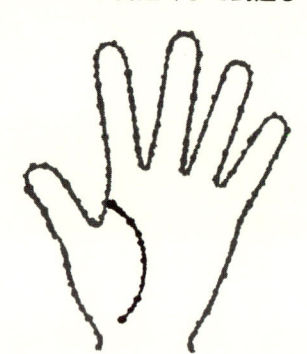

　ラインの弓なり部分のカーブが深くて、手のひらのハジまで達して終わる場合、その人はバイタリティの強さゆえ、人並み以上の人生経験を積むことになるでしょう。転地や結婚・離婚を繰り返した末、多くの子どもや財産を作ったりする可能性が。

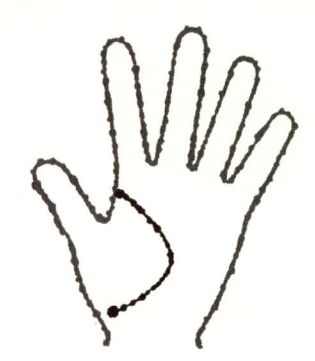

カーブが浅いうちにラインが到達点に達し、手のひらの中央あたりで終わっている人は、自主性に欠けた人生を送るかもしれません。健康管理や財産管理を人任せにしますが、それが生命や財産の危機を招くわけではなく、他人の助力によって生命活動が成り立つ運命にある人、と読むのが適切です。

ライフ・ラインの時期別判断 [judge]

【切れ目】

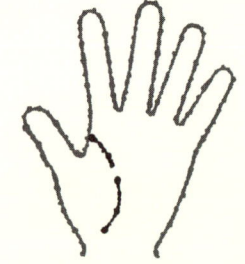

　ライフ・ライン上に切れ目がある時期は、人生の変転期です。病気や事故、災厄に見舞われる可能性がありますが、その経験を通じて、これまでの悪しき生活習慣などを変えることができるでしょう。壮年期の場合は特に、健康への危機意識が高まり、自分を大切にすることができるようになると読みます。

【切り替わり】

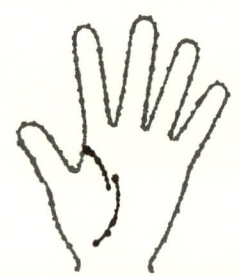

　ラインが途切れた横から別のラインが表れて、それがライフ・ラインになっている場合を切り替わりと言います。これが表れている時期には、体質の激変や、生活環境の変化が起こります。子ども時代なら、住居の変化が病弱さの克服になるかもしれません。青年時代なら、独立や結婚を機に体調や生活が大きく変わるでしょう。壮年時代の場合も、生活環境に大きな変化が起こる可能性があります。

【複線】

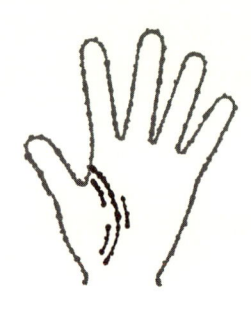

　ラインに沿って伸びる短い複線がある時期は、人生の豊潤期です。財産を成すことができたり、心身共に豊かな生活を送れるでしょう。子ども時代の複線は、家族の保護に恵まれた証です。

【鎖】

複数のラインが絡み合い、鎖状態を作っている時期は、生活あるいは心身状態が不安定に陥りがちです。生活の不安定さが健康を害する原因となることもあるし、その反対に心身の不安定さが、生活や財政状況の不安定を招く場合もあります。

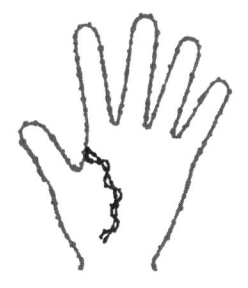

【支線】

ラインから伸びている小枝のような支線は、生命活動のなかで生まれる資産や財産を意味します。この支線が出ているのが子ども時代なら、体力を養うチャンスに恵まれるでしょう。青年時代と壮年時代の支線は、生活を豊かにする財産が生まれる可能性を意味します。子どもや孫が産まれる時期にも、ライフ・ラインの支線はよく表れます。

Heart Line

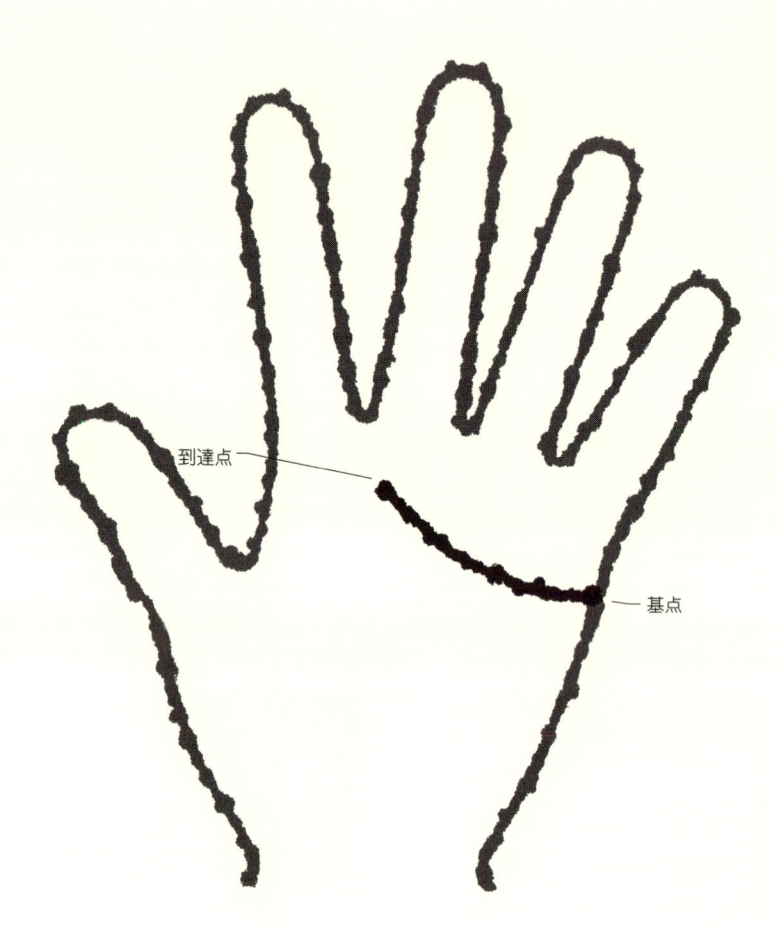

到達点

基点

ハート・ライン
【愛情面に関する運命】

愛情生活と恋の運命 [love]

　ハート・ラインは主に愛情面に関してのその人の運命を示すものです。親子間の愛情、友達との友愛、異性との恋愛など、人生における愛情生活のすべてが、このラインの示す範疇です。

ラインの全体像 [perspective]

　くっきりとした線で、途切れなく、ゆるやかなカーブで続くハート・ラインは、愛情運にとても恵まれている証です。

　線が細くて不鮮明な場合、愛情運は強いほうではなく、人と深く愛し合う機会の少ない人生となるかもしれません。

　うねりは愛情生活の変動具合を示します。ラインが全般的に曲がりくねっている場合、安定した愛情を受けること、授かることが難しい、変化の多い愛情生活を送るでしょう。

　ラインが何度も途切れている人は、愛情面での失望、失恋経験などの多い人生を送りがちです。

ラインの基点と到達点

[course]

　ハート・ラインの基点は小指の指骨の下、マーズの丘の部分です。ここからはじまったハート・ラインはマーズの丘を横切り続けて到達点に達します。この到達点の位置は、愛情運がその人に与える影響、愛情生活の終着点を表しています。

　人差し指の指骨部分、ジュピターの丘に向けて上昇して終わるラインは、理想の愛を追求する人生を意味します。そのため、このラインの持ち主は、若いころは恋に落ちやすく、恋多き日々を送るかもしれません。でも、晩年には家族や友人に囲まれて、情緒的に満足した人生を手に入れることでしょう。

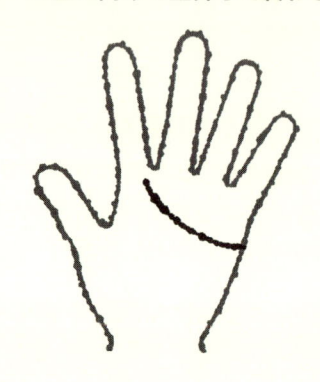

　まっすぐに横に進み、マーズの丘の中心で終わるラインは、愛を勝ち取ることに人生を費やすことを示します。そのため、この人は愛されるより愛することを好む人生を送るでしょう。生涯をかけて、ひとりの人を愛し抜くかもしれません。

ハート・ラインの到達点が、ヘッド・ラインとマーズの丘でつながり、一筋のラインとなっている（これをシミアン・ラインと呼びます。詳しくはP 100へ）。場合は、愛情生活と知的生活が密接にかかわりを持つ人生を送ります。愛の本質について深く考える人生となるでしょう。でも、考えすぎるあまりに、愛を素直に表現するのが苦手になります。オクテかもしれませんが、心の奥には深い愛をたたえているので、生涯に一度は、大恋愛を体験するでしょう。

ハート・ラインの時期別判断 [judge]

【切れ目】
　ライン上に切れ目があれば、それは愛情生活における転換期と読みます。子ども時代にあれば、両親の離婚、引っ越しによる友人との別れ、などが起こるかもしれません。青年時代、壮年時代なら、恋や友情の終焉、自分自身の離婚などを意味します。それによって人生が大きく変わっていくことになるでしょう。

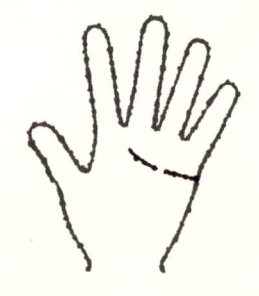

【切り替わり】
　ラインのカーブがゆるやかではなく、急激に曲がっていたり、いったん途切れて別のラインに変わっていたりするのは、唐突な愛の喪失や、恋愛観の大きな変転を意味します。この切り替わりがラインにある時期は、特殊な恋愛を経験したり、両親、あるいは自分自身が離婚や再婚をしたりする可能性があります。

【複線】
　ハート・ラインに沿う形で、もう1本のラインが出ている時期は、愛情生活における幸運期です。子ども時代なら、両親や周囲の人々からの愛に恵まれるでしょう。青年時代なら、心を深く通わせる相手の登場が考えられます。壮年時代に複線が表れていれば、人生のパートナーとの密着なつながりを意味します。

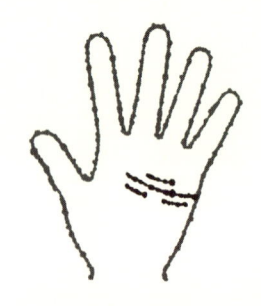

【鎖】

　ラインの一部が鎖状になっている時期には、愛情関係にもつれが見られます。子ども時代なら両親の板ばさみに合うこと、青年時代か壮年時代なら三角関係の恋愛や対人関係でのトラブルがあることを暗示します。ただ、これはその人が複数の人間から愛されるために起こる問題の場合が多く、モテる時期と読むこともできます。

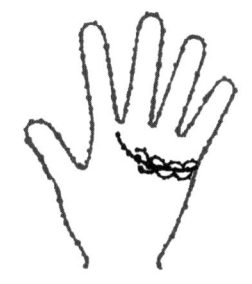

【支線】

　ライン上から枝分かれする形で伸びたラインが支線です。これは愛の成就、あるいは愛情生活から受ける恩恵を意味します。子ども時代に支線があるならば、早くから異性にモテたり、恋人や親友ができることを意味し、そのおかげで、自分の魅力に対する自信を深めることができるでしょう。青年時代の支線は、結婚や子どもを授かることを意味する場合が。壮年時代の支線も孫を授かるなど愛に恵まれる印です。

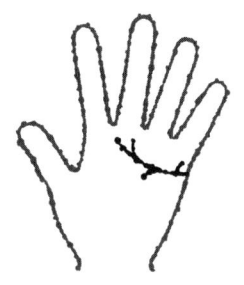

Head Line

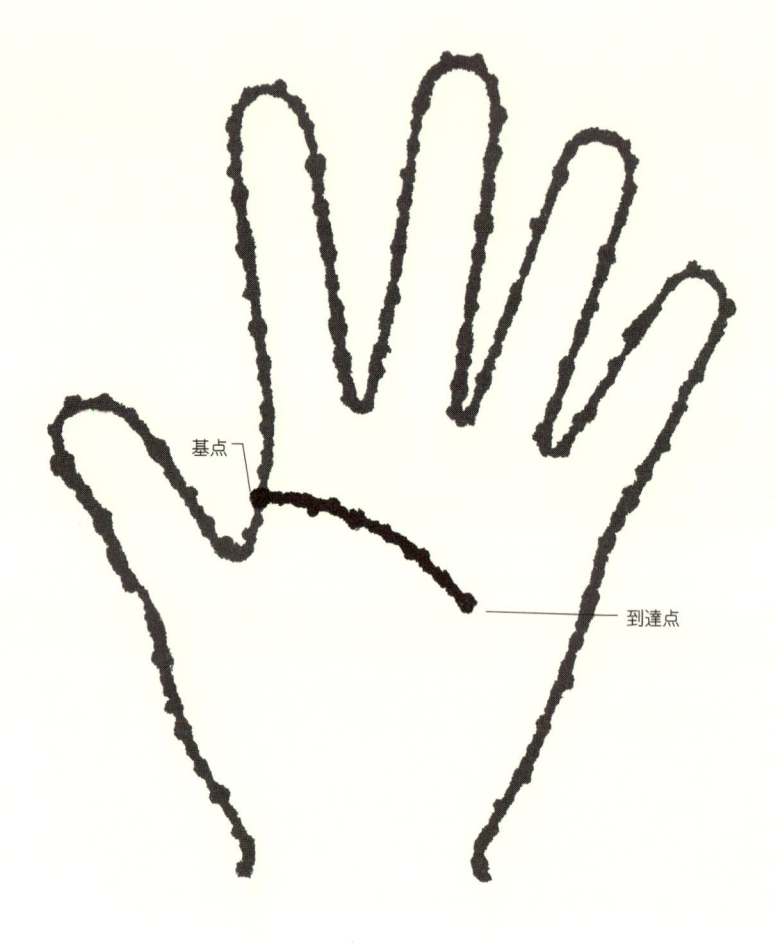

基点

到達点

ヘッド・ライン
【知性と知的な活動に関する運命】

知的生活と知性の運命 [intelligence]

　ヘッド・ラインは知性と知的な活動に関する運命を示すラインです。学ぶこと、知識を手に入れて活かすこと、知的な仕事に関することなどは、このラインから読み解きます。

ラインの全体像 [perspective]

　ラインが鮮明で、途切れることなく、丸みのあるカーブを描くヘッド・ラインは、知的生活における強運を意味します。知性を磨く機会、使う機会に十分に恵まれるでしょう。

　他のラインに比べてヘッド・ラインが細い、あるいは薄い場合は、知的活動に従事する機会の少ない人生と読みます。

　ラインに曲がりくねりや途切れが多いのは、知的生活上の困難の多さの表れです。でも、それは人生において知性を鍛える機会が多い、ということですから、苦労のすえ、知的分野で大成する可能性も暗示しています。

ラインの基点と到達点

[course]

　ベーシックなヘッド・ラインは、人差し指と親指の間のマーズの丘のライフ・ラインと同地点からはじまり、斜め下方向に伸びて、ルナの丘付近に達して終わります。このベーシックな流れのヘッド・ラインの持ち主は、健全で安定志向の知的生活を送るでしょう。

　けれども、ヘッド・ラインの基点、あるいは到達点が、このベーシックな形とかなり違っている人がいます。その場合、その人の知的生活はユニークな運命をたどることになります。

　まず、基点がライフ・ラインと重なっておらず、それより上方、ジュピターの丘にある人。この人は、幼少期を異文化のなかで育つとか、ふたつの言語や方言の飛び交う環境で育つなど、知性の芽生えの時期に普通とは異なる経験をするかもしれません。この運命により、この人はひとつにこだわらない多義的な考え方を身につけ、それを知的生活に発揮するようになるでしょう。

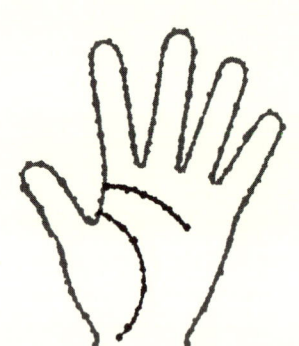

一方、**到達点がルナの丘まで達することなく、マーズの丘のどこかで終わっている**人は、基本的知性を身につけたあとで、個性的な考えや思想に走る運命を持つ人です。

　特に、**マーズの丘のどこかの地点でヘッド・ラインがハート・ラインとつながり、一筋のラインになっている**（シミアン・ライン）人は、恋愛などの感情的体験をもとにして、個性豊かな思想を育んでいくことになるでしょう。

ヘッド・ラインの時期別判断 [judge]

【切れ目】

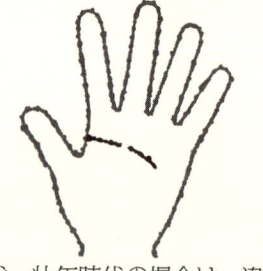

　ライン上の切れ目は、人生観の大きな変転を意味します。子ども時代であれば、生活環境の突然の変化が、その人の世界のとらえ方、ものの見方を変えるキッカケになることが多いようです。青年時代、壮年時代の場合は、違う思想や人生観を持つ人との出会いなどがキッカケとなることも。

【切り替わり】

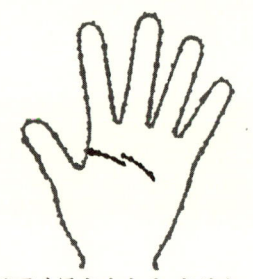

　ラインが急カーブしている時期、またはいったん途切れて、別のラインに変わっている時期には、知的生活に大きな変化が起こります。これまで必要なかった知識や技術、言語などを覚える必要が出てくるかもしれません。まったく興味のなかった分野に関心が芽生え、それに没入して学んでいく場合も。

【複線】

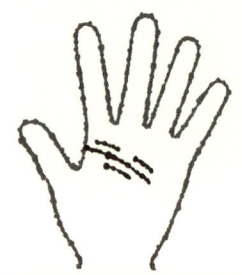

　ラインの横に別のラインが出ている時期は、知的生活の豊穣期です。知性を磨く機会に恵まれたり、知的な分野で活動する機会を与えられたりします。人生の恩師と呼べる相手が現れる場合も。ラインに沿う複線が長く続いていて、ヘッド・ラインが2本あるかのように見える場合は、知的分野で大成功を収めるとか、生涯を研究生活に捧げるという可能性も。

【鎖】

　ヘッド・ラインが鎖状になっている時期には、知性面に混乱が起こります。子ども時代なら学習に困難が見られ、ものを理解するのに時間がかかる傾向が。青年時代の場合も、知識や技術の習得に苦労します。でもそれは知能の問題ではなく、多くの情報が入りすぎる経験から来るものであり、この時期を乗り越えた人は、自分の頭でものを考える優れた能力を身につけます。

【支線】

　ラインから枝分かれした小枝のような短いラインが支線です。これが出ている時期は、知的生活上での成功、恩恵があります。子ども時代なら学業での賞賛、青年時代なら自分の考え、知識を発表するチャンス、壮年時代なら長年の思索のまとまり、という喜びがあるでしょう。

Fate Line

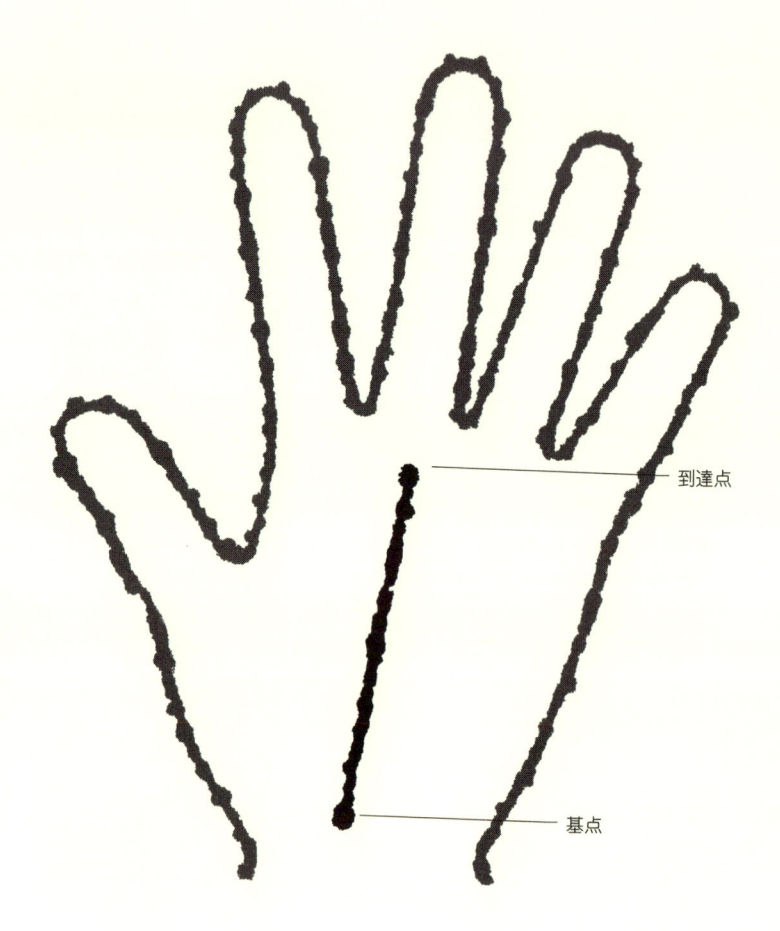

到達点

基点

フェイト・ライン
【与えられた使命、その使命がたどる運命】

人生に与えられる使命とその運命 [mission]

　フェイト・ラインは、その人に与えられた使命と、その使命がたどる運命を表します。使命とは社会的ポジションや天職、人生の方向性、あるいは達成すべき仕事のことを差します。

ラインの全体像 [perspective]

　フェイト・ラインは個人差の激しいラインです。目をこらしてみても、手のひらの中央を走るこのラインが見当たらない人、うっすら途切れ途切れにしかない人は多くいます。これはその人の人生の方向性が未確定状態であることを示します。

　一方、深く太いフェイト・ラインができている人は、人生にハッキリとした使命を持つ運命にある人です。途切れることなく、すらりとラインが続いていれば、その人は自分の使命を人生のなかでしっかり果たすことができるでしょう。

　ラインは歳を重ねると共にハッキリしてくる傾向があります。

ラインの基点と到達点　[course]

　フェイト・ラインは手のひらを縦に走るラインですが、その流れは下から上へと進みます。基点は手首に近い部分で、サターンの丘をめがけて上昇し、終わったところが到達点です。
　基点の違いは、使命が形作られる時期の違いを意味します。基点が手首に近ければ近いほど、その人の使命は幼いうちに決定されます。生まれたときから家業を継ぐ運命の持ち主や、突出した才能の持ち主は、**手首のすぐ上あたりにフェイト・ラインの基点があある**でしょう。

　人生の途上で自分の使命、天職などに目覚める人は、基点が手首と離れています。**手のひらの中央あたりに基点がある**人は、人生の前半を目的意識とは無縁に過ごし、中年期ごろ、使命を見つけます。

一方、到達点の違いは、使命の行き着く先の違いを示すものです。**中指のつけ根のサターンの丘がラインの到達点であれば、**その人は死の間際まで、自分の使命をまっとうする運命にあります。これは生涯現役を貫ける天職の持ち主や、年齢を重ねても続けられる活動に使命を見出す人に多く見られる手相です。

　サターンの丘まで到達せず、手のひらの中央のマーズの丘でラインが終わっている人は、早くに自分の使命を終える人です。スポーツ選手など、若いうちに本業からリタイアする運命の人に多い手相と言えます。

フェイト・ラインの時期別判断　　　　　　　　　　　　　　　[judge]

【切れ目】

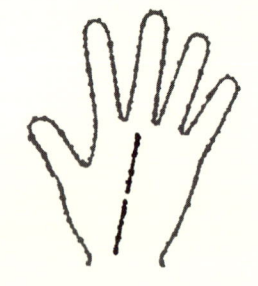

　フェイト・ライン上の切れ目は、使命的な活動を一時停止することになる時期を示します。肉体的故障や、自分の生き方、職業への疑問意識などが、それまで生きがいとしてきた仕事や生活を中断する理由になるかもしれません。単に、長い休養に入る場合もあります。

【切り替わり】

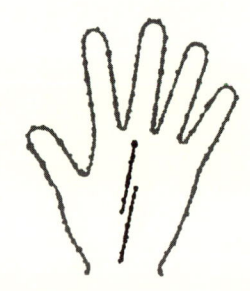

　ラインが途中で切れているだけでなく、それにかぶさるように別のラインがはじまっているのは、人生の方向性が変わる時期です。ひとつ使命が終わり、次の使命に進むことになるでしょう。いったん途切れたあとのラインの方向が明らかに違っているほど、今までとは違う道に進むことになります。フェイト・ラインに複数の切り替わりがある人は、人生の使命や生きがいが一定せず、生活や職業を転々としがちです。

【複線】

　フェイト・ラインに沿うように伸びている別のラインを複線といいます。これが出ている時期は、生きがいに満ちた人生の充実期です。ただし、子ども時代に複線がある場合は、強制的に課せられる人生の使命に時間の全てを奪わ

れがち。他の子どもたちより自由の少ない我が身を、窮屈に感じるかもしれません。

【鎖】

鎖状のフェイト・ラインは、運命のもつれを意味します。大きな成功を収めつつも、その成功のなかに苦しみを感じることが。特に、世間からの注目や期待は、苦悩の原因となりがちです。

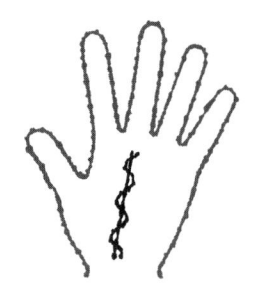

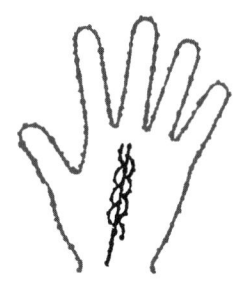

【支線】

上に伸びていくフェイト・ラインから枝分かれして伸びる支線は、短期的な使命の達成を意味します。支線が表れている時期には、これまでの努力が報われる出来事があるでしょう。この支線が何本もある人は、自分の生きがいとする分野で、形ある成果を何度も出す人です。

ラインの時期別判断

　メジャー・ラインから時期別の運命判断を行う手法のことを、欧米の手相術師は「タイミング・オン・フェイト（timing on fate）」などと呼んでいます。一方、日本では「流年法」という名称が有名です。

　その具体的な方法は欧米、日本を問わずさまざまで、手相術師により異なります。共通しているのは基点を人生のはじまり、到達点を人生の終わりとして捉えていること。つまりラインの流れに従って、時間の流れを読もうとしている点です。

　おのおのの流儀があるなかで、よく見かけるのはラインのある地点に決められた年齢を定め、それを目安にラインに年齢目盛りをつけていく手法です。たとえばライフ・ラインであれば、その基点を0歳とし、そこから等間隔に目盛りをつけていき、手首の到達点を100歳とする、というのが大筋の考え方です。これに各手相術師が自分の見解や実践経験などをふまえ、目安の地点をずらすとか、目盛りの幅を変えていくなどして、ピタリと当たる（何歳で結婚するか、何歳のときに事故に合うか、など）時期別判断を目指しています。

　けれどもこの本では、こういった「目盛りつけ型の手法」は使っていません。これには理由があります。

　ラインに年齢目盛りをつけて運命を読んでいこうとすると、ライフ・ラインの長さが寿命を示してしまうことになりかねません。ライフ・ラインのところでもお話ししましたが、今日の手相術にほぼ共通する見解として、「ライフ・ラインは寿命と関係しない」というものがあ

ります。けれども、ライフ・ラインに目盛りを振っていく手法を取れば、ライフ・ラインの終わりで運命が終わってしまい、そこで人生はおしまい、ということになってしまいます。目盛りつけ型の手法を使用している手相術師のなかには、「ライフ・ラインが短い場合は、フェイト・ラインに目盛りを移す」といったルールを設け、この問題を解決しようとしている人もいます。しかし、たいていの手相術師は目盛りを正確に振る手法を詳細に述べつつも、その目盛りが終わる地点に関する記述は避けてとおっているように見えます。

　目盛りつけ型の手法には、こうした問題があるため、この本では使用を避けました。その代わり、メジャー・ラインを3分割し、基点のほうから順に、子ども時代、青年時代、壮年時代という3時代区分をして、それぞれの時期の運命を判断する方法を紹介しました。

　この手法ならばラインの長短にかかわらず、その人の人生全般を占うことができます。

　ただ、目盛りつけ型のように、「何歳で結婚するか」といった「ある出来事の起こる年齢を当てる」ことには向かない手法です。けれども、「手相というのは変わるもの」という、多くの手相術師の共通見解から考えてみれば、たとえば25歳の地点で結婚が暗示されていても、それはあくまで今の手相、変わりゆくもの、ということになります。つまり遠い先の、ある地点について、目盛りづけで読み解く苦労は、あまり報われるものではないということになるでしょう。

シミアン・ラインとは？

　ハート・ラインとヘッド・ラインという２本のラインがない代わり、マーズの丘と平原を一直線に横切る１本のラインが出ている手相を持つ人がいます。西洋の手相術では、これをシミアン・ラインと呼んでいます。「シミアン（simian）」を訳すと「類人猿」という意味になるのですが、日本において、この線は「ますかけ線」と呼ばれています。

　この手相は珍しいものであるせいか、古い時代には特殊な（しかもネガティブな）解釈をされがちでした（詳しくは第Ⅱ部を参照ください）。けれども現在では、そうした解釈は否定されるようになりました。そして、これはハート・ラインとヘッド・ラインがつながったものと考えられています。

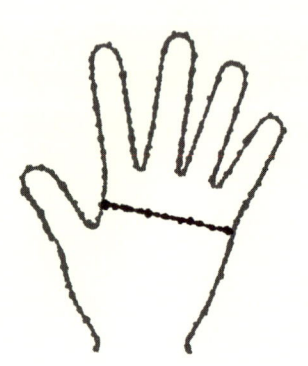

　それでもシミアン・ライン（ますかけ線）には、いまだに特殊な解釈がつけられている場合があり、その解釈も手相術師によりかなり違っています。でも、あまりや

やこしく考えず、このラインは「ハート・ラインが示す愛情運と、ヘッド・ラインが示す知性運が深く結びつく運命」だと解釈したほうがスッキリするはずです。この本では、シミアン・ラインを特別扱いせず、ハート・ラインとヘッド・ラインの部分に、ひとつのライン形状としてあげることにしました。

手相の保存法

　手相は変わってゆくものですが、その変化は見逃しやすいもの。「こんな線、以前からあったかしら？」ということにならないためには記録を残しておくことが肝心です。

　欧米の手相術師のあいだでは、鑑定した手相の写真と手形とを取り、保存しておくことが一般的です。

　手形とは、釣りで取る「魚拓」のようなもので、インクを塗った手を紙に押しつけて取ります。最初はインク量の調整が難しいかもしれませんが、慣れれば手に刻まれたラインをキレイに映し出すことが出来るようになるでしょう。

　本格的な方法としては、インクとローラー、ガラス板を使います。でも、スタンプ台や朱肉を手に押し付ける方法でやってみてもいいでしょう。

　手形だけでは手の形がはっきり残らないので、写真も撮っておきましょう。このふたつを保存しておけば、正確な手相の変化を追いかけられます。手形を取った紙には、忘れずに日付を書いておきましょう。

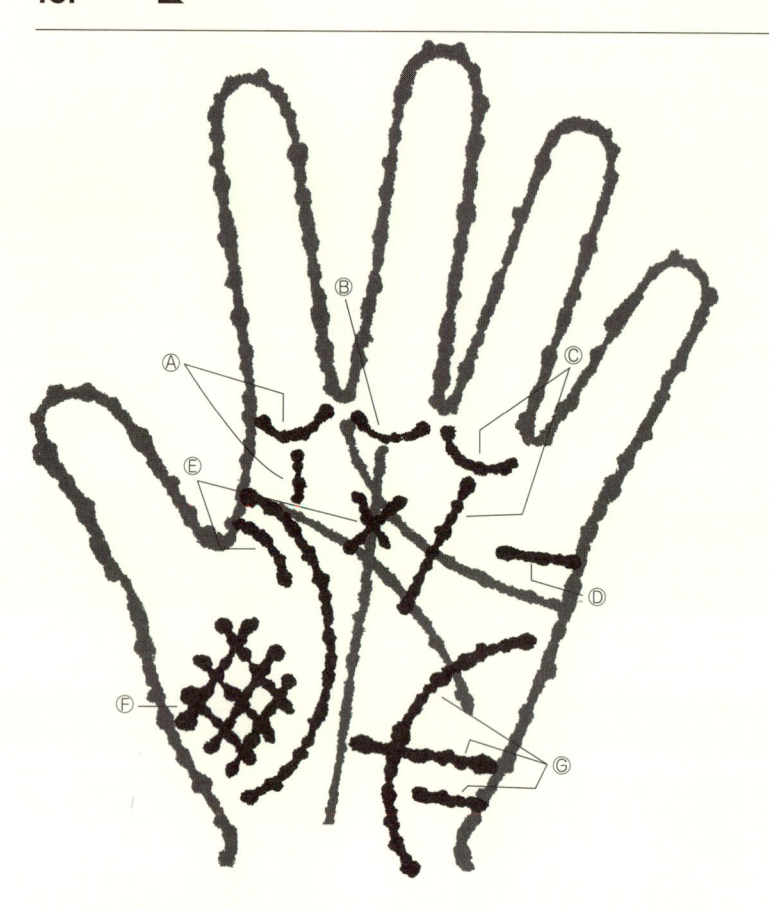

Minor Line

- Ⓐ ジュピターの丘上のライン→ P104 へ
- Ⓑ サターンの丘上のライン→ P105 へ
- Ⓒ アポロの丘上のライン→ P106 へ
- Ⓓ マーキュリーの丘上のライン→ P107 へ
- Ⓔ マーズの丘と平原上のライン→ P108 へ
- Ⓕ ヴィーナスの丘上のライン→ P109 へ
- Ⓖ ルナの丘上のライン→ P110 へ

マイナー・ライン

■**マイナー・ラインの考え方**

　メジャー・ラインと違って、マイナー・ラインはすべての人の手にあるわけではありません。従って、マイナー・ラインとは個人個人に与えられた「特別な運命」を読み解くカギになります。
　とはいえ、運命を読み解く基本はあくまでメジャー・ラインにあります。4本のメジャー・ラインの解釈を飛ばして、マイナー・ラインばかりに注目すると、運命の大筋を見失ってしまうので注意しましょう。
　マイナー・ラインは、人生の途上で表れたり消えたりすることがあります。ラインの深さや長さ、形などが変わっていく場合も多くあります。そのため、マイナー・ラインには、ラインを3分割して、年齢域別に運命を読む時期別判断法は使用しません。そのラインが表れているということ自体が、その時期の運命を読み解くポイントになるのです。

■**マイナー・ラインを読むポイント**

　種類が多いマイナー・ラインをひとつひとつ覚えていくのは手間がかかります。しかし、そのラインが位置している「丘」の意味を思い出せば、マイナー・ラインを覚える作業はぐんと楽になるでしょう。
　次ページからの各ラインの解説には、丘を支配する天体との関連についても書いてありますから、参考にしてください。

A Line on a Hill of Jupiter 【ジュピターの丘上のライン】

　占星術において、木星は一般的に「幸運の星」と言われており、向上心や探求心の高まり、活躍の場の増大などをもたらす天体とされています。ジュピターの丘とは、この木星が支配する領域。ここに表れるマイナー・ラインは、木星が象徴する拡大・発展のパワーに関連した意味を持っています。

ジュピター・リング　　　　　　　　　　　　[Jupiter's ring]

　ジュピターの丘に見られる半円形のライン。「ソロモン環」という別名で呼ばれることも。このラインは人を導く立場に立つ特別な運命を表します。教師や裁判官など、人にものを教えたり、人の行いを判断したりする仕事に就く可能性があると読みます。

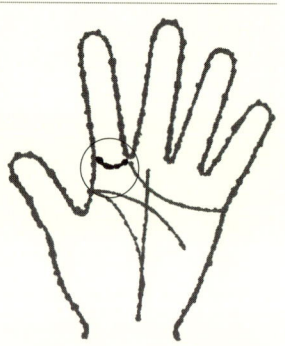

ジュピター・ライン　　　　　　　　　　　　[Jupiter's line]

　ジュピターの丘に縦に伸びるラインです。このラインが表れている人は、より広い世界に飛び出していく運命の持ち主です。ラインが深く長いほど、グローバルな活躍の場を得る可能性が高まります。

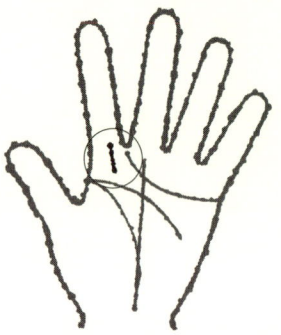

A Line on a Hill of Saturn 【サターンの丘上のライン】

　サターンの丘は土星が支配しています。この領域に表れるマイナー・ラインは、土星が象徴しているパワーに関連づけられる意味を持ちます。土星は占星術において凶星とされたり、悲嘆や喪失の体験に結びつけて考えられがちでした。しかし現在は安定、保守といったポジティブな意味で見直されています。

サターン・リング　　　　　　　　　　　　　　[Saturn's ring]

　中指のつけ根部分を取り巻くような半円形のライン。これは孤独に生きる運命を背負う人に表れます。孤独というと悪いイメージが与えられがちなもので、これはネガティブな相とされています。しかし哲学者など、思索にふける必要のある人にとって、孤独は喜ばしいもの。すべての人にとって、これが凶相だというわけではないのです。

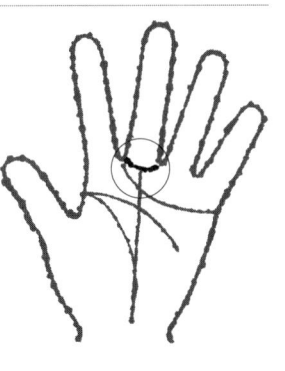

A Line on a Hill of Apollo 【アポロの丘上のライン】

　アポロの丘は太陽が支配する領域です。ここに出現するマイナー・ラインは、太陽が象徴する自発的なパワーや創造性と関連する意味を持っています。また、それによって得られる自尊心や自信、栄誉、名声なども、占星術では太陽と深く結びつく領域だとされます。

アポロ・リング　　　　　　　　　　　　　　　　　　　[Apollo's ring]

　薬指のつけ根の部分で半円形を描いているラインがアポロ・リングです。これは強い自尊心が必要な職業、立場につく特別な運命を意味します。これが表れていれば、スターの座を獲得できる可能性が。

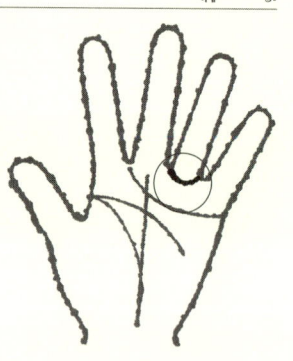

アポロ・ライン　　　　　　　　　　　　　　　　　　　[Apollo's line]

　アポロの丘に縦に走るライン。富や成功を得る運命を表しています。アーティスティックな才能が花開くときに表れることもあります。アポロ・ラインは長いほど、大きな成功を意味します。ラインが数本ある場合は、複数のジャンルで富と成功を得る運命であると読みます。

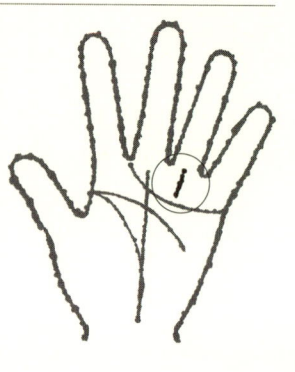

A Line on a Hill of Mercury 【マーキュリーの丘上のライン】

　水星の支配するマーキュリーの丘に表れるマイナー・ラインは、水星の象徴する領域に関連する意味を持ちます。水星が司る分野とはコミュニケーション、言語、商売、伝達などで、これはいずれも人間関係にかかわりを持つものです。肉体のなかでは刺激の伝達を受け持つ神経系統が水星の支配領域です。

リレイションシップ・ライン　[Relationship line]

　かつてはマリッジ・ライン（結婚線）と呼ばれ、結婚運を意味しているとされましたが、現在は結婚に限らず、他者との結びつき、つながりを表すラインだと考えられています。マーキュリーの丘を横切るこのラインは、ほぼ万人に見られます。これは「誰かと結びつく」という運命が特別なものではないからでしょう。このラインはメジャー・ラインと同じように「形状」から意味を読み解きます。深く長く途切れがないのがベストです。また、上向きのラインは人間関係の良好さを示し、下向きのラインは人に失望する運命を示します。

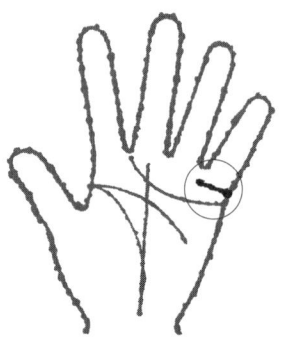

A Line on a Hill of Mars 【マーズの丘と平原上のライン】

　手のひらの中央を横切る一帯は火星の支配する領域。ここに表れるマイナー・ラインは、闘争本能や生存欲求にかかわる意味を持ちます。占星術において、火星は「争い」を暗示する凶星だと考えられたこともありました。そのため、この位置のラインにネガティブな意味を与えている手相術師もいます。

クロス・ミスティーク　　　　　　　　　　　　　[Cross mistake]

　マーズの平原に表れる2本の交差したラインです。これが出ている人は、いわゆる「虫の知らせ」を受けて危機を回避したり、土壇場で「火事場のばか力」を発揮したりする特別な運命を持ちます。その経験からサイキックなものへの関心を深め、ミステリックな魅惑の持ち主となる可能性が。

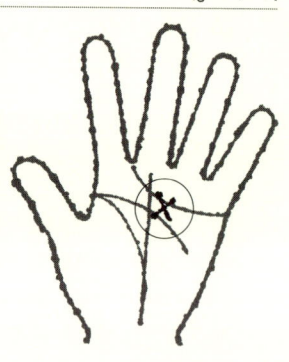

マーズ・ライン　　　　　　　　　　　　　　　　[Mars's line]

　マーズの内なる丘からはじまって、ライフ・ラインに沿うように走るラインがマーズ・ラインで、力強い生命力を授かる特別な運命を意味します。生命活動を表すライフ・ラインに問題があっても、このラインが出ていれば、生命や生活の危機を乗り越えられるとされています。

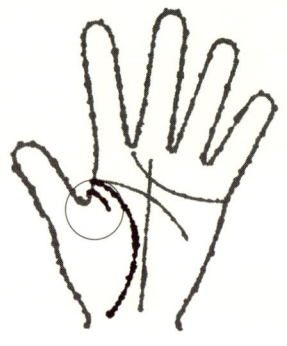

A Line on a Hill of Venus 【ヴィーナスの丘上のライン】

　恋するパワーや官能力を宿しているのがヴィーナスの丘。ここに表れるマイナー・ラインは、これに関連する意味を持っています。ヴィーナスの丘を支配する星は金星で、占星術においては「美と調和」を象徴する存在であり、愛と官能、美的センスなどを司っています。

アフェクション・ライン [Affection line]

　垂直と水平のラインがヴィーナスの丘で交差しているものをアフェクション・ラインと呼びます。このマイナー・ラインは強い異性運を表しています。これがハッキリ出ている人は、とても異性からモテます。ただ、そのために「女好き」「男好き」といった噂を立てられることも。でも、実際のところ、このラインの持ち主は異性への関心度が高いようです。異性を魅了すると同時に、自分も異性に魅了されることを示すのがアフェクション・ラインなのです。

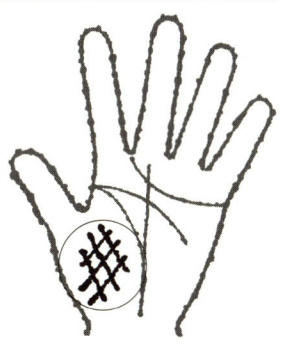

A Line on a Hill of Luna 【ルナの丘上のライン】

　月が支配するルナの丘に表れるマイナー・ラインは、月が司るものに関連する意味を持ちます。占星術における月は、無意識の領域や女性的なものの象徴とされています。ひらめきや思いつきなど、理性をとおさずに表れる直観的な判断を司っているのも月です。

直観の三日月

[Luna's line]

　三日月のような弓なりの曲線を描いているラインのことで、「インテューティブ・ライン」「ルナ・ライン」「ダイアナの弓」などという名前で呼ばれることも。これは直観力を生かす機会の多い特別な運命を持つ人に表れます。霊媒や霊能者として生きる可能性が。

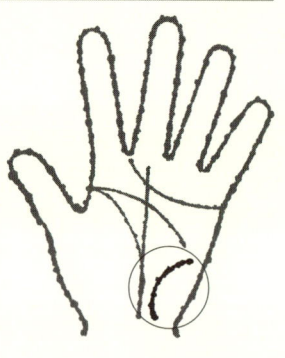

ヴィア・ラシビア

　ルナの丘を横断しているラインで、気の向くまま風の向くまま場所を移す非定住型生活をする特別な運命を意味します。

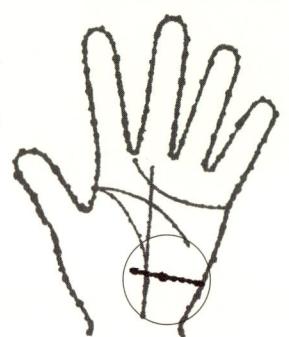

トラベル・ライン [Travel line]

　ヴィア・ラシビアより短く、ルナの丘の途上で終わるのはトラベル・ライン。複数あるほど、旅行の多い人生となります。

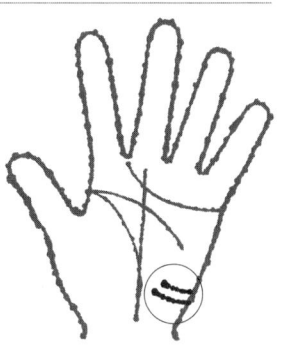

A Line across a hill 【丘をまたがるライン】

　ひとつの丘に留まらず、複数の丘をまたいで伸びているマイナー・ラインがいくつかあります。その場合は、複数の丘の意味に関連する運命を示しますが、ラインの解釈には手相術師によりかなり違いがあります。複数の丘の意味が入り込むので、解釈が難しいのでしょう。でも、何らかの特別な運命を意味することに変わりはありません。

マーキュリー・ライン　　　　　　　　　　　[Mercury's Line]

　マーキュリーの丘からはじまるので、こう呼ばれますが、マーズの平原かヴィーナスの丘まで、このラインは続いています。マーズの平原で終わる場合は健康上の不調を表し、ヴィーナスの丘で終わる場合はビジネス上の成功と読みます。これは水星と火星、水星と金星という組み合わせの違いからきている差だと思われます。

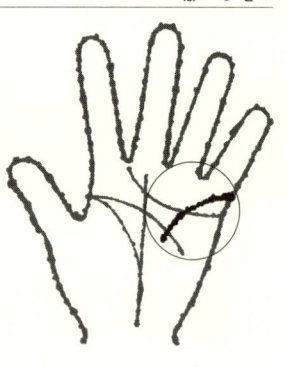

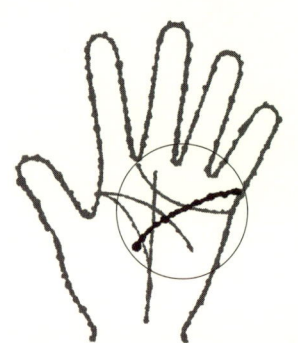

ヴィーナスの帯 [A belt of Venus]

　ヴィーナスの丘にあるわけではなく、人差し指のつけ根から小指のつけ根に伸びているのですが、このラインにはヴィーナスの名がついています。ヴィーナス（金星）は「調和」を象徴する天体なので、「複数の丘の力が合わさって生まれる運命」を意味する、と考えられます。多才さによって成功や幸運を手にする可能性が。

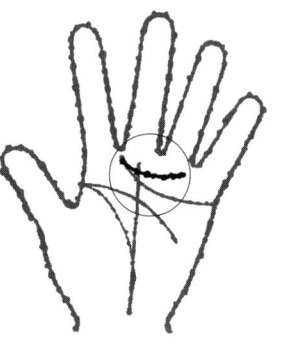

V 印を読む

Reading A Sign

印を読む

■印の表れは変調の兆し

　手相を読み解く最終仕上げは、手のひらに表れた印を見ることです。印にはスターやスクエア、アイランドなど、たくさんの種類がありますが、それは何かの「兆し」を示すという点で共通しています。

　そして、印は表れたり消えたりすると言われています。正確に言えば、あるとき、うっすら手のひらに表れはじめ、それがどんどん濃くなっていくか、あるいは薄いままに終わるかです。この印の表れは、よい兆しを示すこともあるし、悪い兆しを示すこともあります。

　印が少しずつ濃くなっているのなら、その兆しが現実化する日は近いでしょう。薄いままなら、潜在的な予兆として残り続けていくということです。

■丘とラインに表れる印

　印が表れるのは丘の上、またはライン上です。丘はその人の能力を示すものでしたね。ここに表れた印は、その能力の高まりと弱まり、その能力を発揮するチャンスがやってくる予兆などを意味します。一方、ラインは運命を示すものですから、生きていくなかでやってくる変兆、吉兆、転機などの兆しと読みます。

　印の基本的な読み方は以上です。次ページからは代表的な10種類の印の意味と、それが表れた場所別の解釈をしていきます。

過ぎた時代に表れた印とは？

　現代の西洋流手相術の本を見ると、ほぼ必ず「ラインや印は変化するものだ」と書いてあります。それについてはその人自身の成長、あるいは運命の変化によるものであると、解釈されています。

　一方で、72、98ページでもお話ししたように、ラインの基点から到達点への流れに人生の流れを重ね合わせる方法も、西洋流の手相術では極めて一般的なものです。

　このふたつの話には、大きな矛盾があります。ラインや印が変化していくものだとしたら、人生の過ぎ去った時代の部分で変化しはじめたラインと印は、どう解釈すればいいのでしょう？　たとえば今、青年時代に入っている人にとって、ラインの子ども時代にあたる部分に印が表れたり、切れ目ができたりしたとしたら？

　残念ながら、この問題について触れている手相術の本は見当たりません。

　わたしなりの解釈をしてみるなら、「その時期には気づかなかった問題や運命の流れに、今の時点で気づきが起こる」ということになるでしょうか。「ライン上の過ぎた時代の部分に変化が起きた場合は、その時代を振り返ってみることで、現状を変えるキッカケをつかめる」と考えてみてもよいかもしれません。

Cross 【クロス】

〈形状〉短い線が十字型に組み合わさったもの

丘に表れたとき

その丘の示すパワーの発達、発展が一時的にストップするでしょう。能力発揮のチャンスを妨害されることもあります。しかし、この印が出ているときは立ち止まることが肝心です。

ジュピターの丘　　　　　　　　　　　　　　　　[Jupiter's hill]

活動範囲の広がりにストップがかかる。足場を固め直すべき時期と考え、上を目指すのを休止するとよい。

サターンの丘　　　　　　　　　　　　　　　　　[Saturn's hill]

集中力や忍耐力を発揮し、がんばってきた活動にストップがかかる。いったんリラックスしてから出直すほうがよい。

アポロの丘　　　　　　　　　　　　　　　　　　[Apollo's hill]

創造的な活動の一時休止を強いられる。しかし、ここで足を止め、創作活動から離れたほうがパワー回復になる。

マーキュリーの丘　　　　　　　　　　　　　　　[Mercury's hill]

社交的な場所へ出入りする機会が減り、人脈の拡大がストップする。今ある人脈を重んじるようにすべきとき。

マーズの丘　　　　　　　　　　　　　　　　　　[Mars's hill]

ケガや不調による肉体的鍛錬のストップ。焦らずに養生したほうが、復活のときは早まる。

〈基本の意味〉障害とストップ

ルナの丘 [Luna's hill]
　親しい人との精神的なつながりが一時的に途絶える。少し距離を置いたほうが、相手への理解が深まる。

ヴィーナスの丘 [Venus's hill]
　健康上、あるいは生活上の問題で、好きなことを一時的に止めなければならないが、それで悪癖や悪習慣を断ち切れる。

ライン上に表れたとき
　進展中の仕事や恋愛、人生計画などがストップする予兆です。けれどもそれは自分のポジション、未来像などを見直すキッカケとなるでしょう。長い目で見れば悪いことではありません。

ライフ・ライン [Life line]
　当たり前の日常生活が、何らかの理由で一時に中断される。大事なもの、大事な人などを見直すチャンス。

ハート・ライン [Heart line]
　愛し合ってきた相手との一時的な別離や、関係の終焉。自分の甘えや依存心などに気づくチャンス。

ヘッド・ライン [Head line]
　知的活動の一時停止。勉強や研究が壁にぶちあたる。その分野が自分に本当に向いているかを見直すチャンス。

フェイト・ライン [Fate line]
　力を入れている仕事や趣味、使命感を持って続けてきた活動を一時中止することになる。自分の方向性を見直すチャンス。

Star 【スター】

〈形状〉３本以上の短い線が組み合わさったもの

丘に表れたとき

その丘の象徴する能力をフル活動させるチャンスがやってきます。そのチャンスを活かせば、何らかの成功が手に入るでしょう。これはその能力を高めるチャンスでもあります。

ジュピターの丘　　　　　　　　　　　　　　　　[Jupiter's hill]

広い世界へ飛び出すチャンス、または指導者の立場に立つチャンスが訪れる。

サターンの丘　　　　　　　　　　　　　　　　[Saturn's hill]

集中して取り組むべき大仕事を任せられる可能性。大きな仕事を成し遂げれば、ポジションを上げられる。

アポロの丘　　　　　　　　　　　　　　　　　[Apollo's hill]

創作活動に打ち込むチャンス、または、大恋愛に身を任せる機会の訪れ。

マーキュリーの丘　　　　　　　　　　　　　　[Mercury's hill]

社交的な活動に携わるチャンスと、その分野での成功。結婚相手、事業パートナー探しが成功する。

マーズの丘　　　　　　　　　　　　　　　　　[Mars's hill]

闘争心を発揮するチャンス。大きな競争、競技に参加し、勝利を収められる。

〈基本の意味〉希望と成功

ルナの丘 [Luna's hill]

インスピレーションを形にして成功するチャンス。芸術分野での活躍の場がもたらされる。

ヴィーナスの丘 [Venus's hill]

肉体的快楽、あるいは金銭を得るチャンスの訪れ。サービス産業での成功。

ライン上に表れたとき

運命の変転となる出来事が起こる予兆です。スターが表れている時代は、その人の人生にとって、目覚しい好転期であると読みます。

ライフ・ライン [Life line]

予想外の出来事が起こる。それによって、今までの生き方を見直すチャンスが得られる。

ハート・ライン [Heart line]

唐突な結婚、激しい恋に落ちる可能性。それによって、人生が違う方向へと向かいはじめる。

ヘッド・ライン [Head line]

これまでの勉強、仕事とは、まったく違う種類の勉強、仕事に専従することになる予兆。そこから人生が変わりはじめる。

フェイト・ライン [Fate line]

啓示的な出来事によって、自分の生き方をとらえ直すことになる。それにより、生きる道が定まる。

Square 【スクエア】

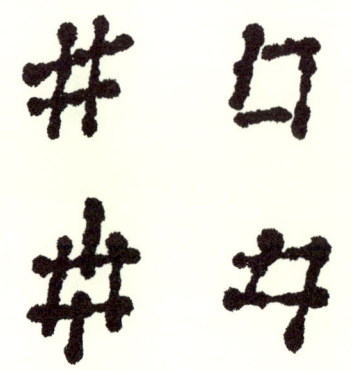

〈形状〉4本の短い線が四角形を作っているもの

丘に表れたとき

その丘の象徴する能力が安定することを意味します。外部から、能力を補う道具、助っ人などを得ることにより、先天的には欠けていた能力が補われる場合も。

ジュピターの丘 [Jupiter's hill]

活動力、向上力の安定。あるいは、向上心を高めてくれる人物との出会い。よき指導者を得る暗示。

サターンの丘 [Saturn's hill]

適応力、忍耐力の安定。集中力を保てる環境を得られる。雑用を引き受けてくれる助手に恵まれる。

アポロの丘 [Apollo's hill]

創造力が安定して発揮できる。創造力をかき立てる人物や場所と出会える。創作活動に打ち込む場が見つかる。

マーキュリーの丘 [Mercury's hill]

コミュニケーション能力の安定。気の合う人々とのよい関係や社交的な場所への出入りが安定して続く。

マーズの丘 [Mars's hill]

体力、気力の強まり。心と体をサポートしてくれる医師やカウンセラーなどに恵まれる。

〈基本の意味〉**安定と保護**

ルナの丘 [Luna's hill]
　感性が安定して発揮される。気持ちを理解してもらえる相手が見つかる。想像にふける時間をたくさん持てる。

ヴィーナスの丘 [Venus's hill]
　活力の強まり。おいしいもの、心地よいものを提供してくれる人や場所に恵まれる。

ライン上に表れたとき
　スクエアが表れている時代は、守護神がついているかのような運のよさを感じられる時期です。ただ、冒険を好む人にとっては、自由のない人生だと感じられる時期となることも。

ライフ・ライン [Life line]
　危険な場面で人に救われることが多い。危険な場面に遭遇すること自体が少ない。それが退屈と感じる場合も。

ハート・ライン [Heart line]
　無償の愛を得られる。ただ、その愛を当たり前に感じてしまう傾向も出る。愛を得る努力を忘れやすい。

ヘッド・ライン [Head line]
　学ぶべきことを教えてくれる師に恵まれる。ただ、師の教えにつき従いすぎて、自由な発想を失いがちになる場合も。

フェイト・ライン [Fate line]
　大きなコミュニティに自分の身分や仕事を守ってもらえる時期だが、独立心を失いやすくなる傾向が出る場合も。

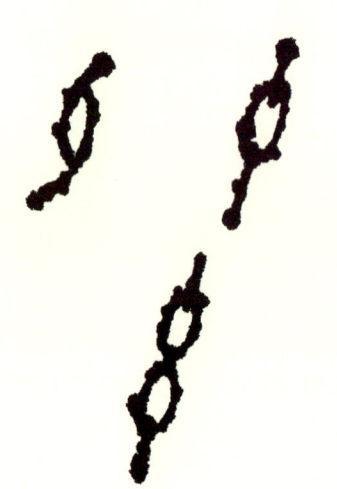

Island 【アイランド】

〈形状〉2本の短い線の囲みが作る楕円形状の印

丘に表れたとき

　その丘の示す能力が弱まることを意味します。能力を発達させるチャンスに恵まれなかったり、よき指導者を得られなかったりするせいです。

ジュピターの丘 [Jupiter's hill]

　周囲からの助力が得られないため、活動力や指導力が弱まる。世界を広げるチャンスにめぐり合えない。

サターンの丘 [Saturn's hill]

　環境の悪化や健康上の問題のせいで、忍耐力や集中力が弱まり、ひとつのことを成し遂げることが困難になる。

アポロの丘 [Apollo's hill]

　創造力が弱まり、創作活動に行き詰まる。もしくは、人を好きになるパワーが弱まり、恋のチャンスを見逃すことも。

マーキュリーの丘 [Mercury's hill]

　交渉力が弱まり、人とのやり取りで損をしやすくなる。または、人と接するチャンスが減ってきて、孤立する。

マーズの丘 [Mars's hill]

　闘争本能が弱まり、その結果、勝負に勝ちづらくなる。体力が弱まり、活動範囲が狭まってしまう。

〈基本の意味〉**弱さと孤立**

ルナの丘 [Luna's hill]
　感受性が弱まり、人の気持ちを理解しづらくなる。そのため、孤独を感じて、心を閉ざしがちになる。

ヴィーナスの丘 [Venus's hill]
　健康上の理由で活力が弱まり、感覚が鈍る。そのため、生きる上での喜びを感じるのが難しい状態になる。

ライン上に表れたとき
　不運を感じることが増えますが、それは運のせいだけではなく、ネガティブな思考のせいでもあります。不運にめげない強い精神を持てば、この印は薄くなっていくでしょう。

ライフ・ライン [Life line]
　病気や怪我に悩まされる。それを克服しようという意志の弱まりのせいで、回復が遅れやすい。

ハート・ライン [Heart line]
　失恋や片思いに悩むが、真の問題は自信の喪失にあることが多い。自分の魅力を高める努力を怠りがちになる。

ヘッド・ライン [Head line]
　知的な取り組みにコンプレックスを感じる。勉強や仕事から逃げ出しやすいが、そのせいで余計に苦手意識が増す。

フェイト・ライン [Fate line]
　使命をまっとうする意欲が弱まる。周囲の期待などの重圧が大きくなり、逃げ出したくなる。

Dot or Spot 【ドット（スポット）】

〈形状〉手のひらにポツンとできた点やシミ

丘に表れたとき

その丘の示す能力が伸び悩むことになったり、能力の使い方に悩むことがあったりするでしょう。印が濃く、大きくなってくるほどに苦悩は強くなります。

ジュピターの丘　[Jupiter's hill]

世界を広げることに困難を感じる。あるいは、人を導く指導的な仕事や立場に疑問を感じる。

サターンの丘　[Saturn's hill]

耐えることに疲れる。コツコツとやってきたことを続けるのがイヤになり、集中力がなくなってくる。

アポロの丘　[Apollo's hill]

恋愛や創作活動などで、自己表現がうまくできないことに悩む。自分らしさを発揮するのに躊躇するようになる。

マーキュリーの丘　[Mercury's hill]

人とのコミュニケーションに必要なお世辞やタテマエに疑問を感じる。社交的に振舞うことに疲れ出す。

マーズの丘　[Mars's hill]

体力や肉体的能力の伸び悩み。あるいは、勝ち負けの世界に対する疑問や苦悩が生じる。

〈基本の意味〉 **停滞と苦悩**

ルナの丘 [Luna's hill]
空想の世界に浸ることに疑問や罪の意識を感じる。あるいは、人の気持ちを察することに疲れを感じるようになる。

ヴィーナスの丘 [Venus's hill]
快楽を得ることへの罪悪感や、自分の好き嫌いの激しさなどに悩みがちになる。

ライン上に表れたとき
物事がうまくいかなくなる予兆です。それについて悩むほど、運命はさらに停滞するでしょう。いったん、悩みから目を反らしてみたほうが、運気がよくなり印が薄くなることが。

ライフ・ライン [life line]
結婚や就職など、人生の次のステージに進むのに迷う。または、体調が悪いのに無理をして、悪化させてしまうことも。

ハート・ライン [heart line]
愛情問題に悩まされる。がんばるほどに空回りする恋愛に悩む。愛を注ぎすぎると自滅する。

ヘッド・ライン [head line]
苦手な仕事、勉強への取り組みに疲れ、ストレスが増す。適度に力を抜かないと、過労に陥る。

フェイト・ライン [fate line]
使命を果たすために苦悩する。何がなんでも目的を達成しようとする柔軟性のなさが失敗の原因になる。

Grill 【グリル】

〈形状〉複数の線が網の目のように交差している印

丘に表れたとき

この印は能力の豊かさを表すと同時に、過剰からくる問題発生の兆しを表すことがあります。印が薄く出ている間は問題ありませんが、濃くなってきたら注意を。

ジュピターの丘 [Jupiter's hill]

向上力や指導力、野心が増し、目標に近づく。しかし、独りよがりな暴走をすると、敵を増やすことになる。

サターンの丘 [Saturn's hill]

忍耐力や集中力が増すので、目的を達成しやすくなる。しかし他のことが目に入らなくなる傾向が問題を起こす心配も。

アポロの丘 [Apollo's hill]

自己表現能力が豊かになる。ただ、自己主張が強くなりすぎると、周囲から疎まれる可能性も。

マーキュリーの丘 [Mercury's hill]

コミュニケーション力が増し、人脈が広がる。一方で、八方美人と陰でささやかれがちになる。

マーズの丘 [Mars's hill]

闘争心が増し、敵や邪魔者を撃退しやすくなる。だが、怒りに任せて行動し、後悔することも増える。

〈基本の意味〉豊潤と過剰

ルナの丘　　　　　　　　　　　　　　　　　　[Luna's hill]

　想像力が豊かになるが、人の気持ちを深読みしすぎるようになり、勘違いをしやすくなる場合も。

ヴィーナスの丘　　　　　　　　　　　　　　　[Venus's hill]

　性的欲望、食欲、活力などが増し、活き活きする。欲深くなりすぎなければ、人生を楽しむことができる。

ライン上に表れたとき

　グリルがラインに重なっている時期には、目まぐるしい運命の変動があるかもしれません。多忙な日々を送ることになる兆しである場合もあります。

ライフ・ライン　　　　　　　　　　　　　　　[Life line]

　毎日が変化に富み、刺激的になるが、もともと精力的でない人には忙しすぎる日々がストレスに感じられるかも。

ハート・ライン　　　　　　　　　　　　　　　[Heart line]

　愛情生活の激動期。刺激的な恋を体験する。複数の異性から愛されるが、感情のもつれからトラブルが起こりやすい。

ヘッド・ライン　　　　　　　　　　　　　　　[Head line]

　知的な仕事や勉強は、この時期に佳境を迎える。人生で最も頭を使わなければならない時期となる。

フェイト・ライン　　　　　　　　　　　　　　[Fate line]

　ゆっくり考える暇もなく、使命を果たすための活動に没頭しなければならない。個人の生活はおざなりになりやすくなる。

Triangle 【トライアングル】

〈形状〉3本の線が組み合わさって三角形になったもの

丘に表れたとき

その丘の示す能力が高く評価されること、スムーズに発揮されることを意味します。物質的な恵みを意味することもあり、能力を活用してお金儲けに成功する可能性も。

ジュピターの丘 [Jupiter's hill]

指導者として高い評価や報酬を受ける。自分のフィールドを広げるための援助者が現れる。

サターンの丘 [Saturn's hill]

長く続けてきた努力の成果が出る。それによって金銭的にも恵まれるようになるか、権威的なポジションを獲得できる。

アポロの丘 [Apollo's hill]

創造力が必要な分野で成功し、名声を得る。恋のアプローチが成功する。愛する人との子どもを授かる。

マーキュリーの丘 [Mercury's hill]

交渉力やコミュニケーション力を使って、営業等の仕事で成功する。商売が繁盛して資産を成す。

マーズの丘 [Mars's hill]

スポーツ競技等での成功や高評価。肉体的な能力を使って、十分なお金を稼ぐことができる。

〈基本の意味〉**恵みと成就**

ルナの丘 [Luna's hill]
　感受性の豊かさが発揮され、芸術分野での評価を得る。あるいは、人を癒す仕事で成功する。

ヴィーナスの丘 [Venus's hill]
　飲食や住居など、生活にかかわる仕事での高評価、高収入を得る。今後の人生を豊かにするほどの資産を手に入れる。

ライン上に表れたとき
　ラインが他の短い2本の線と結びついてトライアングルになっているのは吉兆です。そのラインにかかわる運命において、慶事や吉報が訪れるでしょう。

ライフ・ライン [Life line]
　人生の流れにおける祝い事（入学、就職、結婚、出産など）があり、それがたいへん喜ばしいものになる。

ハート・ライン [Heart line]
　愛情生活における喜ばしい出来事の訪れ。大恋愛の末の結婚。離れて暮らしてきた家族や親友、恋人と再会を果たす。

ヘッド・ライン [Head line]
　知的活動に関する吉報、朗報。勉強や研究が認められる。さらなる知性を育むチャンスの場を与えられる。

フェイト・ライン [Fate line]
　使命の達成。天職との出会いや成功。生きる方針を確定させる出来事の訪れ。

Bar 【バー】

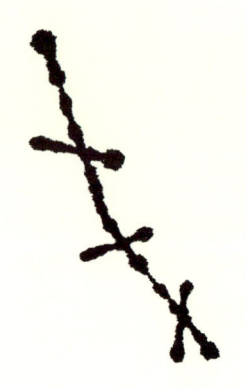

〈形状〉ラインを横切る短い線
〈基本の意味〉トラブルと遮断

ライン上に表れたとき

　この印は、ライン上にのみ表れるもので、そのラインの示す運命におけるトラブルを意味します。短いバーが続けざまに出ている時期は、思いどおりに行かないことが増えますが、トラブルに対する心の準備をしっかりすれば、乗り越えられます。

ライフ・ライン

　小さな病気、ケガをしやすい。金銭面での臨時の支出がかさむ。健康と金銭の管理に力を入れるべき。

ハート・ライン

　愛情面でのトラブル。家族や恋人、友人とのすれ違いが多くなる。人に愛情を注ぐ努力を怠らないように。

ヘッド・ライン

　仕事や勉強でミスをしやすい。細かい点まで注意を行きわたらせること、工夫を凝らすことが大切。

フェイト・ライン

　社会的な活動におけるトラブル。慎重さと忍耐を失わないように心がけるべきとき。

Tassel 【タッセル】

〈形状〉ラインの先のふさ状の印
〈基本の意味〉過多と消耗

ライン上に表れたとき

　タッセルはライン上にだけ表れる印で、しかもラインの到達点にのみ表れます。到達点付近の印は、ふつうは壮年期における予兆を意味しますが、タッセルに限り、人生全般にかかわるものと見なします。この印は人生の消耗を意味します。

ライフ・ライン
　不摂生や浪費傾向の強まり。それによって、人生後半が困難になる。健康と金銭の管理を正せば、印は薄くなる。

ハート・ライン
　過度の愛を恋人や伴侶、子どもに注ぎ過ぎるほど、印が濃くなる。これは関係を悪化させ、孤独な晩年を招く原因になる。

ヘッド・ライン
　狭い範囲の知的活動への没入が、愛情生活や健康、人間関係に害となる。偏った知識にこだわる偏屈さが晩年、表れる。

フェイト・ライン
　使命を果たす活動や社会的な貢献に身を入れすぎて、自分を見失う。使命を果たしたあと、燃え尽き症候群に陥りやすい。

VI 手相の複合リーディング

Practice

Practice

　この章では、ここまで説明してきたリーディングの各要素をすべて使って、複合的なリーディングにトライしてみましょう。

　まず簡単な復習をしておきます。第Ⅱ章では「手の形（ハンドタイプ）」の読み方を説明しました。手の形の4タイプ分類は「性格の基盤」を読むためのものであり、手相リーディングの基本となるポイントです。

　第Ⅲ章では「手の指と丘」を8つの部分に区分けして、それぞれの部分を天体と関連づけて読む方法を見ていきました。手の丘と指からは「能力」を読み解く、という話も思い出しておきましょう。

　第Ⅳ章は「手のライン」から「運命」を読んでいく方法を見ていきました。ラインにはメジャー・ラインとマイナー・ラインがあり、運命を読み解くにはメジャー・ラインを重視するのが基本です。メジャー・ラインは、ラインの様子の全体像からまず運命の流れを読み、次にラインを3分割して、時期別判断をしていきます。

　マイナー・ラインは個人個人に与えられた「特別な運命」を読み解くカギとなります。しかし、人生の途上で表れたり、消えたりすることがあるため、すべての人の手にあるわけではありません。ラインの深さや長さ、形などが変わっていく場合も多くあります。そのため、マイナー・ラインを読むときにはラインを3分割するといった時期別判断は使用しません。そのラインが表れた

手相の複合リーディング

手の丘を象徴する天体の意味に注目していきましょう。

第Ⅴ章で紹介したのは「印」の読み方です。印は手の丘、ラインのいずれにもあり、表れたり消えたりします。印から読み解くのは何らかの「兆し」です。

手相を複合的にリーディングしていくときの順番は、このとおりでなくても構いません。けれども、第Ⅱ章の「手の形」だけは、必ず最初に読むクセをつけておきましょう。

というのも、4タイプ別の「性格の基盤」の違いは、どんな運命が吉となるのか、どんな能力がその人の強み、あるいは弱みとなるのかを読み解く際の重要なポイントだからです。これについては実例を見ながら、後ほど説明していきます。

もうひとつ、複合リーディングに欠かせない点は、ラインや印ばかりに注目しないことです。

日本の手相術師が書いた手相の本を見ると、たいていの場合、さまざまな実例がついています。でも、そのほとんどが、ラインと印に重点を置きすぎたもので、「手相の複合的な読み方」というよりは、「ラインと印の複合的な読み方」といったおもむきのものになっているようです。本の序盤では、手の形や指や丘についても書かれているのですが、実例になったとたん、それらはどこか遠くに追いやられてしまっています。

これに対して、欧米の本では、手の形、指と丘、ライン、印をまんべんなく読んで、複合的な解釈に挑んでいるものがほとんどです。

日本の手相術師であっても、「金星線（ヴィーナスライン）」や「月丘（ルナの丘）」など、西洋流の手相術の用語を用いて手相の読み方の実例をあげるなら、こうした欧米の正式なリーディング法に忠実であるべきだと思います。

　また、最近の手相の本の実例には、よい例としては「大成功しやすい相」とか「よくモテる相」などがあり、悪い例としては「離婚する相」「体調が悪化する相」などといったものがたくさん出ています。この見出しが心をそそるもので、つい自分の手を見ながら、「ええっと、この印は出てないな。こっちのラインは途切れているような気もするし、いないような気もするし……」と、実例と見比べながら、次から次へとページをめくってしまうようですが、結局、どれも完全に当てはまらず、おまけにわけが分からなくなり、手相を覚えるのは断念！　というパターンになりがちなのも問題です。

　もしかすると、あなたもこれまでにそんな経験をしたことがあるかもしれませんね。もちろん、それはあなたが悪いのではありません。そういう本を書いたのは、経験豊かな手相術師なのでしょうが、彼らは「手相を読むプロ」であっても、「手相を教えるプロ」ではないのでしょう。

　多くの実例から自分と同じ相を苦労して探すならば、百戦錬磨の手相術師に鑑定してもらったほうが早いはず。もしもあなたの目的が、自分の手相を手早く読み解くことだけにあるのなら、そうするほうがよいのです。
　でも、あなたが「手相の読み方を覚えたい」「自分で手相のしくみが分かるようになりたい」と思うなら、話は別です。この章で手相を複合的に読むテクニックを、どうぞ身につけてくださ

い。手順を踏んで、ゆっくりとやっていきましょう。今度こそ挫折はしないはずです。

　このあとは、いよいよ実践例に移ります。

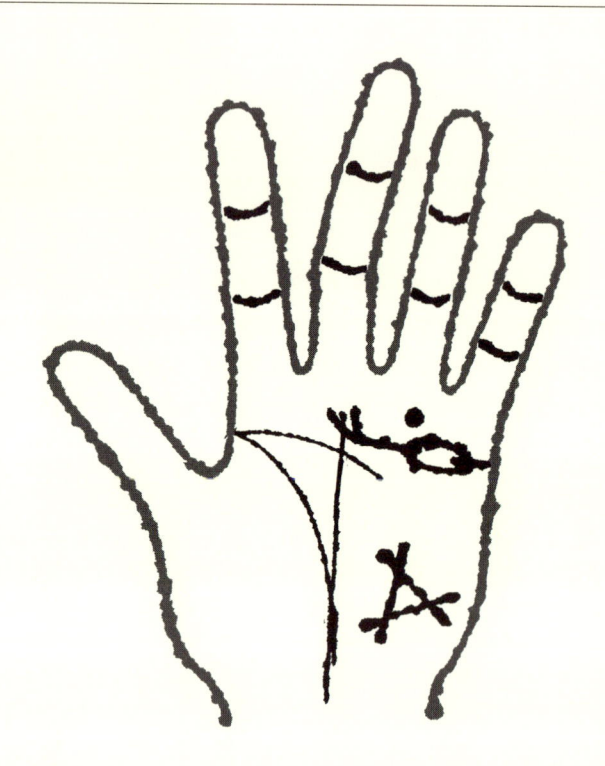

Practice: Love 【恋愛に関するリーディング例】

　まずは「インテューティブ・ハンド」タイプの手相の恋愛を例にして、複合的なリーディングの基本的な方法を見ていくことにしましょう。

■ハンドタイプで「恋愛傾向」を読む
　最初にやるべきことは、この人の恋愛傾向をハンドタイプから探ることです。
　まず第Ⅱ章の「インテューティブ・ハンド」タイプの対応エレメントを確認しましょう（P42）。このタイプの場合は「火」です。続いて、このタイプにつけられたキーワードを同じページか

性別　女性／年齢　23歳
ハンドタイプ　インテューティブ・ハンド

ら探しましょう。「未知に挑むパワフルな輝きの人」となっています。

　このエレメントとキーワードから、この女性のイメージを膨らませてみましょう。どんな恋愛をするタイプでしょうか？　まず、燃えさかる炎の様子を思い浮かべ、そこから連想してみます。メラメラと燃える恋、熱く情熱的な恋、などが浮かんできませんか？

　さらに今度は「未知に挑むパワフルな輝きの人」という言葉のイメージから浮かび上がる恋愛像を考えます。

　たぶん、この人は積極的に恋に飛び込んでいくほうでしょう。「こういう人だから」という理屈なんてないままに、誰かを好きになることが多いかもしれません。好きな気持ちが強まりすぎると、自分も相手もヤケドするような激しい行動に出ることもありそうです。

　このようにして、ハンドタイプからその人の恋愛の形を探っていきます。「インテューティブ・ハンド」タイプ以外の人を占うときも、同じようにやってみてください。**「対応エレメント」**と**「キーワード」**のふたつをもとにして、うまく連想を働かせるのがコツです。

■**指と丘で「恋愛能力」を読む**
　ハンドタイプから恋愛傾向が分かったら、次は丘と指を見ていきます。手全体をザッと見たとき、特徴的な丘や指に注目して読んでいきましょう。

　「特徴的」というのは、何かしら「目立つ」ということです。1、2ヶ所だけ盛り上がりの強い丘はありませんか？　ずいぶん

短いなぁと思う指、あるいは斜めに傾いている指はないでしょうか？　そこがポイントです。
　この手相例の場合ですと、中指のつけ根にあるサターンの丘、親指のつけ根から下のヴィーナスの丘が、他の丘に比べ、強く盛り上がっています。指についてはサターンの指が特徴的で、薬指方向にかなり傾いています。この3点についての解釈を確認していきます。

　まず、サターンの丘から見ていきましょう。ここは土星の支配する領域で、「忍耐力」や「集中力」といった能力を表すものです。この丘がよくふくらんでいるということは、この人はそれらの能力に長けているということになります（P54）。
　恋愛において、この能力はどのように活用されると思いますか？　忍耐力があるというのは、恋を持続する力があるということかもしれません。彼女は簡単に恋を放り出すタイプではなさそうです。ふっくらと発達したサターンの丘が、この女性の忍耐強さを証明しているからです。
　次に、ヴィーナスの丘からは、この女性の官能力の強さがうかがえます（P62）。これは人生を楽しむ能力ですから、ハンドタイプで分かった彼女の情熱的な恋愛傾向をさらに高めてくれるもの、と読めるでしょう。
　一方、サターンの指の薬指方向への傾きは、精神的な安定感の弱さを示しています（P54）。これはこの女性の恋における問題点となるかもしれません。

　ここまでの結果を複合してみましょう。この手相の持ち主は「インテューティブ・ハンド」タイプなので、恋に対しては積極的です。官能力を表すヴィーナスの丘が発達しているので、恋する意欲も十分に持っています。誰かを好きになると、すぐ行動に

移す情熱家タイプですから、「好きな人ができない」とか、「気持ちを見せることができない」という悩みには無縁な女性だと考えられます。

　サターンの丘が発達しているので、すぐ恋に飽きてしまう、ということもないようです。ただ、サターンの指はかなり目立って傾いていて、心が不安定になりやすい傾向を示しています。たぶん、この女性の恋愛上の悩みはそこにありそうです。精神的な不安定さのせいで、恋人とはケンカと仲直りを繰り返しがちで、そういう自分の恋愛パターンについて、思いわずらいやすいかもしれません。

■ハート・ラインで「恋愛運」を読む

　いよいよ「恋愛運」に移りましょう。運命を読むのはラインでしたね。愛情運についてはハート・ラインをメインに読み解きます。まずラインの全体を見ましょう。

　この女性のハート・ラインは、太く、ハッキリしているので、愛情運は強いほうでしょう（P80）。

　ラインの流れは、ほぼ一直線で、手のひらの中央、マーズの丘で終わっています。到達点から分かるのは、愛情生活の特徴です。この場合は「愛を貫く運命」が、はっきりラインに表れています（P82）。

　次に、時期別判断を行います。ラインを3分割し、子ども時代、青年時代、壮年時代のそれぞれに特徴があるか、確認します。

　子ども時代には、「アイランド」が出ています、この印は「弱さと孤立」を示すもの（P124）。10代のころの彼女は、サターンの指の傾きが示す「精神的な孤独」を埋めてくれる恋人ができず、自分に対する自信も低い状態だったと予測できます。

青年時代に目立った印や切れ目はまったくありません。現在23歳の彼女は、青年時代に突入してまもないので、これからラインに変化が表れる可能性がありますが、当分は、大きな変化はないでしょう。それはつまり、先ほど述べたような恋愛パターンがしばらく続くということを意味します。
　壮年時代の部分には、ラインから支線（P85）が出ています。支線は文字どおり「支え」を意味し、晩年の彼女には愛情生活における支えを手に入れるという運命が待っているようです。サターンの指が示す「精神的な孤独」も、晩年には支えになってくれるパートナーを得て、解消するでしょう。

　では、ここまでの結果を彼女のハンドタイプと能力に結びつけてリーディングしてみます。
　運命を読むときに大切なのは、その人のタイプと能力をかみ合わせて、その運命がその人にとって喜ばしいものなのか、苦労するものなのかを、判別すること。ラインだけを読んだのでは、そこまで分からないのです。
　ハート・ラインの全体像は、彼女が「愛を貫く運命」にあると示しています。「インテューティブ・ハンド」タイプの彼女にとって、これは幸せな運命でしょう。「インテューティブ・ハンド」タイプは、情熱を持てる対象を持ち続けると輝きが増し、活き活きとした人生を送れる人だからです。
　もし、彼女が「インテレクチュアル・ハンド」タイプだったとしたら、この運命を受け入れるのは苦痛だったかもしれません。このタイプは、ひとりの人、ひとつの場所に縛られる生き方を嫌うからです。
　また、彼女にサターンの丘とヴィーナスの丘の示す能力が足りなかったら、運命に従うのに苦労することになったでしょう。サターンの丘があまりふくらんでいない人は、恋を維持する能力が

強くないので、愛を貫こうとしても、すぐに挫折してしまいます。一方、ヴィーナスの丘があまりふくらんでいない人は、人を好きになるパワーに欠けがちなので、愛を貫くべき相手を見逃してしまうと、ずっと孤独が続くかもしれません。

■仕上げはマイナー・ラインと印

　さて、恋愛運を読む仕上げとして、マイナー・ラインと、ハート・ラインの上以外にある印を見ていくことにしましょう。これは最後の段階です。

　とはいえ、あらゆるラインと印をチェックする必要はありません。恋愛に関連の強い丘に出ているマイナー・ラインと印を確認していけば大丈夫です。**もし質問者に具体的な悩みがあるときは、それについての答えを得やすいポイントとなる丘を見るとよいでしょう。**具体的には次のとおりです。

・アポロの丘

　ここに出ている印は、恋愛のはじまりや、片思いの行方の兆しを示すことがあります。

・マーキュリーの丘

　パートナーシップについてや、異性との出会いについてなど、恋愛にかかわる印が出やすいところです。

・ルナの丘

　感受性を示すルナの丘に出る印は、好きな人との気持ちのやり取りに関する変化の兆しが表れる場所。恋愛対象がいる場合は、この丘も見ておきます。

・マーズの丘

　三角関係の勝利の兆しなど、この丘に出た印は、恋争いの行方を示すことがあります。

　実践例に戻りましょう。この女性の場合は、少し気になっている異性がいて、「その相手との関係が恋愛に発展するか」というのが今一番、聞きたいことでした。
　彼女のアポロの丘にはドットが出ています。この印は、「停滞と苦悩」を意味し、アポロの丘にある場合は、愛情表現が困難な状態を示します（P126）。
　「インテューティブ・ハンド」タイプの彼女は、「未知に挑むパワフルな輝きの人」ですから、普段であれば、気になる異性に積極的にアプローチをしていくはず。でも、ドットが出ている今はそれがうまくできないわけで、この恋は自力で押し進めるのが難しそうな様子です。
　一方、ルナの丘には、うっすらですがトライアングルが出ています。これは「恵みと成就」を示す印で、感受性の豊かさがよい方向に発揮されることを意味します（P130）。
　このふたつの印から考えれば、今回の恋はいつもと同じような積極的アタック作戦では成功しないでしょう。むしろ、受身になって、相手の気持ちをくみ取る努力をしてみたほうが、恵みがもたらされるはず。これは「センシティブ・ハンド」タイプが得意な恋の戦略ですが、彼女は違うタイプなので、少し苦労するでしょう。しかし、何せ「愛を貫く運命」と「強い忍耐力」を持っている彼女です。新たな戦略にチャレンジすれば、きっと恋が生まれるに違いありません。

これで実践例のリーディングは終わり。いかがでしたか？　本当の複合的リーディングが少し分かってきたでしょうか。
　では、次ページからの「恋愛リーディングの手順とポイント」に従って、あなたも自分の恋を占ってみてください。ポイントを押さえるのに便利なシートも用意しましたので、これに書き込みながらリーディングを進めていくとよいでしょう。

Practice: step and point

step:1

【ハンドタイプで「恋愛傾向」を読む】

① P34 に従って、ハンドタイプを割り出します。

② ハンドタイプのエレメントとキーワードを見て（下記参照）、そこから恋愛傾向をイメージします。P38～P45 を読めば、参考になるでしょう。

プラクティカル・ハンド		
	地	着実な人生を優雅に歩む人
インテレクチュアル・ハンド		
	空気	自由と思索を愛する粋な人
インテューティブ・ハンド		
	火	未知に挑むパワフルな輝きの人
センシティブ・ハンド		
	水	世界とつながる力を持つ優しい人

step:2

【指と丘で「恋愛能力」を読む】

① 特徴的な指や丘を見つけましょう（シートに〇をつけていきましょう）。大きく曲がっている指、かなり長いか短い指、盛り上がりの強い丘を探してください。

② ①で見つけた指や丘の示す能力を、恋愛に置き換えて考えてみます（右記参照）。第Ⅲ章も参考にして、各能力がどのような状態かを判断します。

恋愛リーディングの手順とポイント

ジュピターの指と丘	向上力、活動力	よりよい恋を見つける能力
サターンの指と丘	忍耐力、集中力	恋を継続させる能力
アポロの指と丘	創造力、求心力	恋心を表現する能力
マーキュリーの指と丘	社交力、交渉力	相手とよい関係を作る能力
マーズの丘と平原	闘争力、自衛力	恋を勝ち得る能力
ヴィーナスの丘	官能を得る力	恋に落ちる能力
ルナの丘	想像力、共鳴力	相手を理解する力
親指	意志の力	自分を押しとおす力

step:3

【ハート・ラインで「恋愛運」を読む】

①ハート・ラインの太さと流れ具合から愛情運の強弱を見ます。（解釈はP81の「ラインの全体像」を参照）

②ハート・ラインの到達点から、愛情生活の特徴を見ます。（解釈はP82の「ラインの基点と到達点」を参照）

③ハート・ラインを等分に3つに区切り、時期別の運命を見ます。（解釈はP84の「ハート・ラインの時期別判断」を参照）

step:4

【マイナー・ラインと印で「悩み」を読む】

①アポロ、マーキュリー、ルナ、マーズのそれぞれの丘に、マイナー・ラインか印があれば、その意味について見ます。（それぞれの解釈はP102〜113と、第Ⅴ章を参照）

Love 【恋愛】

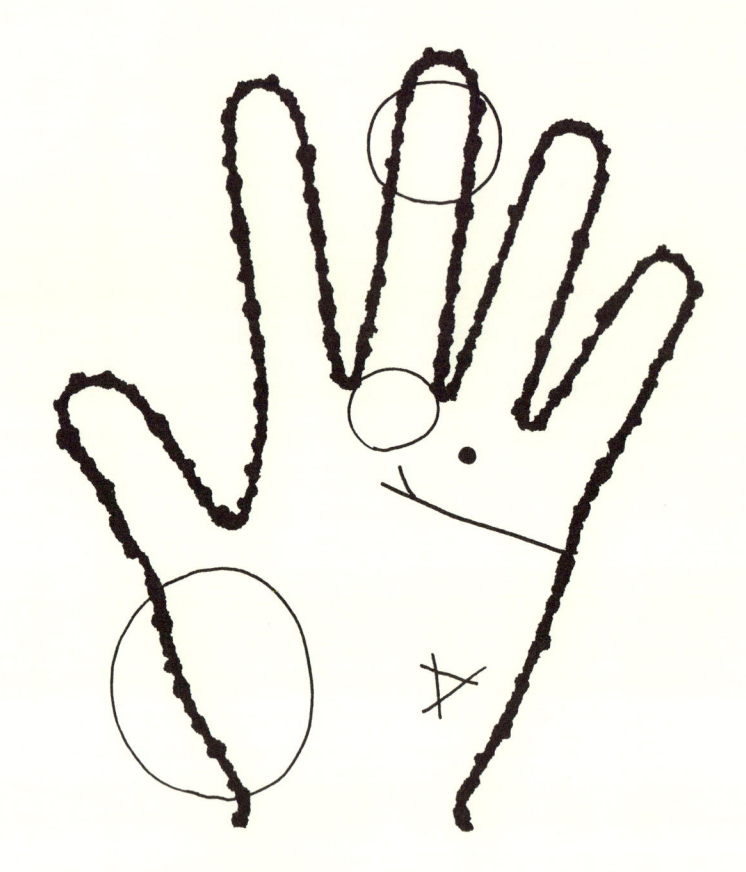

[Name] Hanako [Age] 23

step:1 【ハンドタイプで「恋愛傾向」を読む】

「ハンドタイプ」を見つけましょう。

	A 手のひらの横幅と縦の長さがほぼ同じなら	B 横幅よりも縦のほうが長いなら
a 手のひらの横幅と中指の長さがほぼ同じなら	A+a ⇒ プラクティカル・ハンド 【地】 着実な人生を優雅に歩む人	B+a ⇒ インテユーティブ・ハンド 【火】 未知に挑むパワフルな輝きの人
b 横幅よりも中指のほうが長ければ	A+b ⇒ インテレクチュアル・ハンド 【空気】 自由と思索を愛する粋な人	B+b ⇒ センシティブ・ハンド 【水】 世界とつながる力を持つ優しい人

step:2 【指と丘で「恋愛能力」を探る】

特徴的な「指と丘」をチェックしてみましょう。

	指	丘	
ジュピターの指と丘	直・曲・長・短	厚い	よりよい恋を見つける能力
サターンの指と丘	直・㊀・長・短	㊀	恋を継続させる能力
アポロの指と丘	直・曲・長・短	厚い	恋心を表現する能力
マーキュリーの指と丘	直・曲・長・短	厚い	相手とよい関係を作る能力
マーズの丘と平原	直・曲・長・短	厚い	恋を勝ち得る能力
ヴィーナスの丘	直・曲・長・短	㊀	恋に落ちる能力
ルナの丘	直・曲・長・短	厚い	相手を理解する力
親指	直・曲・長・短	厚い	自分を押しとおす力

ジュピター(人差し指)、サターン(中指)、アポロ(薬指)、マーキュリー(小指)

step:3 【ハート・ラインで「恋愛運」を読む】

ハート・ライン(P80〜85)の「全体像」をチェックしてみましょう。

形状	㊀ ・ 普通 ・ 細い
	㊀ ・ 普通 ・ 薄い
流れ	㊀線 ・ 曲線
到達点	マーズの丘 ・ ジュピターの丘
時期別判断 〈子供時代〉	切れ目 ・ 切り替わり ・ 複線 ・ 鎖 ・ 支線
〈青年時代〉	切れ目 ・ 切り替わり ・ 複線 ・ 鎖 ・ 支線
〈壮年時代〉	切れ目 ・ 切り替わり ・ 複線 ・ 鎖 ・ ㊀線

step:4 【マイナー・ラインと印で「悩み」を読む】

4つの丘にある「マイナー・ラインと印」をチェックしてみましょう。

	マイナー・ライン	印
アポロの丘	有(P 106)・㊀	ク・スタ・スク・ア・㊀・グ・トラ・バ・タ
マーキュリーの丘	有(P 107)・㊀	ク・スタ・スク・ア・ド・グ・トラ・バ・タ
ルナの丘	有(P 110)・㊀	ク・スタ・スク・ア・ド・グ・㊀・バ・タ
マーズの丘	有(P 108)・㊀	ク・スタ・スク・ア・ド・グ・トラ・バ・タ

ク=クロス(P116)、スタ=スター(P120)、スク=スクエア(P122)、ア=アイランド(P124)、ド=ドットまたはスポット(P126)、グ=グリル(P128)、トラ=トライアングル(P130)、バ=バー(P132)、タ=タッセル(P133)

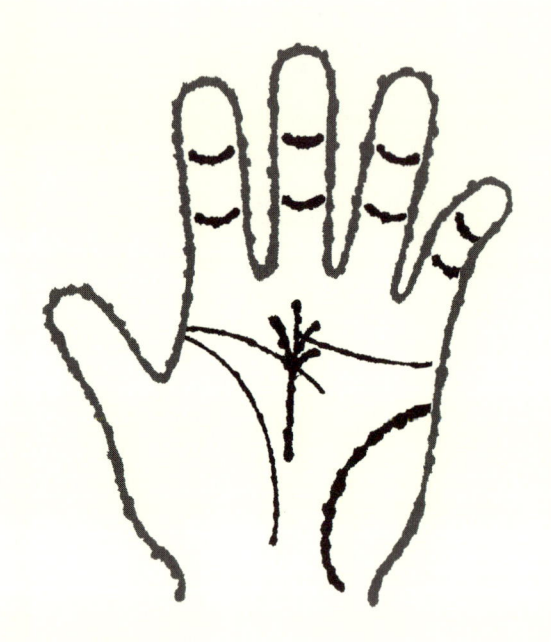

Practice: Work 【仕事に関するリーディング例①適職を知る】

　次は、「プラクティカル・ハンド」タイプの手相を例に、適職を読み解いてみます。

■ハンドタイプで「適職を探す指針」を読む

　まず、ハンドタイプを見ます。やり方は、恋愛の実践例と同じです。彼は「プラクティカル・ハンド」タイプですから、エレメントは「地」、キーワードは「着実な人生を優雅に歩む人」です。先ほどの実践例のように、このふたつからイメージを連想してもいいですが、「生きる指針」については39ページで、ある程度の解釈を説明しましたので、それを参考にして考えてみましょう。
　このタイプに重要なのは、人の意見や世の中の流れに関係な

性別　男性／年齢　17歳
ハンドタイプ　プラクティカル・ハンド

く、自分が納得のいく道を歩むことです。自分の好き嫌いの感覚を大事にするのも、「プラクティカル・ハンド」タイプが仕事を探す上でのポイント。得意かどうかで適職を探すより、好きかどうかを頼りにして、適職を探したほうがよいのです。

（あなたが、その他のハンドタイプなら、この後のまとめのページを見てください。各ハンドタイプ別の適職探しの指針をあげておきました。）

■指と丘で「仕事能力」を読む

次も恋愛運と同じく、特徴的な指と丘を探します。彼の場合はアポロの指が長いこと、マーキュリーの指が曲がっていること、ルナの丘が目立ってふくらんでいること。この３点が特徴です。

アポロの指が長いのは、「表現力」「創造力」が豊かな証（P57）。マーキュリーの指が曲がっているのは、「社交力」に欠ける証です（P59）。ルナの丘のふくらみは「想像力」の豊かさを示します。どうやら、彼は創作活動に向いている代わりに人とかかわる仕事には向いていないようです。

ただし、彼は「プラクティカル・ハンド」タイプですから、自分の持つ能力の強さだけで適職を決めるのは向いていません。彼自身が、創作活動が好きかどうかを重視すべきでしょう。彼の場合は、何かを作ることに興味はあるけれど、好きなことはパソコンをいじることで、しいて言えば、コンピューターのプログラムを作ることなら、楽しめそうだという話です。

プログラミングの仕事なら、社交性より創造性のほうが必要ですから、彼に合っているかもしれません。この仕事に着目しながら、運命を読み解く段階へ進みましょう。

■フェイト・ラインで「使命」を読む
　次はメジャー・ラインを読みます。適職に関して読む場合は、フェイト・ラインが重要です。

　彼のフェイト・ラインは、かなり細く、うっすらしています。まだ17歳ですから、これはよくあること。あまり気にしなくていいでしょう。
　フェイト・ラインの基点は手のひらの中央より少し下あたりです。これは、人生の中盤になってから「使命」が見つかる運命を表しています（P 94）。社会にはじめて出るときに就く仕事は、彼の使命とは関係のないものになるかもしれません。自分が達成すべき仕事に出会うのは、社会経験をしばらく積んだあとになりそうです。
　次に、時期別判断ですが、彼のフェイト・ラインは、まだはっきりした形を見せていないうえ、特に主だった印や切れ目などもありません。ただ、ラインの到達点には「過多と消耗」を意味するタッセルが軽く出ているので、晩年は仕事中毒になる心配があるぐらいです。

　さて、フェイト・ラインから読み取れたこれらの運命は彼にとって喜ばしいものでしょうか？　彼のキーワードは「着実な人生を優雅に歩む人」です。「着実な人生」、つまり確実な天職が早く見つからないという運命は喜ばしいこととは言えないでしょう。でも「優雅に歩む」という意味では、焦る必要はありません。キリキリ舞いする毎日は彼には似合わないはずです。「使命」と呼べるものが見つかるまでは、自分の好きなことに打ち込み、その

分野でのキャリアを着実に積み上げていけばよいでしょう。

■マイナー・ラインで「特別な適性」を読む

では最後に、マイナー・ラインをチェックしましょう。適職を探す場合の一番のポイントとなるのは、以下の5種類のマイナー・ラインです。いずれかが出ていないかを確認してください。

・ジュピター・リング（P 104）
　人を導く仕事への適性を示す。政治、教育、法律関係など
・サターン・リング（P 105）
　孤独な作業が必要な仕事への適性示す。研究、執筆など。
・アポロ・リング（P 106）
　他人の目を意識する仕事への適性を示す。芸能、広報など。
・直観の三日月（P 110）
　未来を見とおす仕事への適性。占術、投機、開発など。
・ヴィーナスの帯（P 113）
　複合的な才能が必要な仕事への適性を示す。あるいは、複数の仕事を同時にこなすことへの適性を示す。

この実践例にあげた彼の手には、直観の三日月が出ています。けれども、彼は占術家や投機家などに興味を持っていません。繰り返しますが、「プラクティカル・ハンド」タイプにとっての**仕事探しで重要なのは、能力よりも好みです**。従って、これらの仕事は除外してよいでしょう。ただし、未来を見とおす力が必要な仕事は他にもたくさんあるはずです。たとえば、新たな流行を生み出す仕掛け人などにも、このマイナー・ラインの持ち主はたくさんいます。彼が興味と好みを示している仕事はコンピューター関係ですが、この仕事はこれからますます新たな展開が期待できる仕事です。この分野に進むなら、何かを開発していくような仕事をしていくのが成功のポイントとなるでしょう。

Practice: step and point

step:1

【ハンドタイプで「適職を探す指針」を読む】
① P34に従って、ハンドタイプを割り出します。
② ハンドタイプ別の「生きる指針」と、エレメント、キーワードをもとに、適職を探す指針を見つけます。基本的には以下のように考えるとよいでしょう。

プラクティカル・ハンド	適性より、好き嫌いを重んじる
インテレクチュアル・ハンド	自由度の低い仕事は避ける
インテューティブ・ハンド	好奇心が強い分野を見つける
センシティブ・ハンド	人から喜ばれる仕事に向く

step:2

【指と丘で「仕事能力」を読む】
①特徴のある指と丘を見つけましょう。
②①で見つけた指や丘の示す能力の強さ、弱さをもとに、どういう仕事が向いているかを判断します。それぞれの部分が示す仕事能力は、第Ⅳ章のほか、以下も参考にしてください。

ジュピターの指と丘	向上力、指導力	政治的、教育的仕事に対する能力
サターンの指と丘	忍耐力、集中力	専門的技術や知識を身につける仕事に対する能力
アポロの指と丘	創造力、表現力	創作や自己表現が必要な

適職リーディングの手順とポイント

		仕事に対する能力
マーキュリーの指と丘	社交力、交渉力	人と常にかかわる仕事や商売に対する能力
マーズの丘と平原	闘争力、自衛力	人と競い合う仕事に対する能力
ヴィーナスの丘	官能力、活力	五感の発達を必要とする仕事に対する能力
ルナの丘	想像力、共鳴力	想像や思いやりが必要な仕事に対する能力
親指	意志の力	決定権を握る仕事に必要な能力

step:3

【フェイト・ラインで「使命」を読む】

①フェイト・ラインの太さと流れ具合から、使命の強弱を見ます。（解釈はP93の「ラインの全体像」を参照）

②フェイト・ラインの基点から、使命の見つかる時期を見ます。（解釈はP94の「ラインの基点と到達点」を参照）

③フェイト・ラインを等分に3つに区切り、時期別の運命を見ます。（解釈はP96の「フェイト・ラインの時期別判断」を参照）

step:4

【マイナー・ラインで「特別な適性」を読む】

①適性に関する5種類のマイナー・ラインが出ているかどうかチェックします。（詳細はP155を参照）

Work【適職】

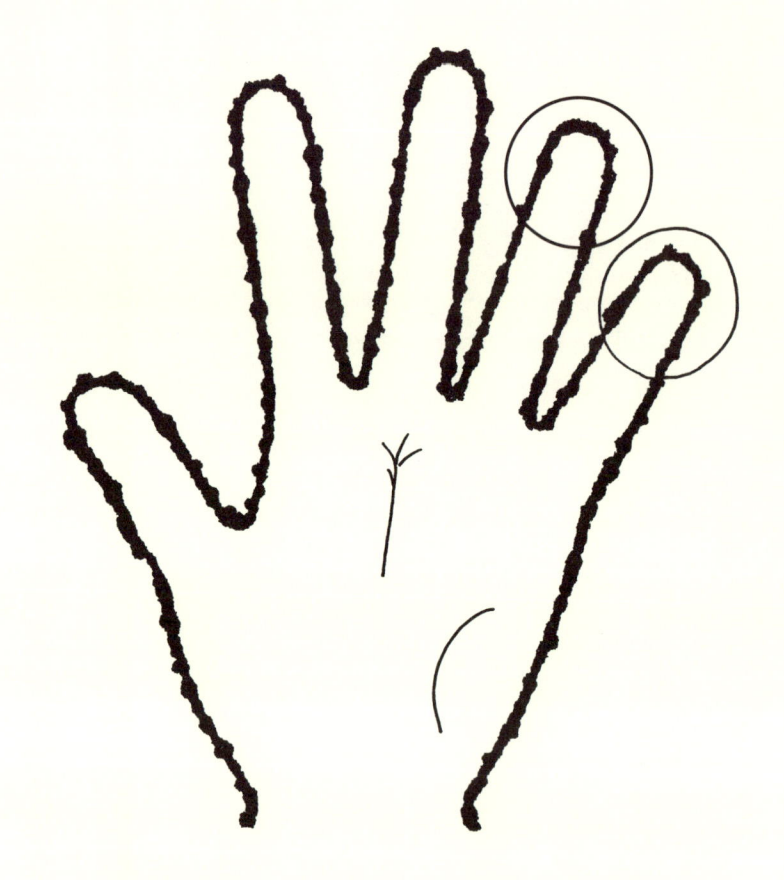

[Name] TARO   [Age] 17

step:1【ハンドタイプで「適職を探す指針」を読む】

「ハンドタイプ」を見つけましょう。

	A 手のひらの横幅と縦の長さがほぼ同じなら	B 横幅よりも縦のほうが長いなら
a 手のひらの横幅と中指の長さがほぼ同じなら	A+a ⇒ プラクティカル・ハンド 【地】 適性より、好き嫌いを重んじる	B+a ⇒ インテューティブ・ハンド 【火】 好奇心が強い分野を見つける
b 横幅よりも中指のほうが長ければ	A+b ⇒ インテレクチュアル・ハンド 【空気】 自由度の低い仕事は避ける	B+b ⇒ センシティブ・ハンド 【水】 人から喜ばれる仕事に向く

Astro Palmistry Chart 【自己診断表】

step:2 【指と丘で「仕事能力」を探る】

特徴的な「指と丘」をチェックしてみましょう。

	指	丘	
ジュピターの指と丘	直・曲・長・短	厚い	政治的、教育的仕事に対する能力
サターンの指と丘	直・曲・長・短	厚い	専門的技術や知識を身につける仕事に対する能力
アポロの指と丘	直・曲・⦿長・短	厚い	創作や自己表現が必要な仕事に対する能力
マーキュリーの指と丘	直・⦿曲・長・短	厚い	人と常にかかわる仕事や商売に対する能力
マーズの丘と平原	直・曲・長・短	厚い	人と競い合う仕事に対する能力
ヴィーナスの丘	直・曲・長・短	厚い	五感の発達を必要とする仕事に対する能力
ルナの丘	直・曲・長・短	⦿厚い	想像や思いやりが必要な仕事に対する能力
親指	直・曲・長・短	厚い	決定権を握る仕事に必要な能力

ジュピター（人差し指）、サターン（中指）、アポロ（薬指）、マーキュリー（小指）

step:3 【フェイト・ラインで「使命」を読む】

フェイト・ライン(P92〜97)の「全体像」をチェックしてみましょう。

形 状	太い ・ 普通 ・ ⦿細い				
	濃い ・ 普通 ・ ⦿薄い				
流 れ	⦿直線 ・ 曲線				
到達点	⦿上 ・ 中央 ・ 下				
時期別判断	〈子供時代〉	切れ目 ・ 切り替わり ・ 複線 ・ 鎖 ・ 支線			
	〈青年時代〉	切れ目 ・ 切り替わり ・ 複線 ・ 鎖 ・ 支線			
	〈壮年時代〉	切れ目 ・ 切り替わり ・ 複線 ・ 鎖 ・ 支線			

step:4 【マイナー・ラインで「特別な適性」を読む】

5つの「マイナー・ライン」をチェックしてみましょう。

ジュピター・リング	サターン・リング	アポロ・リング	直観の三日月	ヴィーナスの帯
有(P104)・無	有(P105)・無	有(P106)・無	⦿有(P110)・無	有(P113)・無

Practice

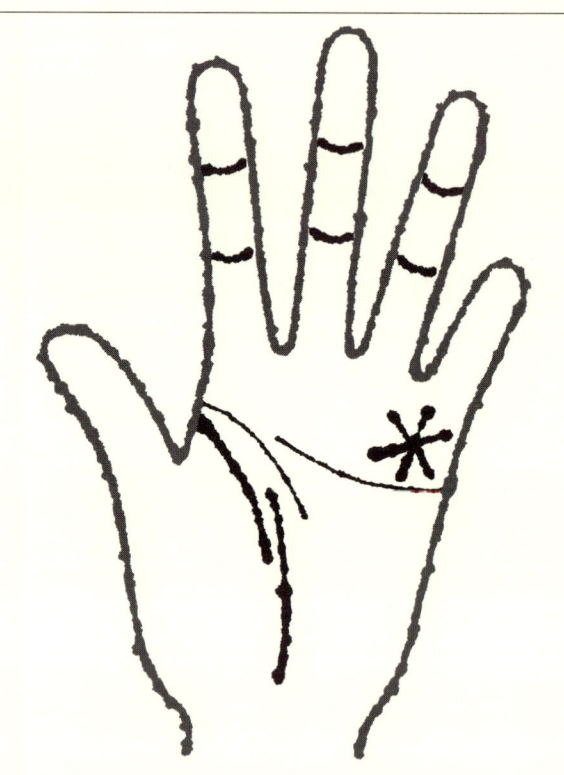

Practice: Turning Point

【仕事に関するリーディング例
②転機を知る】

　先ほどは、これから仕事に就く人の適職探しを見ていきましたが、今度は、キャリアのある人の転機を探るリーディングをしてみることにします。

■ハンドタイプで「適性」を読む

　今までの実例と同じく、ハンドタイプから見ます。今回の実践例は「センシティブ・ハンド」タイプです。エレメントは「水」、キーワードは「世界とつながる力を持つ優しい人」です。
　すでに仕事のキャリアを積んでいる人物を見る場合は、ハンドタイプ別の「生きる指針」が現在の職業に合っているかに焦点を

性別　女性／年齢　39歳
ハンドタイプ　センシティブ・ハンド

絞って考えるところからはじめましょう。
　実践例にあげた女性は、スパのセラピストとして、キャリアを積んできた人です。今の悩みは独立についてです。現在の大きなスパに残るか、知り合いからの誘いを受けて、ふたりで小さなサロンを新たに作るか、彼女は思案中なのです。
　「センシティブ・ハンド」タイプは、感受性の豊かさが特徴です。人と接する仕事、人を喜ばせる仕事に適性がありますから、人を癒すセラピストという仕事は、彼女に向いていると考えていいでしょう。

■指と丘で「仕事能力」を読む
　適職を探す実践例では、特徴的な指と丘を探し、そこからその人の持つ仕事能力を探りました。今回は、その反対をやってみましょう。**その人の仕事に必要な能力を考えて、それを示す指と丘の状態を読んでいきます。**特定の仕事を持つ人には、このやり方のほうが適性を見極めるのに有効です。

　スパでの仕事に必須なものとしては、まず、人と上手に接するコミュニケーション力でしょう。また、人の肌に触れ、癒していくには、五感を働かせることも大切です。人とかかわる能力はマーキュリーの指と丘が、五感を働かせる能力のほうはヴィーナスの丘が司るもの。ですから、このふたつの部分に注目することにします。
　彼女のマーキュリーの指は少し短いので、コミュニケーションの主導権を相手に譲りがちなタイプでしょう。でもマーキュリーの丘のほうは、ふっくらしているし、きれいなピンク色なので、

人と良好な関係を築く能力は十分に持っていることが分かります（P58）。そのうえ、この丘には「事業パートナーに恵まれる」という兆しを示すスターが出ています（P120）。

　続いてヴィーナスの丘の状態を見てみましょう。彼女のヴィーナスの丘は、他の丘に比べてふくらみが小さく、色も白っぽいようです。特徴的な印も出ていません。今の彼女は、五感が冴えているとはいえないようです。活力も豊潤ではありません。

　顧客を癒す技術を武器に、セラピストとして高い評価を受けるのは、難しい状態かもしれません。

　これらを総合して考えると、現在のセラピストとしての彼女の能力は、コミュニケーション力に偏っている状態だと判断できるでしょう。ならば、事業パートナーと組んで、サロンの経営や顧客開拓をしていくほうが、今の彼女には向いているかもしれません。

■ラインで「転機」を読む

　では、今がその転機にふさわしいかどうかを「運命」を示すラインと、「変調の兆し」を示す印から読んでいきましょう。まずはラインを見ます。

　ただし、「転機を読むライン」は転機の内容によって変わります。この実例の場合は、事業を起こすべきかどうか、を読むわけですが、職種を変えるべきか、仕事を止めるべきかなど、人生の転機は、人により、ときによりさまざまです。内容によって注目するラインを変えなければなりません。これを以下にまとめておきましょう。仕事上以外の転機についても、一緒にまとめておきますので、参考にしてください。

転機別の注目ライン

・事業を起こすべきか・仕事を引退すべきか

　生涯の流れにかかわる決断ですから、まずライフ・ラインを見ます。フェイト・ラインもチェックしましょう。事業パートナーがいる場合は、リレイションシップ・ラインも見ておきます。

・職種を変えるべきか・進路を変更すべきか

　フェイト・ラインを見ます。知的活動に関連する仕事、学生・研究者の進路変更などの場合はヘッド・ラインも見てください。

・恋人との関係を終わらせるべきか・結婚を決めるべきか

　愛情生活の運命を見るのに重要なのはハート・ラインです。結婚を決める場合はライフ・ライン、およびリレイションシップ・ラインもチェックします。

・留学すべきか・新たな勉強をはじめるべきか

　知的活動に関する運命を示すヘッド・ラインを見ます。

　一応具体的な項目として説明しましたが、各ラインの示す運命を覚えてしまえば、いちいちこれを確認しなくても、注目ポイントは分かるはずです。**人生の流れにかかわるならライフ・ライン、愛情生活にかかわることはハート・ライン、知的生活にかかわるならヘッド・ライン、フェイト・ラインは社会的ポジションにかかわる決断のときに見ればＯＫです。**

では、実践例に戻りましょう。この例では「事業を起こすべきか」が問題なのですから、ライフ・ラインとフェイト・ラインを見ていきます。

彼女のライフ・ラインの特徴は、カーブが小さいこと、真ん中あたりで切り替わりが見られることです。

カーブの小さい人は冒険の少ない人生を歩むタイプ（P75）。事業を起こすというのは冒険のひとつですから、彼女にとってこういう機会はたびたびやってくるものではない、と読めます。

切り替わりは、人生の大きな変化を表しています（P78）。ラインの中央に切り替わりがあるということは、人生の中盤で変化が起こるわけですから、彼女の今の年齢から考えて、今はそれにふさわしい時期と言えるでしょう。

次にフェイト・ラインですが、彼女にはフェイト・ラインがまったく見当たりません。これは、人生の使命が未決定状態にあることを意味します（P93）。つまり、彼女の現在の仕事は、彼女に与えられた使命（人生においての果たすべき役割）ではないわけです。

さて、これらの運命と、彼女のハンドタイプを総合して、独立すべきかの判断を考えてみましょう。

人や環境から受ける恩恵をもとに、人生の流れを作っていくのが「センシティブ・ハンド」タイプの生きる指針です。特に、彼女のようにフェイト・ラインが出ていない場合は、人との縁が人生の方向性を作っていくのに重要なポイントになるはず。

ただ、このタイプは人の誘いを断るのが苦手です。その傾向を考えると、今回サロンをはじめようと誘ってくれた相手に対しても、断るのが悪い気がして、話を受けようとしている部分もあるかも。でも、先ほど見たように、彼女の適性はセラピストとして技術を磨くより、サロン運営にあるようですから、これは悪い話

ではないはず。思いきって踏み出せば、よい転機となるでしょう。

Practice: step and point

step:1

【ハンドタイプで「適性」を読む】
① P34 に従って、ハンドタイプを割り出します。
② ハンドタイプ別の「生きる指針」と、エレメント、キーワードをもとに、今の仕事が性に合っているかどうかを読みます。

step:2

【指と丘で「仕事能力」を読む】
① 質問者の仕事に必要な能力を示す指と丘を読みます。どんな仕事も複数の能力を必要としますから、関係がありそうな能力はすべてチェックしましょう。
② ①の指と丘の示す能力の強さ、弱さをもとに、今後進むべき方向を考えましょう。丘を見るときは、そこに印が出ていないかもチェックしてください。異業種への転職を検討しているなら、その業種に必要な能力も読み、現職とどちらが向いているかをチェックします。職種別のポイントとなる指と丘は、以下を参考にしてください。

ジュピターの指と丘	向上心や指導力が必要な仕事に対する能力	学者、教育者、研究家、プロジェクト・リーダー、管理職などには必須
サターンの指と丘	専門的な技術や知識がいる仕事に対する能力	技師、専門職、学者、執筆業、編集者、医師、職人などには必須
アポロの指と丘	創作や自己表現	演奏家、タレント、俳優、

転機リーディングの手順とポイント

	が必要な仕事に対する能力	ダンサー、演説家、企画家、作家などには必須
マーキュリーの指と丘	人と常にかかわる仕事や、商売に対する能力	サービス業、営業職、ネゴシエーター、コーディネーターなどには必須
マーズの丘と平原	闘争心の必要な仕事に対する能力	プロスポーツ選手、格闘家、買いつけ業、記者、漁師などには必須
ヴィーナスの丘	五感の発達を必要とする仕事に対する能力	料理人、エステシャン、鑑定家、音楽系、美容師、カメラマンなどには必須
ルナの丘	察知する直感が必要な仕事に対する能力	探偵、刑事、占術家、投資家、マネージメント、ブローカーなどには必須
親指	決定権を任される仕事に必要な能力	経営者、取締役、裁判官、政治家、自営業者、監督業などには必須

step:3

①転機の内容により、注目するラインを見つける。（詳細はP163を参照）

②注目すべきラインの時期別の運命を見ます。（詳細はP74〜97を参照）

Turning Point 【転機】

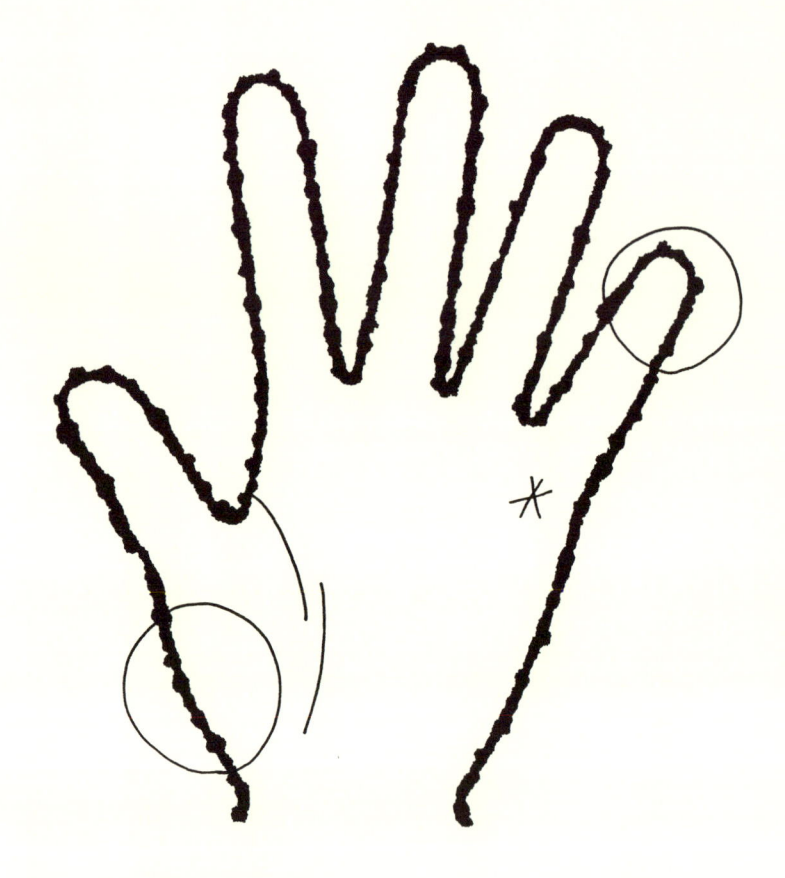

[Name] Komami　　　　　　　　　　　　　　　　[Age] 39

step:1【ハンドタイプで「適性」を読む】

「ハンドタイプ」を見つけましょう。

	A 手のひらの横幅と縦の長さがほぼ同じなら	B 横幅よりも縦のほうが長いなら
a 手のひらの横幅と中指の長さがほぼ同じなら	A+a ⇒ プラクティカル・ハンド 【地】 適性より、好き嫌いを重んじる	B+a ⇒ インテューティブ・ハンド 【火】 好奇心が強い分野を見つける
b 横幅よりも中指のほうが長ければ	A+b ⇒ インテレクチュアル・ハンド 【空気】 自由度の低い仕事は避ける	B+b ⇒ センシティブ・ハンド 【水】 人から喜ばれる仕事に向く

Astro Palmistry Chart 【自己診断表】

step:2 【指と丘で「仕事能力」を読む】

特徴的な「指と丘」をチェックしてみましょう。

	指	丘	
ジュピターの指と丘	直・曲・長・短	厚い	向上心や指導力が必要な仕事に対する能力
サターンの指と丘	直・曲・長・短	厚い	専門的な技術や知識がいる仕事に対する能力
アポロの指と丘	直・曲・長・短	厚い	創作や自己表現が必要な仕事に対する能力
マーキュリーの指と丘	直・曲・長・㊻	㊤い	人と常にかかわる仕事や、商売に対する能力
マーズの丘と平原	直・曲・長・短	厚い	闘争心の必要な仕事に対する能力
ヴィーナスの丘	直・曲・長・短	厚い	五感の発達を必要とする仕事に対する能力
ルナの丘	直・曲・長・短	厚い	察知する直感が必要な仕事に対する能力
親指	直・曲・長・短	厚い	決定権を任される仕事に必要な能力

ジュピター(人差し指)、サターン(中指)、アポロ(薬指)、マーキュリー(小指)

step:3 【転機の内容により、注目するラインを見つけましょう】

起業・引退 ⇒ ライフ・ライン＆フェイト・ライン(＋リレイションシップ・ライン)
職種変更・進路変更 ⇒ フェイト・ライン(＋ヘッド・ライン)
別れの決断・結婚 ⇒ ハート・ライン(＋ライフ・ライン＆リレイションシップ・ライン)
留学・勉学始動 ⇒ ヘッド・ライン

ライン	項目	内容
ライフ・ライン (P74～79)	形状と流れ	太い・普通・細い／濃い・普通・薄い／直線・㊤線
	時期別判断	〈子供時代〉切れ目・切り替わり・複線・鎖・支線
		〈青年時代〉切れ目・㊤替わり・複線・鎖・支線
		〈壮年時代〉切れ目・切り替わり・複線・鎖・支線
フェイト・ライン (P92～97)	形状と流れ	太い・普通・細い／濃い・普通・薄い／直線・曲線
	時期別判断	〈子供時代〉切れ目・切り替わり・複線・鎖・支線
		〈青年時代〉切れ目・切り替わり・複線・鎖・支線
		〈壮年時代〉切れ目・切り替わり・複線・鎖・支線
ハート・ライン (P80～85)	形状と流れ	太い・普通・細い／濃い・普通・薄い／直線・曲線
	時期別判断	〈子供時代〉切れ目・切り替わり・複線・鎖・支線
		〈青年時代〉切れ目・切り替わり・複線・鎖・支線
		〈壮年時代〉切れ目・切り替わり・複線・鎖・支線
ヘッド・ライン (P86～91)	形状と流れ	太い・普通・細い／濃い・普通・薄い／直線・曲線
	時期別判断	〈子供時代〉切れ目・切り替わり・複線・鎖・支線
		〈青年時代〉切れ目・切り替わり・複線・鎖・支線
		〈壮年時代〉切れ目・切り替わり・複線・鎖・支線
リレイションシップ・ライン (P107)	形状と流れ	太い・普通・細い／濃い・普通・薄い／直線・曲線
	時期別判断	〈子供時代〉切れ目・切り替わり・複線・鎖・支線
		〈青年時代〉切れ目・切り替わり・複線・鎖・支線
		〈壮年時代〉切れ目・切り替わり・複線・鎖・支線

Practice

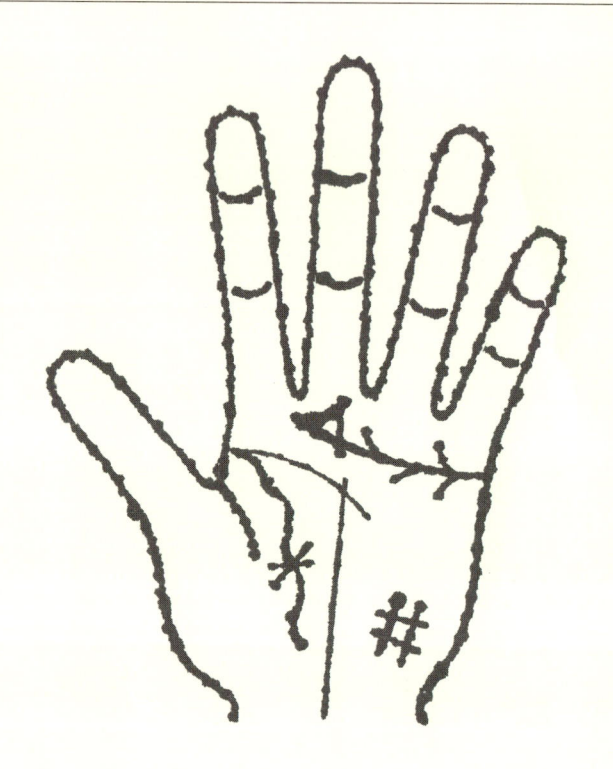

Practice: Marriage 【結婚に関するリーディング例】

　最後は結婚について、「インテレクチュアル・ハンド」タイプの男性を例にして見ていきましょう。

■ハンドタイプで「理想的な結婚形態」を読む
　結婚についてリーディングするときは、まずハンドタイプから「どんな結婚形態が理想的か」をイメージしていくようにしましょう。そうすれば、未婚の場合は、結婚相手を探す指針になりますし、既婚の人は、今の結婚が自分に向いているかどうかを確認できます。

性別　男性／年齢　33歳
ハンドタイプ　インテレクチュアル・ハンド

　この男性は「インテレクチュアル・ハンド」タイプ。エレメントは「空気」で、「自由と思索を愛する粋な人」がキーワード。軽やかな生き方を求める人です。
　「自由を愛する」彼は、自分の足かせになるような結婚には向いていないと考えられます。「粋な人」ですから、人生を一緒に楽しんでいけるようなパートナーと、スタイリッシュな結婚生活を送ることを望むはずです。
　また、このタイプの生きる指針は、変化のある人生を送ることです（P41）。人生に行き詰まったときは、仕事を変えたり引っ越しをしたりして生活を変えていくのが「インテレクチュアル・ハンド」タイプの性に合っているし、幸福でいるための条件でもあります。そんな彼の生き方を支援できる女性でなければ、よきパートナーには向いていないようです。従って、結婚相手は生活の変化を楽しむことのできる女性がベストだと言えます。

■パートナーの指と丘で「相性」を読む
　結婚を考えている相手がいる、あるいはすでに結婚している、という人は、**相手の手相も見てみましょう。その相手が理想の結婚相手かどうかを判断する助けになるからです。**
　相手の手相で注目すべきポイントは、指と丘。つまり、相手の「能力」を見るわけです。
　どの指と丘をポイントにするかは、自分のハンドタイプによって違います。以下を確認してください。

・あなたが「プラクティカル・ハンド」タイプ
→相手の「サターンの指と丘」

・あなたが「インテレクチュアル・ハンド」タイプ
→相手の「マーキュリーの指と丘」

・あなたが「インテューティブ・ハンド」タイプ
→相手の「マーズの丘と平原」

・あなたが「センシティブ・ハンド」タイプ
→相手の「ルナの丘」

　この実践例は「インテレクチュアル・ハンド」ですから、相手の手相で注目すべきは「マーキュリーの指と丘」になります。
　さて、この男性は未婚ですが、つき合っている女性がいるので、その女性の手を見てみましょう。
　まず彼女のマーキュリーの指は、長めで薬指のほうに少し傾いています。これは、彼女がコミュニケーション力に長け、人づき合いを好むことを示すものです（P58）。
　マーキュリーの丘のふくらみは適度で、リレイションシップ・ラインが3本ほど出ています。このマイナー・ラインは「他者との結びつきの運命」を意味するものでしたね（P107）。複数のリレイションシップ・ラインが出ている彼女は、複数の相手との精神的な結びつきがある人です。
　かつて、このラインは「マリッジ・ライン」と呼ばれ、結婚の回数を示すとされましたが、現在ではこの考えは多くのパーミストに否定されています。**リレイションシップ・ラインが示すのは、婚姻関係や恋愛関係とは限らない、人と人とのつながりです。友情や仕事のパートナー関係なども、視野に入れてリーディングをします。**つまり、彼女の場合は、彼という恋人とのつながり以外にも、親しいつながりのある人間関係がある、ということです。
　これは彼のようなタイプにとっては、ありがたいことでしょ

う。自分だけにベッタリ依存してくる女性は、自由を愛する彼にとって負担です。彼女のように、コミュニケーション力に長け、多くの良好な人間関係を持つ女性なら、彼以外にも物理的、精神的に頼れる相手はいるし、毎日を人づき合いに忙しく過ごしているでしょうから、彼を強く束縛しようとはしないはず。彼女は彼の生涯のパートナーとして、十分な適応力を持っていると考えてよさそうです。

■パートナーから見たあなたとの相性

では、反対もやってみましょう。彼女のほうから見たときに、彼が結婚相手としてどうなのかを読み解きます。やり方はさっきと同じ、今度は彼女のハンドタイプを基点にします。

　彼女は「センシティブ・ハンド」タイプなので、彼の「ルナの丘」に注目します。彼の「ルナの丘」は、あまりふくらんでいないし、色も白っぽいようです。これは、人の気持ちを察知する能力が強くない状態を意味します（P64）。
　「センシティブ・ハンド」タイプの彼女は、人と心の結びつきを重んじる女性。そんな彼女にとって、今の彼は鈍感で、思いやりに欠けているように思えるかもしれません。
　このタイプが幸せを感じる結婚とは、助け合い、支え合っていけるパートナーと、人生を共有していくことです。「感知力」の弱い彼は、そういう彼女の願いにも気づいていない可能性が。
　ただ、彼のルナの丘をよく見ると、うっすらとですが、スクエアが出ています。この印は、その丘の示す能力が、他人の力で補われる兆しを意味します（P122）。もし今後、彼が彼女から思いやりの心を学び、彼女の気持ちを察すように心がけていけば、印はもっと濃くなるはずです。白っぽかった丘の色もピンクになっていくでしょう。そのころの彼は、彼女から見ても、理想的な結

婚相手と映るようになる可能性があります。

■ラインで「結婚運」を読む

　彼の手相に戻りましょう。次はライフ・ラインとハート・ラインから「結婚運」を読んでいきます。

　最初にライフ・ラインを読みましょう。このラインは人生における大きな出来事を表していますから、結婚や離婚という人生の節目を読むのに役立ちます。

　ただ、**ライフ・ラインに出ている「節目となる出来事」が結婚にかかわることかどうかは、愛情生活の運命を表すハート・ラインと複合しないと判断できません。**そこで、次にハート・ラインを読みます。では、この手順を実践例でやってみましょう。

　彼のライフ・ラインの特徴は、カーブがときどき曲がりくねっていることです。これは変動が多い人生を意味します（P75）。

　ラインを3等分して、青年期にあたる部分を見てみると、クロスがはっきり出ています。これは「障害とストップ」の印ですから、彼の人生計画が一時的に停滞する運命にあることを表しています（P118）。これはもしかすると、人生のコマを結婚へと進められない停滞状況を意味しているかもしれません。これだけで断言はできませんから、続いてハート・ラインを見ます。

　彼のハート・ラインは、ライフ・ラインに比べてかなり薄く、愛情運は強運とは言えません（P81）。

　ただ、ラインから枝分かれする支線は何本も出ているので、異性からはモテるはず。恋人ができないことに悩む運命とは言えないでしょう（P85）。ラインの到達点はジュピターの丘に達していて、理想の愛を追求する運命を示していますから（P82）、もしかすると、彼は理想の高さゆえ、いくらモテても満足が行かないのかも。これまで独身をとおしたのも、そういう理由がありそうです。

ハート・ラインの印としては、壮年期にあたる部分にトライアングルが出ています。これは「恵みと成就」を意味する印で、大恋愛の末の結婚を暗示します（P130）。彼の結婚は、どうやらまだまだ先のことかもしれません。
　壮年期とは、具体的な年齢ではなく、落ち着きのある人生の後半のことを意味します。これは人により異なります。現代であれば、たいていの人は50代に入るあたりから、「そろそろ人生も後半戦だ」と感じるようになり、前進するよりも、守りの姿勢を固めるもので、ここからが円熟した壮年期になるでしょう。でも、40代前半で早々と仕事を引退したり、子育てを終えたり、のんびり暮らせるだけの財産を築き上げた人は、その後が壮年期となります。それに対して、50代になっても前進を続ける人はまだまだ青年期なわけです。
　この彼はハンドタイプからもライフ・ラインからも、さっさと落ち着くタイプではないことが分かりますから、壮年期に入るのはかなり遅くなるでしょう。ということは、ほぼ独身を貫く人生を送ったあと、熟年になってから思わぬ大恋愛をして、ついに結婚するという運命かもしれない、と読めます。

　さて、この運命は彼にとって喜ばしいでしょうか？「自由と思索を愛する粋な人」である彼ですから、こういう人生も悪くないでしょう。モテる男性ですから、結婚できなくても、孤独感にさいなまれるという心配もなさそうですね。
　最後に補足として、目立ったマイナー・ラインがあるかどうか探してみましょう。彼の場合は、ライフ・ラインに沿う形のマーズ・ラインが出ています。これは、力強い生命力を意味します（P108）。壮年期になっても、彼はきっと体力、気力ともに充実した状態をキープするはず。かなりの晩婚であっても、子どもを作ることなどに支障はないでしょう。

Practice: step and point

step:1

【ハンドタイプで「理想的な結婚形態」を読む】
① P34 に従って、ハンドタイプを割り出します。
②ハンドタイプ別の「生きる指針」と、エレメント、キーワードをもとに、どんな結婚とパートナーが理想的かを判断します。基本的には以下のように考えるとよいでしょう。

プラクティカル・ハンド	信頼できるパートナーとの安定した結婚生活
インテレクチュアル・ハンド	自由を与えてくれるパートナーとの変化に飛んだ結婚生活
インテューティブ・ハンド	ぶつかり合えるパートナーとの活気に満ちた結婚生活
センシティブ・ハンド	分かり合えるパートナーとの愛にあふれた結婚生活

step:2

【パートナーの指と丘で「相性」を読む】
①結婚を考えている相手、結婚している相手の手の注目ポイントを読みます。あなたのハンドタイプによって、注目ポイントは変わります。以下に従ってください。

結婚リーディングの手順とポイント

プラクティカル・ハンド	サターンの指と丘
インテレクチュアル・ハンド	マーキュリーの指と丘
インテューティブ・ハンド	マーズの丘と平原
センシティブ・ハンド	ルナの丘

②注目ポイントが表している相手の能力については、第Ⅳ章を参考に読みましょう。注目ポイントの丘に出ているマイナー・ラインや印もチェックしてください。そこから相手が自分の結婚相手にふさわしい能力の持ち主かどうかを考えます。

③反対もやってみましょう。相手のハンドタイプをもとに、あなたの手相の注目ポイントを上の表から割り出します。②と同じようにして、相手のハンドタイプから見て、あなたが結婚相手にふさわしいかを考えます。

step:3

【ラインで「結婚運」を読む】

①ライフ・ラインから人生の節目を読みます。（詳細はP174を参照）

②ハート・ラインから愛情生活の運命を読みます。（詳細はP174を参照）

③マイナー・ラインが出ている場合は、その解釈も合わせて読みます。

Marriage【結婚】

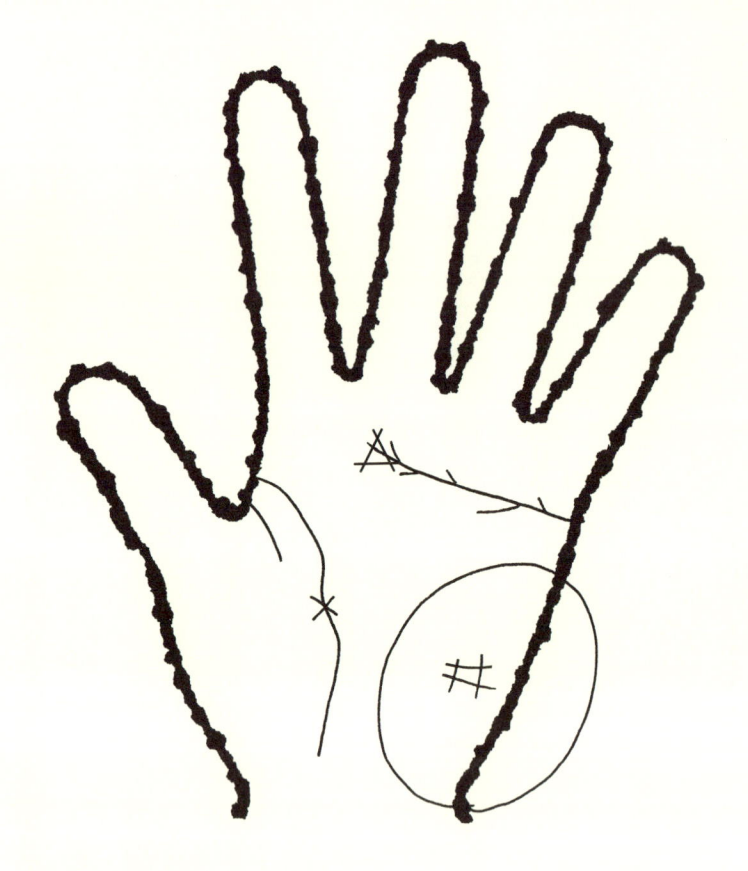

【Name】 Kusao　　　　　　　　　　【Age】 33

step:1【ハンドタイプで「理想的な結婚形態」を読む】

	A 手のひらの横幅と縦の長さがほぼ同じなら	B 横幅よりも縦のほうが長いなら
a 手のひらの横幅と中指の長さがほぼ同じなら	A+a ⇒ プラクティカル・ハンド 【地】 **信頼できるパートナーとの安定した結婚生活**	B+a ⇒ インテュイティブ・ハンド 【火】 **ぶつかり合えるパートナーとの活気に満ちた結婚生活**
b 横幅よりも中指のほうが長ければ	A+b ⇒ インテレクチュアル・ハンド 【空気】 **自由を与えてくれるパートナーとの変化に飛んだ結婚生活**	B+b ⇒ センシティブ・ハンド 【水】 **分かり合えるパートナーとの愛にあふれた結婚生活**

Astro Palmistry Chart 【自己診断表】

step:2 【パートナーの指と丘で「相性」を読む】

自分のハンドタイプに対応するパートナーの手相を見てみましょう。

【自分のハンドタイプ】	【相手の指と丘】
プラクティカル・ハンド	サターンの指と丘（P54〜55）
インテレ(ク)チュアル・ハンド	マーキュリーの指と丘（P58〜59）
インテューティブ・ハンド	マーズの丘と平原（P60〜61）
センシティブ・ハンド	ルナの丘（P64〜65）

step:3 【ラインで結婚運を読む】

ふたつのラインの全体像をチェックしてみましょう。

ライフ・ライン(P74〜79)	形 状		太い ・ (普通) ・ 細い
			濃い ・ (普通) ・ 薄い
	流 れ		直線 ・ (曲線)
	時期別判断	〈子供時代〉	切れ目 ・ 切り替わり ・ 複線 ・ 鎖 ・ 支線
		〈青年時代〉	切れ目 ・ 切り替わり ・ 複線 ・ 鎖 ・ 支線
		〈壮年時代〉	切れ目 ・ 切り替わり ・ 複線 ・ 鎖 ・ 支線
ハート・ライン(P80〜85)	形 状		太い ・ (普通) ・ 細い
			濃い ・ 普通 ・ (薄い)
	流 れ		(直線) ・ 曲線
	時期別判断	〈子供時代〉	切れ目 ・ 切り替わり ・ 複線 ・ 鎖 ・ (支線)
		〈青年時代〉	切れ目 ・ 切り替わり ・ 複線 ・ 鎖 ・ (支線)
		〈壮年時代〉	切れ目 ・ 切り替わり ・ 複線 ・ 鎖 ・ (支線)

マイナーラインが出ているか探してみましょう。

ジュピター・リング	有(P 104)・無	マーズ・ライン	(有)(P 108)・無
ジュピター・ライン	有(P 104)・無	アフェクション・ライン	有(P 109)・無
サターン・リング	有(P 105)・無	直観の三日月	有(P 110)・無
アポロ・リング	有(P 106)・無	ヴィア・ラシビア	有(P 110)・無
アポロ・ライン	有(P 106)・無	トラベル・ライン	有(P 111)・無
リレイションシップ・ライン	有(P 107)・無	マーキュリー・ライン	有(P 112)・無
クロス・ミスティーク	有(P 108)・無	ヴィーナスの帯	有(P 113)・無

Practice

第Ⅱ部　手相術の歴史

Ⅰ　古代の手相術──ハンド・リーディングの起源

The Origin of Hand Reading

■はたして手相術は古代のオリエント文明へと
　遡ることができるのか？

　「手から人の運命を読む」。いったいいつ頃、誰が、そんなことを思いついたのでしょうか。
　一般に出回っている多くの手相術の本では、驚くほど古い時代にまでその起源を遡ることができると述べられています。しばしばそういった本のなかでは、「バビロニア、カルディア、シュメール、エジプト、ギリシャ、ローマなどのあちらこちらの古代社会において、すでに手相術は深く研究され実践されていた」といったようなことが述べられていたりもします。
　たとえば、2006年に出版された『日本占法大全書』という占いに関する大辞典的な本には、手相術の項目が含まれていますが、それを見ると「メソポタミアのシュメール人やエジプト人も手相占いをおこなっていたと言われる」と記されています[1]。
　さて、手相術の歴史を扱う本章では、その手はじめとして、このように古代文明へと遡るとされる手相術の起源について、改めて見直してみることからはじめて見たいと思います。
　ところで、前述の『日本占法大全書』は、宗教学などをはじめとする現代の高名な学者の先生方が監修されている非常に重厚な本です（なんと全体で726頁もあります）。従って、そこに含まれている手相術の起源についての記述は、一般向けに書かれたお手軽な手相術の本とは異なり、きちんとしたことが書かれているものと期待したくもなります。
　しかしながら、実際に『日本占法大全書』を読んでみると、そこに書かれている手相術の起源や歴史は、残念なことにほとんど

古代の手相術——ハンド・リーディングの起源

　信頼の置けるものだとは言えません。たとえば、先ほどの「シュメール人やエジプト人も手相占いをおこなっていたと言われる」というこの本のなかの記述も、何らそれを示唆する証拠が提示されているわけではなく、一般向けの安価な手相術の入門書で書かれていることを、単にそのままなぞっているに過ぎません。

　実のところバビロニア、カルディア、シュメール、エジプトといった遥か紀元前へと遡る人類の文明の曙とも言うべき場所で、手相術が研究され実践されていたという確かな証拠は、少なくともわたしの知る限りいまだ見つかっていません。

　もちろん遥か古代のことですから、当時のことをすべて完全に知ることができないということは言うまでもありません。とはいえ、それらの場所で手相術の実践を裏づけるための確固とした証拠が提示されない以上、「偉大な古代文明において、すでに手相術が実践されていた」という類の主張はすべて、残念ながら単なる空想的ロマンに過ぎないと言わざるをえません。

■大人気の古代エジプト説

　それにもかかわらず、特に古代エジプトに関しては、いまだ現代の手相術師の間でも、その起源の場所として根強い"信仰"があるようです。たとえば次のような文章をご覧ください。

> アリストテレスがエジプトに旅したとき、ヘルメスに捧げられた祭壇上に、黄金の文字で彫られた手の科学についてのアラビア語の書を発見した。そしてアリストテレスは、もっとも学識の深い人にとって注目すべき価値あるものであるとし、アレクサンドロス大王にそれを送った。そしてその書は、ヒスパヌスによってラテン語に**翻訳された**[2]。

　ここでは、古代ギリシャの高名な哲学者アリストテレスとこれまた歴史上偉大なアレクサンドロス大王のふたりが登場し、古代エジプトで発見された手相術が、彼らの間で珍重されていたという内容になっています。
　ちなみに上記の文章は、19世紀末に手相術の歴史の先駆的な研究をおこなったエドワード・ヘロン＝アレンの著書『手相術のマニュアル（A Manual of Cheirosophy）』（1885）から引用したものです。
　こういった「手相術＝アリストテレス＝エジプト」という三者を結びつけた手相術の由来の物語は、実は中世ヨーロッパでは非常に大きく広まっていた伝説に過ぎません（このことについては「Ⅱ　12世紀から15世紀にかけての手相術」のところで改めて述べます）。
　いって見れば、ヘロン＝アレンはその中世の頃からのいわば言い伝えを、その著書のなかで紹介したわけです。しかしながら、このすぐ後に手相術の本を書いた人々は、これをあたかも事実で

あるかのように記し、それが後の世代へと引き継がれていくことになり、結果として今日に至ってしまったというわけなのです。

　ピラミッドやスフィンクスがそびえ立つ"神秘の古代エジプト"にこそ手相術の起源があるというのは、確かにロマンを掻き立てられる魅力的な物語です。けれども、そういった「古代への情熱」は、少なくとも今のところ確証されているわけではない、というのが実際のところなのです。

■アリストテレスは本当に手相術に精通していたのか？

　手相術の古代エジプト起源自体は、根拠のない伝説である一方で、実は先ほど名前を出した古代ギリシャの哲学者アリストテレスの著作のなかには、手相術について書かれたとおぼしき記述があるのは事実です。

　ちなみにアリストテレス（前384 −前322）は、紀元前4世紀のギリシャのアテナイで活躍した歴史にその名を残す偉大な学者です。哲学史のなかでは、師であるプラトンと並びギリシャ最大の哲学者と言われるほどの人物であり、論理学、自然学、倫理学など非常に幅広い分野に渡る多数の著作を残しています。また、後の中世のアラビア、そしてヨーロッパにおける学問は、アリストテレスの数々の著作が土台となって発展したものです。

　では、アリストテレスによる手相術に関する記述とは、いったいどのようなものだったのでしょうか。アリストテレスの『動物誌』という本のなかの文章をそのまま引用してみましょう。

　　四肢のなかの一対は、腕である。腕の部分は、肩、上腕、肘、前腕、手である。手は掌（たなごころ）と5本の指である。指の曲がる所が節で、曲がらぬ所が腹〔指骨（しこつ）〕である。母指は節がひとつであるが、そのほかの指ではふたつである。腕も指もみな内側へ曲がる。腕は肘の所で曲がる。手の内側は掌であって、肉質で線条によって分かれている。**この線条は長命の人では1本か2本で掌の全長を貫いているが、短命の人では2本で全長に達しない**。手と〔前〕腕の関節は手根である。手の外側〔手の甲〕は腱状で、名がない[3]。（傍点筆者）

少々読みづらい文章だったかとは思いますが、そこに書かれているのは、要するに肩から腕、そして手に至る解剖学的な記述です。さて注目すべきなのは、傍点を付した箇所です。そこでは確かに手相術についての記述とも取れる、手のラインと人の寿命との関係が簡潔に述べられています。

　ところで、一般に流布している手相の本のなかでは、今見たような事実があるからなのか、あたかもアリストテレスが手相術に精通し、そればかりかその技を実践していた（すなわち手相術師でもあった）かのように述べられていたりもします。ただしこういった主張は、あまりにも大げさで、事実をねじ曲げるほど誇張された意見でしょう。

　というのも、アリストテレスによって書かれた手相術らしき記述は、『動物誌』のなかでは前記に引用した部分のみ。しかも、現存している他のアリストテレスの著作を見ても、『問題集』の第10巻と第34巻の2箇所において『動物誌』と同様の内容が繰り返されているだけで、ほかに手相術と結びつけられそうな発言は見当たりません[4]。

　もちろん、今となっては実際にアリストテレスがどの程度、手相術に精通していたかを確かめようがありません。けれども、あまりにもわずかな言及しか残していないことから冷静に考えると、少なくともアリストテレスが手相術に熱中していたと主張するのはかなり無理があります。ましてや彼が手相術師であったなどという意見は、まったく説得力がありません。

■古代ギリシャの哲学者たちは、
本当に手相術をおこなっていたのか？

ところで、アリストテレス以外の古代ギリシャの著作家たちはどうなのでしょうか。結論を言ってしまうと、古代ギリシャでは、先ほどのアリストテレスの記述以外で、手相術らしきことを述べているものは確認されていません[5]。

しかしながら、前述の『日本占法大全書』を見ると、「その（手相術の）もっとも古い記録としては、アテネの占星術師アナクサゴラスが紀元前423年に残したものがある[6]」と述べられています。

残念ながら『日本占法大全書』には、その文献のタイトルなどの詳細が一切記されていないため、それがどのようなものであるかを確認することができません。というか、そのような文献は、実際に存在していないと言ったほうがいいでしょう。現に、今日の手相術の歴史の研究家の誰ひとりとして、その文献の存在について言及している人はいません。

おそらく「アナクサゴラス」云々の記述は、19世紀末から20世紀初頭に活躍した手相術師キローの著書『手の言葉（Cheiro's Language of the hand）』（1897）のなかの「わたしは紀元前423年にアナクサゴラスがそれ（手相術）を教え実践していたのを発見した[7]」という一節から広まったものだと思われます。

ちなみにキローの本は、20世紀の間、欧米の占いファンの間でかなり広く出回りました。しかしながら、今日の手相術の歴史の研究家のなかで、キローの本のなかの歴史の記述を信頼し参照している人は、まずいないといっていいでしょう（キローについては、II部第IV章の309頁で改めて詳しく紹介します）。

また、よくある一般向けの手相術の本でも「ヒポクラテスやガレノスのようなギリシャの医学者も手相術に精通していた」と書

かれていたりしますが、現存する彼らの著作のなかからは、実際のところそのことを示唆するものは何もありません。

　ヨーロッパ初期の手相術の文献を編纂したことで知られる研究家ハーディン・クレイグは、そのような人名のリストは、「フィジオーグノミー（physiognomy）」についてなら当てはまるだろうと述べています[8]。「フィジオーグノミー」というのは、人の体の特徴から気質などを診る技法のことで、日本では一般的に「人相術」あるいは「観相術」という呼び名で知られています。

　確かに後の中世ヨーロッパになると、手相術に関する言及が人相術のテキストのなかに含まれていることも珍しくはありません。けれども、ギリシャの人相術に関するテキストのなかに、手相術に関する言及は見当たりません。

　また念のために言っておきますが、アリストテレスの師であり、ギリシャ最高の哲学者プラトン（前427‐前347）や、その他の当時の知識人たちの誰ひとりとして、手相術に精通していたという証拠も、まったく見当たりません。従って、「古代ギリシャの哲学者たちは、手相術を研究していた」といったようなことが一般向けの手相術の本のなかで述べられていたとしても、それを支える証拠がない以上、これまた鵜呑みにしてしまうことのできない単なる俗説だと言わざるをえません。

　ここまでの話をまとめてみましょう。たしかに古代ギリシャにおいて、手相術とおぼしき断片的な言及としては、アリストテレスの著書のなかにごくわずかな記述が見つけられます。しかしながら、ほかの著述家たちによる手相術への言及が、ほとんど見当たらないという点からすると、かりに古代ギリシャにおいて手相術が多少なりともおこなわれていたとしても、その広がりは決して大きなものではなかったと考えるのが妥当なところでしょう。

■「迷信」としての手相術

　では、古代ギリシャに続く古代ローマでは、どうだったのでしょうか。ローマにおける手相術についての言及として、これまで研究家の間で指摘されてきた主なものは次のとおりです。

　プリニウス（23-79）の『博物誌』（77）。ローマの風刺詩人デキムス・ユニウス・ユウェナリス（50-130頃）の『風刺詩』（100頃 - 127頃）。さらにイギリスの手相研究家、ジョニー・フィンチャムは、ハドリアヌス帝（76 - 138）が自伝のなかで、彼の祖父に幼い頃に手相を観てもらったと記していることを指摘しています[9]。

　なかでも、プリニウスの『博物誌』のなかで、手相術がどのように扱われているかは興味深いところです。何といっても『博物誌』は、動物・植物・鉱物・地理・天文・医学・芸術等2万項目にも及ぶ、さまざまな古代の風説を寄せ集めた全37巻からなる膨大な自然誌です。

　さて、実際に『博物誌』をひもといて見ると、そこには「人間の体の構造による人格の特徴」と題された節のなかで、「歯が少ないこと、非常に長い指、鉛色の顔色、手にひどくたくさん切れ切れのしわがある」のは短命の徴であり、「なで肩の人、手に1本あるいは2本の長いしわのある人、32以上の歯がある人、耳の大きい人など」は長命であるといったことが述べられています[10]。

　またプリニウスは、こういった人体に「生涯を予告する前兆が含まれている」という考えに対して、「根拠がなく、すべての人が自分の体にそういう前兆を見出そうと躍起になると困るので、直ちにそれを持ち出すのは適当ではないと思う」とも述べています[11]。すなわちこのことから、プリニウスにとって手から「前兆」を読み取るという行為は、あくまで迷信の類として否定的に考えられていたことが分かります。

また、ユウェナリスの『風刺詩』においても、手相術は決して肯定的に描かれてはいません。その6章581節では、上流階級の女性たちは、カルディアの占星術師に相談し、一方で中流の女性たちは、好奇心と虚栄心を満たすために手相術師のところへ行って満足すると言ったことが述べられています [12]。

　このようなプリニウスとユウェナリスの発言からは、古代ローマにおいて手相術が、決して真剣な学問としてではなく、あまり信頼の置けない、いわば「迷信」の類として考えられていたことがうかがえます。

　ちなみに、多くの一般向けの手相術の本では、たとえば「皇帝ジュリアス・シーザーが手相術師を雇っていた」などをはじめとして、あたかもローマでは手相術が非常に盛んであったかのような逸話がいくつか述べられていたりします。しかしながら、「シーザーが手相術師を雇っていた」ということを示す証拠が、実際に見つかっているわけではありません。すなわち、これもまことしやかに語られているだけの根拠のない風説に過ぎません。

　実際のところ、ギリシャ同様ローマにおける手相術に関しての記録は、前記のようなごくわずかな言及以上のものは知られていません。ましてや手相術自体を主題として扱った著作、あるいはその具体的なメソッドについての詳細を記した文献は一切見つかっていません。古代ギリシャとローマにおける占いに関する最も包括的な研究として知られるオーギュスト・ブーシェ゠ルクレールの『古代の占いの歴史（Histoire de la divination dans l'antiquite）』（1882）を見ても、当時の手相術に関する文献は含まれていません [13]。

　こういったギリシャとローマからの手相術に関する情報の欠如に対して、現代のオーストラリアの手相術研究家アンドリュー・フィツァバートは、「手相術が迷信、または組織立っていない方法のなかでのみ知られていたということを強く示唆する [14]」の

ではないかと意見を述べています。
　もしフィツァバートの言うように、今日おこなわれているようなある程度首尾一貫した体系としての手相術が、古代ギリシャ・ローマには存在しなかったのだとしたら、いったいいつ頃から、それは形作られていったものなのでしょう。
　この問いに対する答えを見つけるためには、さらに時代を大きく先に進めなければなりません。その前に、ギリシャ、ローマ以外の古代において、手相術の存在を示唆する言及について、もう少しだけ見ておくこととしましょう。

■ 『聖書』のなかの手相術

　古代の手相術に関する言及として、しばしば引き合いに出されるものとして『聖書』のなかの記述があります。

　その主な箇所としては、「ヨブ記」の37章7節、「サムエル記」の26章18節、「箴言」の3章16節、「イザヤ書」の9章16節、「出エジプト記」の13章9節などがあります。

　これらはいずれも「手」について述べていることは確かですが、実際にはいずれも手相術に関する記述として見るかどうかは、あまりにもそのセンテンスが短いため、人によって判断の分かれるところでしょう。また、そのもともとのヘブライ語の句をどう解釈するかということで、そのテキストの意味が変わってくるという翻訳上の問題があることも、すでに研究家たちの間で指摘されていることです[15]。

　ここでは『聖書』のなかの記述を、いちいち列挙して検討することは控えますので、気になる方は実際にその該当箇所をお読みください。

　いずれにせよ、かりに『聖書』の編纂された時代のヘブライの人々によって、手相術が実践されていたとしても、それが具体的にどのようなものであったのかは、それについて書かれた文献が存在しないため（あるいは現存しないため）、今となってはまったく知ることができません[16]。

　では、古代の手相術に関する記録の最期として、インドへと視野を広げてみましょう。

■紀元前 2000 年のヴェーダ文献のなかの手相術！？

　多くの手相術の本ではインドこそ、その歴史上もっとも古い時代に手相がおこなわれていた場所であると述べられています。たとえばユング心理学派の分析心理学者であり手相術を研究したユリウス・シュピールは、1944 年に出版した自著のなかで「インドでの手相術に関するもっとも古い文献が、紀元前 2000 年頃のヴェーダ時代に存在する」と述べています [17]。

　紀元前 2000 年。先ほどのアリストテレスの活躍した古代ギリシャの時代より遥か昔、すでにインドで手相術が知られていたのだとしたら、実際にこれは驚くべきことです。しかしながら、シュピールの言う紀元前 2000 年前に遡るという、そのヴェーダ時代の手相術に関する文献がどのようなものなのか、少なくともわたし自身は確認できていません。そもそもシュピール自身、そのヴェーダ時代の文献について何の参照指示も与えていませんし、それどころかそれが具体的にどういうものなのかということについても、まったく何も述べていません。

　実のことを言うとシュピールの本の内容自体、ほかの箇所を見ても、信頼できるとは言い難い、どうにもうそ臭い情報が多々見られます（シュピールについて詳しくはⅥ章で取り上げます）。従って、彼の言う紀元前 2000 年頃のヴェーダ文献の存在というのは、それを実際に確認するまでは信じることができません [18]。

　「紀元前 2000 年頃のヴェーダ文献」云々という話から離れて、より確かなものとしては、イギリスの手相術研究家フレッド・ゲティングスが指摘している『ヴァシシュタ法典』と呼ばれる律法書のなかの手相術に関する言及があります [19]。ゲティングスによれば、『ヴァシシュタ法典』のなかに「驚異のもの、予兆、占星術や手相術、もしくは詭弁やシャストラ（経典）」によって日々の糧を稼ぐことを禁じるという一節があるそうです。

ちなみにこの『ヴァシシュタ法典』は、古代インド研究の専門家たちの一般的な見解によると、およそ紀元前600年頃から紀元前200年頃の間に成立したものとみなされています[20]。だとすると、この『ヴァシシュタ法典』こそ、手相術の実践を示唆する世界で最も古い言及だということになるでしょう。

　古代インドでの手相術に関するもうひとつの言及としては、紀元前2世紀から紀元後2世紀の間に成立したと考えられている『マヌ法典』があります。その6章50節にも、先ほどの『ヴァシシュタ法典』とほぼ同様の次のような記述があります。

　天変地異、及び（種々）前兆（を説くこと）により、あるいは、占星術、及び手相術により、あるいは助言をおこない、（論書を）解説することにより、そのいかなる場合にも施物を求むべからず[21]。

　さて、こういった古代インドから手相術がおこなわれていたことを示唆する言及が見つかっている一方で、この古き時代からは実際に手がどのように解釈されていたのかという具体的なメソッドについて記された文献は、残念ながら見つかっていません。

　ここで時代をだいぶん先まで進めてみると、6世紀の『ブリハット・サンヒター』というインドのさまざまな占いを集めた文献に、いくつか手相術の解釈の具体例が載っているのを見つけることができます。ここで『ブリハット・サンヒター』のなかから、いくつか具体例を引用してみましょう[22]。

　手指が長ければ長寿、曲がっていなければ人に好かれる。繊細であれば知恵をもつ。平らであれば他人の仕事に勤しむ。

　親指に大麦の印があれば金持ちになり、親指の根元に大麦の印

があれば息子をもち、指の節が長ければ人に好かれ、長寿である。

方形の池、神殿など、また三角形があれば、人々は正しいことをする。親指の根元の線は息子［の数］であり、細い線は娘［の数］である。

　このような『ブリハット・サンヒター』のなかの手相術の記述は、今日の西洋手相術のように、まとまったひとつの体系となっているわけではありません。もちろん、丘や指の占星術的な名称も見られません。単に○○の場合は○○であるという断片的な解釈の羅列で終わっています。
　さらに、西洋流のものとは大きく異なるインドの手相術の解釈のある程度まとまった文献として今日よく知られているものとしては、インドの手相術を研究したV・A・K・エイヤーによって1945年に英訳された著者不明のサンスクリット語の文献があります。
　その文献に記されているメソッドは、「カールティケーヤン・システム（Kartikeyan System）」と呼ばれ、時代的には大幅に先に進んだ16世紀の頃のものと推測されています[23]。
　こちらでは手の部位やラインなどに名称がつけられ、『ブリハット・サンヒター』の頃よりも、やや複雑なものになってきています。たとえば今日の西洋手相術で「ヴィーナス（金星）の帯」に該当するラインは、「マンドシナーダー」と呼ばれ、そのラインがある人は「仕事を見つけるのが困難」であり、「知性の鈍さ」を示していると述べられています[24]。また、今日の西洋手相術で「アポロのライン」に該当するラインは「カマーラ」と呼ばれ、「長寿と莫大な富」を示すと述べられています[25]。もちろんこれらの解釈は、今日の一般的な西洋手相術で与えられている解

釈とはまったく異なります。

　エイヤーの翻訳した16世紀頃の手相術は、おそらく非常に古い時代からあった『ブリハット・サンヒター』のなかの手相術のようなものが、少しずつ歴史のなかで発展していったものなのかもしれません。

■インドからギリシャ・ローマへ

　これまでは、古代の異なる地域から見つかっている手相術の記録を、取り上げてきました。
　先ほど触れた手相術の研究家フィツァバートは、こういった古代社会に散らばっているわずかながらの手相術の言及に対して、「最初の手相術はひとつの場所ではじまり、そして拡散したのか？　もしくはあるとき、いくつかの場所でそれぞれ起こったものなのか？」という問いを立てています[26]。
　このことに対してはっきりとした答えを見つけるのは、古代の文献があまりにも乏しいため、実証的な観点からは今のところほとんど不可能でしょう。とはいえ、現代の手相術研究家の多くは、手相術が古代インドではじまり、ギリシャそしてローマへと伝わっていったのではないかというおおまかな道筋を想定しています。
　確かに前334年から東進を続けたアレクサンドロス大王が、前331年にはインダス川を超えインドのほうまで侵略し、その後に東西の文化や物資の交流がもたらされたことから考えると、その時代に手相術に関する何がしかのものがインドから地中海のほうへもたらされたということも、まったくあり得ないことではないでしょう。
　またジョニー・フィンチャムは、インドからギリシャへと手相術の知識が流入した可能性を示唆する証拠のひとつとして、前述

の『動物誌』、『問題集』のなかにおけるアリストテレスの記述をあげています(『問題集』のなかの記述は、203頁の注4をご覧ください)。

どういうことかというと、まずアリストテレスの記述では「手を横切るライン」が寿命に関連するとなっています。フィンチャムが言うには、この「手を横切るライン」というのは、今で言うところのハート・ラインに相当し、このラインが寿命に関連すると言うのは、インドの手相術の伝承のなかにも残っている解釈だという点を指摘しています[27]（ちなみに、第Ⅰ部ですでに説明しているように、ヨーロッパでの手相術では、寿命に関連すると考えられていたのは、ハート・ラインではなくライフ・ラインと呼ばれる「ヴィーナスの丘」を取り囲む線のことでした）。

このような手相術研究家たちの想定する「インドからギリシャ・ローマへ」という手相術の伝播説が、かりに本当だったとしましょう。だとしても、実は今日の西洋手相術の伝統は、必ずしも直接的にその流れを引き継ぐことで伝承されてきたものだとは言い切れません。

というのも、次章で見ていくように、まずヨーロッパにおける今日の手相術のメソッドの原点とも言うべき記録は、12世紀まで待たなくてはなりません。しかも古代からそこに至るまでの間には、埋めることのできないあまりにも大き過ぎる歴史的空白があるのです。

この問題へと進む前に、古代における手相術の締めくくりとして、「手にその人の性格や運命が反映されている」と考える手相術そのものが成立するための基となるアイデア自体の由来について、少し考えて見たいと思います。

■「手から運命を読む」というアイデアの起源

　改めて考えてみると、手のひらのラインにその人の性格や運命が反映されているという考えは、非常にユニークなものです。いったいこのアイデアは、どこから生まれたものなのでしょうか。

　このことに関して、フィツァバートは非常に興味深い意見を主張しています。それは手相術のもともとのアイデアが、多くの古代社会でおこなわれていた動物の内臓、もしくは羊の肩こう骨の割れ目にオーメン（前兆）を見るといった風習に由来しているのではないかというものです[28]。

　このことについてフィツァバートは、次のように述べています。

> **肉体の一部のなかにオーメンをみるという古代の習慣があったという点から見れば、手がほかの部分同様にみなされたということもありえないわけではないだろう。〔中略〕手のラインのパターンが、割れ目のメソッドを熟知している占い師の注意をひきつけなかったと考えることは困難である**[29]**。**

　ここで言う動物の内臓による占い、すなわち「ハルスピーシー（Haruspicy）」は、古代バビロニア文明の頃から、盛んにおこなわれていたことが知られています[30]。

　この占いは、通常バビロニアでは、歴代の王たちが何か重要なことを成す前に、神々から託宣を授かるために、「バル」と呼ばれる占い師によって執りおこなわれていた慣習でした。

　まず神々の好意を得るために、供犠として動物（その多くは羊）を捧げます。そして切り開かれた腹のなかの内臓（特に肝臓）を観察し、それをもとに占いの答えが導き出されます。

　この占いの存在を示唆する初期の記録としては、非常に早くサ

ルゴン朝（前 2370 頃–前 2190 頃）の時代から見つかっています。
　では、どのように肝臓を解釈するかという当時の手引書から、いくつか例をあげてみましょう。

　　特別な場所にある十字のしわは、ある重要人物が彼の主人を殺害することを示している。

　　別々の場所の２本のしわは、旅する者が目的地へと到達することを示している。

　　もし肝臓の右側に指のように見えるふたつのラインがあるなら、ふたりの重要な人物は権力を求めてお互いをライバルとするだろう[31]。

　このようなハルスピーシーにおける「十字のしわ」、「２本のしわ」、「ふたつのライン」といった印をもとに判断するというメソッドは、確かに手相術と共通する視点であると思われます。そういった意味では、フィツァバートの言うように、手相術のアイデアの源のひとつとして、こういったハルスピーシーのような古代社会でポピュラーだった占いの形態がそのプロトタイプであった、と想定することもできるかもしれません。

＊

　以上、本章では、古代の手相術の記録を追ってきました。ところで、みなさんのなかには、古代の手相術として中国が扱われていないと思われた方もいらっしゃるかもしれません。
　本書ではあえて、中国における手相術に関してのコメントを見送ることにしました。

というのも、ここで中国の手相術を論じるとなると、西洋手相術を主題とする本書の範囲を大きく超えるものとなってしまいます。

　特にその起源と歴史については、「古代インドから伝わったものだろう」という非常におおまかな意見はあるものの、いまだ研究家の間における調査も十分になされているとはいえず、はっきりとしたことを述べづらいという状況にあります。従って中国の手相術は、まだまだ今後の研究課題として残されています。

　さて、続くⅡ章では、今日の手相術の出発点とも言うべきヨーロッパ中世の手相術の世界を見ていくとしましょう。

1：佐々木宏幹、藤井正雄、山折哲雄、頼富本宏監修、島田裕巳『日本占法大全書』（四季社、2006年）169頁。
2：Edward Heron Allen and Rosamund Brunel Horsley, A Manual of Cheirosophy : Being a Complete Practical Handbook of the Twin Sciences of Cheirognomy and Cheiromancy 1891, Kessinger Publishing, p. 60, Original edn., 1885.
3：アリストテレース（島崎三郎訳）『動物誌（上）』（岩波文庫、1998年）48頁。
4：アリストテレスの『問題集』のなかの記述は次のとおりです。

　　掌の全体を横切って分割線を持っている人間は、何故により長命なのであろうか。或いはそれは、水棲動物のように、関節の十分でない生きものは非常に短命だからであろうか。もし関節の不十分な生きものが短命であるなら、関節の完全な生きものがその反対であるのは明白なことである。ところで関節の完全な生きものとは、本来関節の不十分な部分が最もよく関節でつながれているような生きものであるが、手の内側は、特に関節の十分でない部分なのである（第10巻49）。

　　掌の全体を横切って分割線の走っている人が非常に長命なのは何故であろうか。或いはそれは、体の関節が不完全な生きものは短命で虚弱である、という理由に因るのであろうか。ところで、虚弱の代表は若い生きものであり、短命のそれは水棲動物である。従って、関節の完全である生きものがそれと反対であるのは明白である。ところで、このような生きものとは、本来関節の不完全であるべき部分すら最もよく関節でつながれているようなものがそうである。しかるに手は、その内部が最も関節の完全でない部分なのである（第34巻10）。

　　上記の引用は、アリストテレス（戸塚七朗訳）『アリストテレス全集11　問題集』（岩波書店、1988年）163頁及び462頁より。
5：アリストテレス以外のものとしては、中世後期の著述家スイダスが、前240年頃にアルテミドロスが手相術についての本を書いたと述べていることが指摘されています。ただし今日、肝心のアルテミドロスの論は失われています。(Fred Gettings, The Book of the Hand, The Humlyn Publishing, 1970, p. 159, Original edn., 1965)。
　　ちなみに、「スイダス」という著作家は、10世紀末に完成されたギリシャ辞

典の編集者の名とされていましたが、最近の研究では辞典そのものの名称であるとも言われているようです〔『岩波西洋人名辞典 増補版』（岩波書店、2000年）716頁〕。
また、『ブリタニカ百科事典』には、アレクサンドリアのメランプスが手相術の著者であると述べられていますが、この記述は手相術の歴史家の間ではすでに誤りであると指摘されています。詳しくは、Hardin Craig, The Works of John Metham, Kraus Reprint Co., 1974, p. x x , Original edn., 1906.

6：佐々木宏幹、藤井正雄、山折哲雄、頼富本宏監修、島田裕巳著、前掲書、169頁。
7：Cheiro, Cheiro's Language of the Hand, Kessinger Publishing, no data, Original edn., 1897.
8：Hardin Craig, ibid., p. x x i .
9：Johnny Fincham, Palmistry, "http://www.johnnyfincham.com/history/aristotle.htm".
10：プリニウス（中野定雄、中野里美、中野美代訳）『プリニウスの博物誌Ⅰ』（雄山閣、2001年）529頁。
11：プリニウス、前掲書、529頁。
12：Hardin Craig, ibid., p. x x i v .
13：Auguste Bouché-Leclercq, Histoire de la divination dans l'antiquite, Jérôme millon, 2003, Original edn.,1882.
14：Andrew Fitzherbert, The Palmist's Companion : A History and Biography of Palmistry, The Scarecrow Press, Inc., 1992, p. 62.
15：手相術を示唆したものとして、なかでも特に「ヨブ記」のなかの句が引き合いにだされています。しかし、本文でも述べたように、その句を手相術に関する記述であるとみなすには、もともとヘブライ語の句をどう解釈するかという翻訳上の問題を巡る議論があります。
　ちなみに、日本聖書協会による新共同訳では次のような日本語に訳されています。

　　人の手の業をすべて封じ込め
　　すべての人間に御業を認めさせられる

　　翻訳上の問題ということについて詳しくは、たとえばEdward Heron Allen, ibid., pp. 55-58, 及びEdward D. Campbell, The Encyclopedia of Palmistry, A Perigee Book, 1996, pp. 2-3.
16：ただし、『聖書』の時代とは言わないまでも、非常に古くからユダヤ教のなかで手相術がおこなわれていたことも指摘されています。詳しくは257～258頁で述べています。
17：Julius Spier, The Hand of Children, Sagar Publication, 1983, p. 58, Original edn., 1944.
18：ちなみに前述の『日本占法大全書』（168-169頁）でも、「手相占いについて言及したもっとも古い文献は、紀元前15世紀のインドの『ヴェーダ』で、そこには手の神秘性を謳った記述が見られる」となっています。
19：Fred Gettings, ibid., p. 160.
20：D・チャットーパーディヤーヤ（佐藤任訳）『古代インドの科学と社会　古典医学を中心に』（同朋舎、1985年）232頁。
21：（田辺繁子訳）『マヌの法典』（岩波文庫、1966年）173頁。なお引用の際に、もともとの訳文の古い日本語表記を現代の一般的な表記に改めました。
22：下記の引用は、ヴァラーハミヒラ（矢野道雄、杉田瑞枝訳注）『占術大集成2』（平凡社、1995年）25-27頁。
23：V. A. K. Ayer, Sariraka Sastra : Indian Science of Palmistry（The Kartikeyan System）Taraporevala, 1965, Original edn., 1945.
　ちなみに、「カールティケーヤ」と言うのは、南インドで崇拝されていた戦いの神です。カールティケーヤン・システムというのは、伝説ではその戦いの神カールティケーヤによって作られたと考えられていたことからその名前がつけられているようです。
24：V. A. K. Ayer, ibid., p. 43.

25：V. A. K. Ayer, ibid., p. 37.
26：Andrew Fitzherbert, ibid., p. 57.
27：Johnny Fincham, ibid., "http：//www.johnnyfincham.com/history/aristotle.htm".
　　また、インドではそもそも現代の西洋手相術で言うところのハート・ラインは、「ライフ・ライン」という意味を持つ「アユゥ・レクハ」と呼ばれていたようです。インドの手相術におけるラインの名称については、Sen, Hast Samudrika Shastra：The Science of Hand Reading Simplified, Taraporevala, 1996, p. xⅲ, Original edn.,1960.
28：Andrew Fitzherbert, ibid., p. 61.
29：Andrew Fitzherbert, ibid., p. 61.
30：以下のハルスピーシーについての説明は、O. R. Gurney, "The Babylonians and Hittites," in Michael Loewe and Carmen Blacker, Oracles and Divination, Shambala, 1981〔翻訳、M・ローウェ、C・ブラッカー（島田裕巳ほか訳）『占いと神託』（海鳴社、1984年）所収〕を参照しました。
31：O. R. Gurney, ibid. から引用。

II 12世紀から15世紀にかけての手相術
――ヨーロッパにおける手相術のはじまり

the Opening of European Palmistry

■ 中世ヨーロッパにおける手相術の出現

　断片的な言及のみしか見つけることのできないゆえに、おおまかで漠然とした推測から出ることを許されなかった古代とは異なり、中世ヨーロッパにおける手相術は、当時のその姿がどのようなものであったかを、ある程度はっきりうかがい知ることが可能となります。

　今日、ヨーロッパの手相術の現存するもっとも古い文書として知られているのは、12世紀後半、ないしは13世紀初頭の頃のものです。研究家たちによるこれまでの詳細な調査からは、それ以前のヨーロッパにおいて手相術の解釈を記した文書は、まったく見つかっていません[32]。すなわちギリシャ・ローマの後、ヨーロッパでの手相術の確かな記録を見つけるまでに、ざっと1000年以上が経過しているわけです。

　それにしても何故12世紀後半という時代から、手相術に関する文書が突然登場しはじめるのでしょう。いったいこのことは、何を意味しているのでしょうか。

　この問いに対する答えを求めるべく、まずはヨーロッパに手相術が出現したその時代背景から見ていくとしましょう。

12世紀から15世紀にかけての手相術
——ヨーロッパにおける手相術のはじまり

■ 12世紀ルネサンス

　中世ヨーロッパの「ルネサンス」。その言葉から一般的にすぐ思い浮かぶのは、おそらくミケランジェロ、レオナルド・ダ・ヴィンチ、ラファエロなどをはじめとする偉大な芸術家たちが活躍した時代、すなわち14世紀から16世紀のイタリアにおける古代ギリシャ・ローマをはじめとする古典古代の学芸を復興した時代のことでしょうか。

　しかしながら、ヨーロッパにおいてルネサンスと呼ぶべき動きが起こったのは、何も14世紀から16世紀のいわゆる「イタリア・ルネサンス」だけのことではありません。そもそも「ルネサンス」と言うのは「再生」という意味です。その「再生」という意味で言えば、イタリア・ルネサンス以前にも、ヨーロッパのルネサンスはたびたび起こっています。

　早くは8世紀後半から9世紀にかけて起こったフランク王国の「カロリング朝ルネサンス」。さらに西ヨーロッパにおける「12世紀ルネサンス」。前述のイタリア・ルネサンスは、その後にやってきたいわば第三の波のようなものです。

　さて、ここで本書の主題と関係する肝心の時代というのは、カロリング朝ルネサンスとイタリア・ルネサンスに挟まれた中間に位置する12世紀ルネサンスです。

　それにしても12世紀ルネサンスとは、いったいどのようなものだったのでしょうか。

　まず、ほかのふたつのルネサンスと比べてみると、12世紀ルネサンスにはひとつきわだった特徴があると言われています。それはその運動が、科学、哲学、法学、医学などの多方面に渡る学

問の分野のめざましい復興という点において、非常に「知的」なものだったということです。また、そういった復興の中心にあったのは、アラビアというヨーロッパの外部からやってくる学問の積極的な受容と摂取があったことも忘れてはならない重要な点です[33]。

　実はわたしたちの手相術の歴史にとって、見逃すことのできないその背景となる状況がここにあります。すなわち、突如12世紀後半のヨーロッパに手相術が出現したその理由とは、まさしくこの「アラビアからの学問の流入」という12世紀ルネサンスと何らかのかかわりを持っているのではないかということです。

　このことを考えるために、もう少し12世紀という時代がどのようなものであったのかについて、確かめていきましょう。

■アラビアからヨーロッパへ

　12世紀の大きな出来事としてひとつ浮かび上がるのは、西ヨーロッパのキリスト教諸国が、イスラム教諸国から聖地エルサレムを奪還することを目的としておこなわれた十字軍による遠征でしょう。1096年から約200年間に渡ってたびたびおこなわれた十字軍の遠征は、東西の交通や運輸などの発達をおおいに促進したと言われています。

　しかしながら、そもそも十字軍の行動は、宗教的征服を主目的としたもので、決して文化的志向を強く持っていたわけではありません。従って、彼らは本質的に12世紀ルネサンスにおける知的回復運動とは何ら関係を持っていなかったと見なされています。

　12世紀ルネサンスは、十字軍によるイスラム世界への軍事征服の喧騒とは別のところで起こりました。実際のその運動の主な担い手たちは、当時の西ヨーロッパの知的後進性を自ら認め、非常に高いレベルにあったアラビアの諸学問を積極的に吸収しようとした人たちでした。彼らはアラビア文化との接点となっていた地域へ積極的に赴きアラビア語を学び、後の西ヨーロッパの発展になくてはならない貢献をすることになる多くの学術文献を翻訳し研究しました。すなわち、真に12世紀ルネサンスをもたらしたのは、アラビアという異国の先進文化を消化・吸収しようとする、一部の西ヨーロッパの先駆的な人々の知的情熱と地道な努力によるものだったのです。

　しかしながら、何故アラビアには当時の西ヨーロッパとは比較にならないほど、優れた学問が繁栄していたのでしょう。

　その理由は、そもそも古代ギリシャで成熟したすぐれた学問が、395年の東西ローマの分裂後、東ローマ帝国、すなわちコンスタンティノーブルを中心とするビザンティン文明圏のほうへと引き継がれていったことによります。

その後、5世紀から7世紀頃にかけてギリシャの学問はシリア語に訳され、ビザンティン文明圏からシリア文明圏へと移されていきます。そしてさらに今度はシリア文明圏にあったギリシャの学問がアラビア語訳され、文字どおりのアラビア文明圏へと移っていくことになります。特に8世紀から9世紀にかけては、シリア語を介さずにギリシャ語の文献が直接アラビア語訳されます。こうした流れを経てアラビアは、古代ギリシャの学問の後継者となっていったのです。

　一方の西側の世界においては、12世紀以前、ギリシャの学問的遺産をほとんど継承されることがありませんでした。そもそもまず西ローマ帝国自体、ギリシャの学術の受容はごくわずかなものでした。というのも、土木工事や軍事技術に優れた才能を発揮したローマ人は、どうやらそういった実用にかかわらない理論的な科学には、ほとんど関心を払わなかったようです。従って西ローマ帝国に入らなかったギリシャの学問は、当然その後の西ヨーロッパへと伝わることはなかったわけです。

　驚くべきことに12世紀ルネサンスが起こるまでの間、西ヨーロッパでは、ユークリッド、アルキメデス、プトレマイオス、ヒポクラテス、ガレノスといった有名なギリシャの学者たちの書物ですら、ほとんど知られていませんでした。あのアリストテレスでさえ、その主要な著作のほんのごく一部を除いて、伝わっていなかったのです。

　さて、こういった歴史的な事情から考え合わせると、この時代にヨーロッパに手相術が登場したのは単なる偶然ではなく、おそらく12世紀ルネサンスというアラビアからの学問の大きな流入が背景としてあったのではないかと考えられます。

　アラビアからヨーロッパへ。はたしてヨーロッパにおける手相術は、そういった12世紀の知的潮流のなかではじまったものなのでしょうか。

■**アラビアの手相術**

　12世紀に手相術がアラビアからヨーロッパへともたらされた。その可能性については、これまで見てきた時代状況から、おおいにあり得ることのように思われます。しかしながら、いざその詳細となると、あまり確かなことが分かっているわけではありません。
　まず、そもそも12世紀後半にヨーロッパで出現する以前のアラビアにおける手相術がどのようなものであったのか、いまだ非常に乏しい記録しか確認されていないため、ほとんど具体的なことをうかがい知ることができません。
　アラビアの占いを詳細に研究している現代の研究家T・ファハドによれば、まずごく初期のものとして、イスラム教の創始者ムハンマドと同時代を生きた6世紀のマイムーン・カイス・アル・アサというキリスト教徒の詩句のなかで、手相術の実践を示唆する記述が見られるとのことです[34]。その後9世紀から、ギリシャ語からの翻訳と思われるものがひとつ。そのほかには、バチカン、イスタンブール、ベイルートの図書館に、それぞれ手相術に関するアラビア語の写本が所蔵されています。ただし、これらはいずれもはっきりとした年代は分かっていません[35]。
　一方で肝心のヨーロッパの文献においてはどうでしょう。アラビアから手相術が入ってきたことを示す記録は見つかっているのでしょうか。

■アラビア語からラテン語へと翻訳された手相術

　ヨーロッパにおけるアラビア起源の手相術の文献として知られているのは、パリ国立図書館に所蔵されている写本（Nouv. acq. lat 693）があります。これはもともとギリシャ語で書かれたアラビアの手相術を、バースのアデラード（1116-1142活躍）がラテン語訳したものとされています[36]。

　ちなみにバースのアデラードという人は、アラビア語からラテン語へとたくさんの学術文献を翻訳し、まさしく12世紀ルネサンスの知的回復運動の先頭に立った人物です。なかでもアデラードの翻訳した数学書、ユークリッドの『原論』全15巻は、後のヨーロッパの学術に大きな転換をもたらすことになったと言われています[37]。また、彼は9世紀のアラビアの天文学者アブ・マーシャルの占星術書である『小天文学入門』を翻訳しています。これはアラビアの占星術の概要を、ヨーロッパに知らせることになった重要な仕事でもあります。

　ところで、もしこの手相術の翻訳がアデラードによるものだとすれば、彼の活躍した時期から推定して、その年代は12世紀前半だということになります。しかも、その12世紀前半という日付が確かなものだとすると、これは現存するもっとも古いヨーロッパの手相術の文献であることを意味します。

　しかしながら研究家たちからは、この翻訳をアデラードに帰することに対して疑問が投じられています。たとえば、中世の手相術の写本を詳細に調査した現代の研究家チャールズ・バーネットによれば、まずアデラードのほかの仕事では、ギリシャ語からラテン語へといった翻訳はおこなわれていないこと。その記述のスタイルが明らかに異なること。さらには『自然の諸問題』というアデラード自身の著作のなかで、ふぞろいな指や手のひらがくぼんでいることについて触れている一方で、肝心のラインについて

の言及はまったく見られないこと。こういったことからバーネットは、この翻訳をアデラードがおこなったということについて否定的な結論をくだしています[38]。

また、アデラードとは別に、アラビアから手相術をもたらしたのではないかと目されている人物としてヨハネス・ヒスパヌス（1140頃-?）がいます。

ヒスパヌスは現在のスペインの北東の端にあるカタロニアで活躍し、アラビアの有名な数学者アル＝フワーリズミーの『数の乗法と除法の書』やアブ・マーシャルの『大天文学入門』を翻訳しています[39]。ちなみに、前述のバースのアデラードによって翻訳された『小天文学入門』は、いわばこの『大天文学入門』の縮約版にあたります。また、そもそもカタロニアという場所も、まさしく中世におけるアラビアとヨーロッパの接点となる重要な場所であり、本格的な12世紀ルネサンスが訪れるより前の10世紀の中頃から、すでにアラビア語の学術文献のラテン語訳がおこなわれていたことが分かっています[40]。

さて、ヒスパヌスによる手相術ですが、オーストリアのクラーゲンフルト図書館とスイスのベルン図書館にそれぞれ所蔵されている写本（Bischoflische Bibliothek XXX. d. 4、及びBurgerb. 353）があります。これらの現存している写本は、ヒスパヌスの生きていた当時である12世紀のものではなく15世紀のものです。ただし、前者のクラーゲンフルト図書館の写本のほうでは、そのあとがきに「ヨハネス・ヒスパヌス（1140頃-?）によってアラビア語からラテン語へと翻訳されたアリストテレスとアヴェロエスの手の占い」であると記されています（アリストテレスはすでに述べたように古代ギリシャを代表する哲学者です。一方のアヴェロエス(1126-1198)は、イスラムの最も有名な哲学者です。彼の代表作の『アリストテレス注釈』はラテン語訳され、中世のヨーロッパにアリストテレス主義を導入する大きな役割を担いました）。

しかしながら「アリストテレスとアヴェロエスの手の占いの翻訳」云々というくだりは、バーネットの意見によれば、これは12世紀半ば頃にヒスパヌスによってアラビア語からラテン語へと翻訳された、偽アリストテレスの『秘密の秘密（De Secreta Secretorum）』[41]という著書の序文の記述を改めて複写したものに過ぎません[42]。この『秘密の秘密』はアリストテレスによって実際に書かれたものではなく、アリストテレスの名を著者名に冠した、いわば偽作です。従って、クラーゲンフルト図書館の手相術の写本が、実際にアリストテレスとアヴェロエスに由来するものだという保証はまったくありません。

ところで、すでにⅠ章の「古代の手相術」のところで「アリストテレスがエジプトからアラビアの書を持ち帰り……そしてヒスパヌスによってラテン語訳された」的な物語が、今日の手相術の本のなかで流布しているということについて述べました。

この伝説は、おそらくこの偽アリストテレスの『秘密の秘密』からはじまったものと思われます。というのも、ヒスパヌスは序文のなかで、『秘密の秘密』はヘルメスの神殿に捧げられていた黄金の文字で記された書物であり、エジプトからアリストテレスが持ち帰った書物であると述べているからです[43]。

また、20世紀の科学史家リン・ソーンダイクの意見では、そもそもクラーゲンフルト図書館所蔵の写本自体、本当にヒスパヌスによる翻訳なのかどうか疑問だとされています[44]。また、その内容自体も、前述のアデラードに帰されている写本のなかで見つかる記述と重なる部分が多々あります。

これらアデラード、及びヒスパヌスに帰されているもの以外では、ベルリン図書館に所蔵されているアラビアの手相術についてのいくつかの写本（Ms Ahlwardt 4255-8）があります。しかしこれらは、バーネットによってヨーロッパにおける手相術と内容的にほとんどつながりを見つけることはできないと指摘されていま

す[45]。

　さてここで、いったん話をまとめておきましょう。

　12世紀はアラビア語のテキストをラテン語に翻訳することで、非常に多くの学問が流入してきた時代でした。そして今見てきたように、アラビア語から翻訳されたとみなされるラテン語で書かれた手相術の写本が、ごくわずかではありますがヨーロッパには存在します。

　そのほかにも、先ほど述べたようにアブ・マーシャルの『大天文学入門』、及び『小天文学入門』、さらにはプトレマイオスの『テトラビロス』などほかにも数多くの占星術書が、アラビアから入ってきています。

　それに加えて、トゥールのベルナルドゥス・シルウェストリスによるものとみなされている『エクスペリメンタリウス』と題されたさまざまな異教的な占術のアンソロジーとも言うべき書物もこの時代には登場します[46]。こういった状況のなかで、手相術がアラビアから入ってきたと見るのは、きわめて自然のことのように思われます。

　とはいえ、アラビアからヨーロッパへの手相術の流入に関しては、まだ完全にはっきりと分かっていないことが残されているのが現状です。特に、12世紀以前のアラビアの手相術の文献についての精密な調査が、今後の更なる研究課題としてあげられるでしょう。

　では次に、ヨーロッパにおける現存する最も初期の手相術に関しての記録をざっと確認してみたいと思います。

■ヨーロッパにおける最も初期の手相術への言及

　そもそも「手の占い」を意味する chiromantia もしくは chiromanticus というラテン語は、1160年頃より以前には、およそヨーロッパにおけるどんなテキストのなかでもまったく使われていませんでした。
　これらの語が用いられた最も初期の例としては、まずセゴビアの副司教であったドミンゴ・グンディサルボ（12世紀の第2・4半期に活躍）によって1160年頃に書かれた『哲学の区分（De Divisione Philosophiae）』が知られています [47]。
　グンディサルボは、そのなかでその時代に知られていた占いのいくつかの形態について論じていますが、占星術は占いのもっとも高貴な形態であると説明している一方で、「手の占い（ciromancia）」は下位の占いのメソッドのリストとして述べられています。
　ちなみに、グンディサルボの活躍した地は、12世紀ルネサンスの中心地のひとつであるトレードでした [48]。スペイン中央部に位置するその地は、8世紀にイスラム勢力に征服され、後ウマイヤ朝（756年-1031年）において大いに繁栄しました。しかしその後、1085年にカスティーリャ王国のアルフォンス6世の再征服により西側に帰することになりました。それ以来、トレードはヨーロッパにおけるアラビア文化吸収の重要な拠点となっていきました。特に、12世紀前半に新たに大司教になったライムンドゥス1世（在位1126-1151）は、アラビア文献を翻訳する学校を創設しましたが、そこでグンディサルボはその監督をゆだねられ、アラビアの一級の学者たちの著作を数多く翻訳しています。
　グンディサルボが、手相術をどこで知ったのかは明らかではありません。しかしながら、グンディサルボはトレードのようなアラビア文化摂取の活発な地で翻訳活動をおこなっていたわけです

から、その流れのなかで手相術に触れることができたということは可能性としてあり得なくはないでしょう。

さらに「手の占い」を意味するラテン語が登場する同時期のものとして、フランスの中部に位置するシャルトルで活躍したソールズベリーのジョン（1115-1180）の『ポリクラティクス（Policraticus）』（1159）があります。ソールズベリーのジョンはもともとイギリス人ですが、パリからシャルトルに移ってきた後、当地の司教にまでなった人物です。

ソールズベリーのジョンは、『ポリクラティクス』のなかで「手の占い（chiromantici）は、手の精査からものごとの隠された局面を予示するものである」と述べ、「しかし、これを信じるための根拠は明らかではないゆえ、それに反論するための必要はない」といった手相術に関しての否定的な見解をしています。さらにそれだけでなく、イングランド王ヘンリー２世（在位1154-1189）に大法官として仕えていたトマス・ベケットが、手相術師に相談したことについても批判を残しています[49]。

ところで、この『ポリクラティクス』の最後の記述は注目に価します。というのも、後にカンタベリーの大司教にもなるトマス・ベケット（在位1162-1170）が登場することから、すでに12世紀半ばの時点で手相術は、ソールズベリーのジョンが活動していたフランスのシャルトルだけでなく、イギリスにおいても広まっていたことが分かります。

さてここまでは、手相術が12世紀半ば以降のヨーロッパで、すでに知られていたことを示唆する記録をふたつ取り上げてきました。では、いよいよ次に当時の手相術がどのようなものであったかを、今日のわたしたちに教えてくれる最も初期の写本を取り上げて見たいと思います。

■教会のなかで書かれた手相術

　12世紀のヨーロッパの手相術がどのようなものだったかを伝えるもっとも初期の記録として知られているのが、『エドウィンの詩編（the Eadwine Psalter)』と呼ばれている写本です[50]。
　ケンブリッジのトリニティ大学に所蔵されているこの写本は、もともと1160年頃、カンタベリーのキリスト教会で書かれたものです。従ってその中身は、宗教的な祭日のカレンダー、詩編、主の祈り、使徒信経などといった大部分が宗教的な事柄に関連しています。
　さて、わたしたちの関心にとって『エドウィンの詩編』の肝心な点は、当時これを筆記した人物によって写本の最後のところに「オノマンシー（onomancy）」と並んで手相術についての解釈が書き加えられているところです。ちなみに「オノマンシー」というのは、事物の名前を数に置き換えておこなう占いのことです。今日では、いわゆる日本でも「数秘術（ヌメロロジー）」と呼ばれて知られている占いのメソッドのなかの一部として知られています[51]。
　ちなみに、『エドウィンの詩編』のなかの手相術についての記述（以下これを「エドウィンの手相術」と呼びます）をコピーしたと思われる写本はいくつか見つかっていて、オックスフォードのボドレイアン・ライブラリー、及びロンドンの大英図書館に所蔵されています[52]。なかでも図1は、ボドレイアン・ライブラリーで Ashmole 399 と分類されている手稿のなかに含まれている見事な両手のイラストです。
　ここで少し「エドウィンの手相術」を具体的に見てみるとしましょう[53]。
　テキストは、3本の主要ライン、すなわちちょうど現代の手相術で言うところのヘッド・ライン、ライフ・ライン、フェイト・

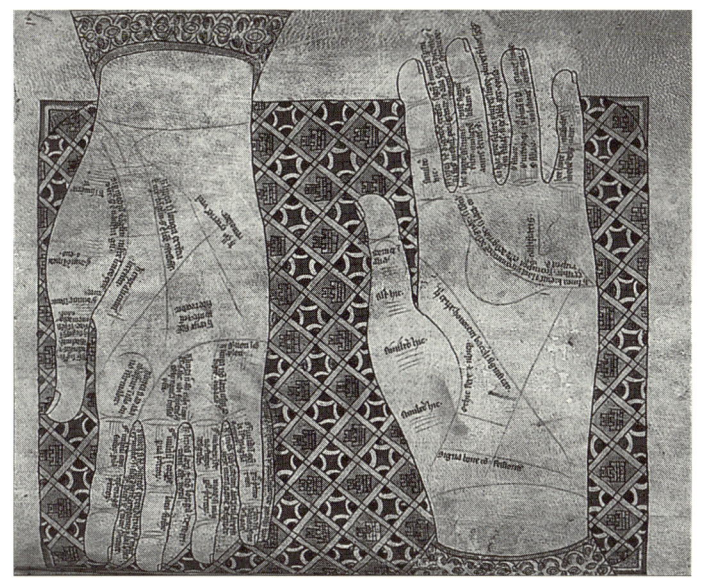

図1 Ashmole 399（出典9）

ラインがトライアングルを形作るという説明からはじまります。奇妙なのは、「エドウィンの手相術」において、主要ラインはあくまで3本であり、今日のハート・ラインが扱われていないという点です。ハート・ラインは、一般的にほとんどの人の手のなかではっきりとした線を刻んでいるはずなので、それだけが主要ラインのなかに含まれていないのは少々不思議な感じがします。

　この点に関して、フレッド・ゲティングスは、「手のなかに4つの主要ラインがあるという事実をあたかも無視しているかのように思われる」この奇妙な態度は、彼らがそれを「すべての人間の手のひらのなかに三位一体の生きているシンボル」として見たからなのではないかと述べています[54]。もちろん、ここで述べている「三位一体」というのは、神を「父と子と精霊」の3つの位格からなるとみなすキリスト教の教義のことです。

　また、具体的な手の解釈としても、キリスト教と関連すること

がわずかに含まれています。

　最初のナチュラル・ラインのふもとあたりに、「C」のようなマークꬉがあるなら、彼は主教になるだろう。

　トライアングルが横になっている◁のは、大聖堂参事会員の聖職禄の印である[55]。

　こういった聖職者たちの関心を引きそうな宗教的な意味が記されているのは、そもそも『エドウィンの詩編』自体が、カンタベリーのキリスト教会で書かれたものであることを考えると、別段不思議な気はしません。
　しかしながら、テキストを全体として見ると、そのほとんどは宗教的な事柄に関することではまったくなく、その内容は圧倒的に世俗的な事柄への関心へと貫かれています。
　なかでも特徴的なのは、現代の占いの本では一般的にはあまり見ることのない、大量の「不運」の列挙があります。
　窃盗。食べ物の欠如による死。戦いの死。水死。火による死。絞首刑。外国での死。監禁における死。頭痛。首、心臓や胸、腕もしくは足の傷。目の喪失。足の喪失。ハンセン病等々。テキストでは、これらの予兆となるそれぞれの特定のラインの形状や印などが、どのようなものであるかが次々と述べられていきます。
　さらにこのほかにも、結婚や出産をはじめとする人生のさまざまな重要な出来事の予兆が記されています。姦通。生まれてくる子どもの性別。血族の数。さらにはある女性が処女であるか、もしくは売春婦であるか。家族内に問題があるか――近親相姦。家族のメンバーを殺す等。男が睾丸のひとつを失うか……。
　このように、「エドウィンの手相術」の手の解釈は、圧倒的に不吉で暗い予兆を示すものが多いのが特徴です。ただし、ポジテ

ィヴな予兆もまったくないわけではありません——たとえば、忠誠心。幸せ。知性。引っ越し。旅行。名誉ある死等々。

　こういった個々の解釈は、どう見ても明らかに全体としてひとつの整合的な体系から来ているものではありません。むしろ、とりとめのない個々の解釈の単なる寄せ集めだと言ったほうがよいでしょう。

　バーネットは「エドウィンの手相術」の記述は、「民間の伝承を書き留めたもの」であり、その情報源は「ほとんど口承のもの」だったのではないかという意見を述べています。その理由としてバーネットは、テキストが決して凝った文字ではなく速記で書かれていること、内容の矛盾や個々の解釈の記述が無秩序に並べられていること、ほかの手相術の文書からの引用などが見られないなどといったいくつかの理由をあげています [56]。

　さらにジョニー・フィンチャムは、先ほど見たテキストのなかに含まれている若干の宗教的な解釈の例については、民間の伝承に対して、聖職者の手により「（テキストが）書かれたその時代につけ加えられたもの」なのではないかと述べています [57]。

　もし「エドウィンの手相術」が、もともと単に民間伝承のようなものだったのだとするなら、先ほど見た12世紀ルネサンスにおけるアラビア経路をあえて想定する必要はなくなるとも言えます。すなわち、この時代のイングランドに関して言えば、手相術は当時の一般の人々に広まっていた素朴な俗信のようなものを収集することからはじまったということになるわけです。

■中世のキリスト教会は手相術を弾圧していたのか？

　ところで、カンタベリーのキリスト教会で書かれた『エドウィンの詩編』のなかに、先ほど見たように世俗的な内容によって占められた手相術の解釈が保存されていたというのは、不思議な気がしないでもありません。
　とはいえ、すでに見たようにソールズベリーのジョンが『ポリクラティクス』のなかで、後のカンタベリー大司教トマス・ベケットが手相術師に相談していたと述べていることも考え合わせると、この時代のイングランドでは少なくとも手相術が、教会から拒絶されていたわけではないことが分かります。
　しかしながら現代の多くの手相術の本では、「手相術は中世のキリスト教会によって弾圧され衰退した」といったことがしばしば述べられているのを目にします。はたして手相術は中世のキリスト教会によって、それほどまでに目の敵にされるものだったのでしょうか。
　実際のところを言うと、まずヨーロッパでの手相術の最も初期の記録が登場する12世紀から13世紀にかけては、教会が公に手相術を弾圧し、そればかりか「禁書」にまでしたといったような記録は見つかっていません。
　逆に、たとえばローマ法王ホノリウス3世に仕え、1224年にはアイルランドの司教にまで任命された（結局辞退しているが）聖職者であったマイケル・スコット（1175頃-1234）は、手相術についての著作『手相術の科学（Chiromantia Scientia）』や『人相術について（De Physiognomia）』、さらにはアラビアのさまざまな占いを要約した『入門の書（Liber introductorius）』、『専門の書（Liber particularis）』といった手稿も残しています。ちなみにスコットは、アル＝ビトルージーの『天文学』、アリストテレスの『動物誌』、『霊魂論』をはじめ、そのほかにもアラビアの錬金

術に関する書物などをラテン語に訳したことでも知られています。また、イタリアのシシリー島のフリードリヒ2世（1194-1250）のもとで、宮廷占星術師としても活躍しています[58]。

　ジョニー・フィンチャムが言うには、当時の非常に有名な神学者アルベルトゥス・マグヌス（1193頃-1280?）、その弟子トマス・アクィナス（1225-1274）らも、そもそも占星術をはじめとする当時の占いに対しては好意的であり、特に手相術については否定的な見解を残してはいないこと[59]。それから、12世紀後半から15世紀終わり頃までの間に、教会内部の文書のなかに含まれる形で書かれた、いくつもの手相術についての手稿が見つかっているということ。そういったことから、「手相術の実践が、その当時の聖職者たちに嫌悪されていたわけではない」という意見を述べています[60]。

　ところで、アルベルトゥス・マグヌスは、現代の手相術の本のなかにおいて、「中世に手相術の本を書いた著者」としてしばしばリストアップされるうちのひとりです。しかしながら実際には、マグヌスの著作のなかからは、手相術に関する言及が見つかっているわけではありません。確かにマグヌスの『動物について』の2章においては、人相術についての記述はあるものの、そこには手に関する記述は含まれていません。また、『神学大全』などのほかの著作のなかで、手を「知性の器官」として賞賛することはあっても、手相術についての言及は見当たりません[61]。

　そもそも同時代の誰よりも博識だったと知られるマグヌスが、人相術について書いているにもかかわらず、手相術についてまったく触れていないということは、その主題が当時の知的サークルのなかで、いまだ重要視されるものでなかったことを意味しているとも考えられます。中世初期の重要な手相術の写本の英訳をおこなったことでも知られている研究家ハーディン・クレイグも、「彼（マグヌス）の沈黙、そして中世のあまりにも多くの科学者

たちの沈黙は、手相術がかなり後の時代に至るまで、目下のところ知られていなかったことを示しているのではないか」と述べています[62]。

　いずれにせよ中世の教会が、占いをはじめとするあらゆる予言の類を禁圧しようとするとき、その理由は概して神学的なものではなく政治的なものでした。すなわち、その予言の内容が世のなかの秩序を乱すような場合など、教会権力にとって好ましからざるときに厳しく断罪されることになるわけです。それに対して、いまだそのポピュラリティーという観点からも大きな広がりを見せていたわけでもなく、その内容的にも社会的な大きな出来事というより、あくまで個人の運命を細々と語る当時の手相術は、教会側にとってあえて強硬な態度を取るほどの危険な術ではなかったはずです。

　こういったことからも「中世のキリスト教会の弾圧によって手相術は衰退した」云々というお話は、少なくともこの時代においては、確かな歴史的事実でないことが分かります。

■ **手相術と医学**

初期の手相術の写本についての話に戻りましょう。

先ほど見た「エドウィンの手相術」のコピーと思われる写本（Ms Ashmole 399）の付属の図１のような両手のイラストは、214頁で触れたバースのアデラードに帰されている手相術の文書にも見られます（図２）。

こういったイラスト（以下、これらのイラストを「ハンド」と呼びます）には、手のひらのなかに解釈が直接書き込まれていますが、その記述の大部分は本文とは独立した内容となっています[63]。そこでは右手が男性、左手は女性というように、男女によって読むべき手を分けて記述されています。これはその後の手相術の伝統的なメソッドのひとつとなっていくものです。

ところでMs Ashmole 399は、実はもともと医学のテキストの

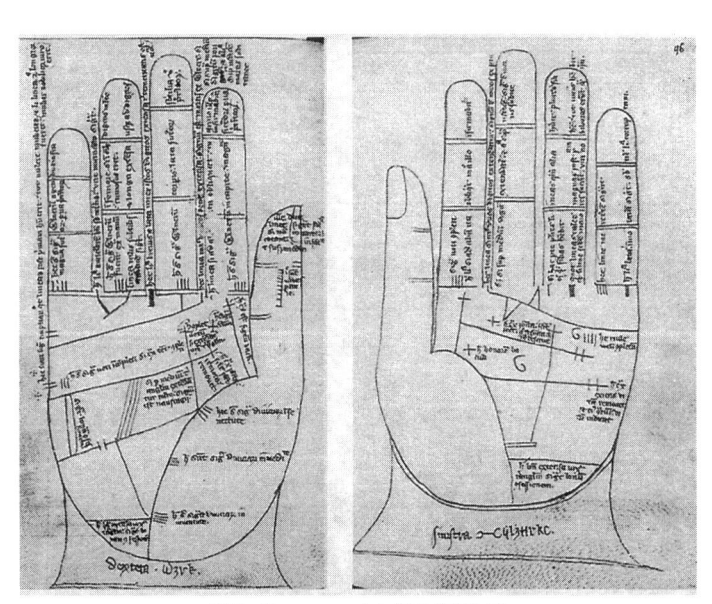

図2 Nouv. acq. lat 693（出典3）

なかに含まれていたという点で注目に価します。全体の内容としては、性的器官を含む体のいくつかの部分の解剖学的な記述、子宮のなかの胎児の発達、尿のサンプルの診断といったことなどが図解されています[64]。

ジョニー・フィンチャムは、このように手相術が医学のテキストのなかに含まれているのは、「この時代における医学的な診断」として手相術が受け入れられていたことを意味しているのではないか。また同時に、手相術が「教育を受けた人間のあらゆるタイプによって価値ある研究の主題」としてみなされるようになっていったことを示しているのではないかと意見を述べています[65]。

少なくとも前述の Ms Ashmole 399 の例から、手相術についての知識が医学的診断のなかに置かれていた場合もあることは分かりますが、「教育を受けた人間のあらゆるタイプによって価値ある研究の主題」とみなされていたという意見は、少々言い過ぎに思われます。

ここで初期の手相術についてもう少し詳しく知るために、「エドウィンの手相術」とはタイプの異なる写本にも注目してみましょう。

■初期のさまざまな手相術の写本

「エドウィンの手相術」以外に、初期の手相術の写本として知られているのは、214頁で見たバースのアデラードに帰されているもの、さらに大英図書館所蔵の Sloane 323 と分類されている写本があります。

特に、後者の大英図書館所蔵の Sloane 323 に関しては、非常に奇妙なマークについての解釈が列挙されているという点で目を引きます。いくつか例をあげてみましょう[66]。

♂　このマークは彼の両親の富のサインである。そして彼は賢者となるであろう。

♏　これは孤児のサインである。

♐　このマークは泥棒を意味する。

　この写本のなかには、このような得体の知れないマークに対する解釈が20種類ほど記されています。ただし、それぞれのマークが何故そのような意味になるのかということに関しては、残念ながら解読不能です。また、こういったあまりにも奇妙なマークとその解釈は、後の手相術の伝統に対して、ほとんど直接引き継がれてはいません。

　この大英図書館所蔵のSloane 323を除く、前述の「エドウィンの手相術」、「アデラードの手相術」、「ハンド」は、いずれも1頁、もしくは2頁ほどの非常に簡潔な記述に過ぎないものの、後の手相術の解釈の伝統を生み出す源泉となっていきました。

　念のため以下に、これまで見てきたもの以外の初期の手相術の写本を、クレイグ、およびバーネットの分類をもとに列挙しておきましょう[67]。

①アリストテレスに帰されている手相術

　これは、そのタイトルどおり、アリストテレスに帰されているタイプの手相術の写本です。ただし、実際にはアリストテレスが書いたものではありません。

　なかでも、最も初期のものとみなされているのは、ボドレイアン・ライブラリーに所蔵されている写本（MS. 177. fol. 41）で、14世紀最後の四半期に書かれたものと推定されています。

　内容的には、「エドゥィンの手相術」、及び「アデラードの手相

術」からのコピーが大部分を占めています [68]。

②セビリアのヨハネスの手相術

　これはすでに見たヨハネス・ヒスパヌスに帰されている写本です（215頁）。内容的には、「アデラードの手相術」、及び「ハンド」のなかの解釈が、整理された形で記述されているものとなっています [69]。

　また以下の写本は、さらにこの「セビリアのヨハネスの手相術」の解釈がもとになって書かれたものと思われます。

③ロデリクス・デ・マイオリクスによる手相術小論

　これは15世紀前半オックスフォード大学で公的なポストにあったロデリクス・デ・マイオリクスによって編纂された手相術の写本です（図3）。これはその後「哲学者ジョン」なる人物による手相術であるとして、いくつかのコピーが出回っています。なかでもオックスフォード大学のオール・ソウルズ・カレッジ所蔵の写本（All Souls Ms 81）は、哲学者ジョンに帰されているこのタイプの手相術の写本として、もっとも包括的な内容となっています [70]。

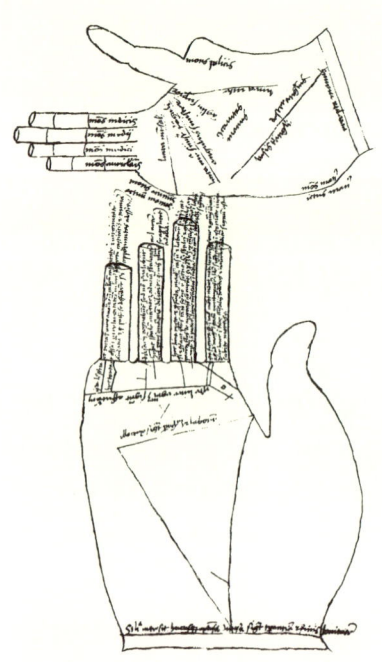

図3　ロデリクス・デ・マイオリクスによって編纂された手相術の写本の中の手のイラスト（出典11）

④手相術の小論

これはオックスフォードのボドレイアン・ライブラリー所蔵の「手相術の小論」と呼ばれるふたつの写本です（Ms Digby Roll IV、及び Ms Digby 88）。

それぞれ 1440 年頃、及び 1450 年頃のものとされています。また、Ms Digby Roll IV は中期英語、Ms Digby 88 は中期英語、及びラテン語で書かれています。

前者の Ms Digby Roll IV は、現存する英語で書かれた最も古い手相術の論だとみなされています（図 4 ）。

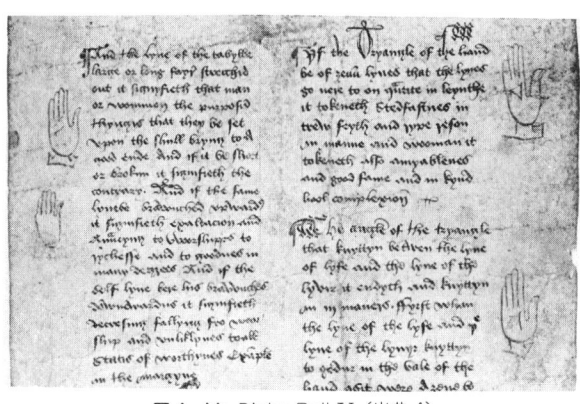

図 4　Ms Digby Roll IV（出典 4 ）

⑤スンマ・カイロマンティア

「スンマ・カイロマンティア（Summa Chiromantia）」は、日本語に訳すと「手相大全」という意味になります[71]。ラテン語で書かれた現存するスンマ・カイロマンティアのなかでも初期のものは、14 世紀終わり頃のものだとみなされています。なかでもオックスフォードのコーパス・クリスティ・カレッジに所蔵されている 15 世紀の写本（MS. Cxc, fol. 55-62）は、当時の著名な占星術師のレジオモンタヌス（1436-76）に帰されています[72]。

また、「スンマ・カイロマンティア」は、1449 年頃にジョン・

メータムという人物によって英語に翻訳されています。現存するジョン・メータムの写本は、プリンストンのギャレット・コレクション、及びオックスフォードのオール・ソウルズ・カレッジにそれぞれ所蔵されています[73]。

ところで「スンマ・カイロマンティア」は、占星術の象徴体系を手相術に応用した現存する最も初期のテキストという意味において、非常に重要なものだと言えます。ただし、その関連づけは、現代の手相術の一般的なものと完全に同じなわけではありません。親指はヴィーナス（金星）、人差し指はジュピター（木星）、中指はサターン（土星）に支配される点は同じですが、薬指はマーキュリー（水星）、小指はマーズ（火星）に関連づけられています。

⑥スンマ・カイロマンティアの増補版

基本的には⑤の「スンマ・カイロマンティア」と同内容ですが、さらに丘に天体が対応させられるなど、より占星術との結びつきが広い範囲で応用されるようになっています[74]。

初期の手相術の写本として今日知られているものを大きくタイプごとに分類すると、以上のような6つの種類として考えることができます。

＊

ここで、これまで見てきたことをもとに、中世ヨーロッパにおける初期の手相術の流れを、時系列として簡単にまとめておきましょう。

まず、ヨーロッパでは12世紀半ばから13世紀にかけて、「エドゥインの手相術」や「アデラードの手相術」をはじめとするラ

テン語の写本が登場するようになります。

14世紀には手相術の写本は増えていきますが、内容的にはほとんど前世紀までのものを引き写したものに留まっています。ただし、14世紀終わり頃の「スンマ・カイロマンティア」においては、占星術の象徴体系が手相術の解釈へと取り入れられていきます。また14世紀後半からは、それまでのラテン語と並んで、Ms Digby Roll Ⅳのような中期英語で書かれた手相術の写本が現れるようになります。

ところで、これまで見てきた手相術に関する文献は、すべて手書きのものであり、印刷されたものではありません。印刷された手相術の本の登場は、次の世紀からはじまります。

この後見ていくように、写本から印刷された書物という形態へと変化していくことで、手相術はより大きなポピュラリティーを獲得していくことになります。

32：この分野におけるこれまでの主要な研究者とその著作については、Charles Burnett, "The Earliest Chiromancy In the West, Journal of the Warburg and Courtauld Institutes, Vol. 50, 1987, p. 189.
33：ここでの12世紀ルネサンスについての説明は、次の文献に全面的に負っています。
　　伊東俊太郎『近代科学の源流』(中央公論社、1978年)。同著者『岩波セミナーブックス42 十二世紀ルネサンス 西欧世界へのアラビア文明の影響』(岩波書店、1993年)。同著者「近代科学の源流」、(掘米庸三、木村尚三郎編)『西欧精神の探求』所収、2001年。C・H・ハスキンズ(別宮貞督、朝倉文一訳)『十二世紀ルネサンス』(みすず書房、1997年)。
34：Toufic Fahd, La divination arabe, sindbad, 1987, pp. 393-395.
35：これらについては、Johnny Fincham, Palmistry., "http://www.johnnyfincham.com/history/arabic.htm".
36：バースのアデラードに帰されている手稿のラテン語原文と英語の対訳は、以下の論文に掲載されています。Charles Burnett, "Chiromancy : Supplement," p. 10-17, in Magic and Divination in the Middle Ages, Ashgate Publishing, 2001.
37：バースのアデラードについては、伊東俊太郎、前掲書『近代科学の源流』、221-223頁、及び同著者、前掲書『十二世紀ルネサンス 西欧世界へのアラビア文明の影響』、66-77頁、及びLynn Thorndike, History of Magic and Experimental Science Volume Ⅱ : The First Thirteen Centuries, Columbia University Press, 1923, pp. 19-43.
38：Charles Burnett, ibid., p. 190, note, 14.
39：Charles Burnett, "The Translating Activity in Medival Spain," p. 1048, in Magic and Divination in the Middle Ages, Ashgate Publishing, 2001.
40：伊東俊太郎『近代科学の源流』、214-228頁、及び同著者『十二世紀ルネサ

ンス　西欧世界へのアラビア文明の影響』、154-157頁。
41： 偽アリストテレスの『秘密の秘密（De Secreta Secretorum）』について詳しくは、Charles Burnett, "The Eadwine Psalter and the Western Tradition of the Onomancy In Pseudo-Aristotle's Secret of Secrets," p. 189, in Magic and Divination in the Middle Ages, Ashgate Publishing, 2001.
42： Charles Burnett, "Chiromancy : Supplement." p. 3.
43： Charles Burnett, "The Eadwine Psalter and the Western Tradition of the Onomancy in Pseudo-Aristotle's Secret of Secrets." p. 147.
44： 詳しくは、Lynn Thorndike, Chiromancy in Mediaeval Latin Manuscripts, Speculum, Vol. 40, No. 4, Oct., 1965, p. 675.
45： Charles Burnett, "the Earliest Chiromancy in the West", p. 189, note 3.
46： Charles Burnett, "What is the Experimentarius of Bernardus Selvestris? A Preliminary Survey of the Material", pp.79-125, in the Magic and Divination in the Middle Ages, Ashgate Publishing, 2001.
47： Charles Burnett, The Earliest Chiromancy in the West, p. 189, note 8.
48： グンディサルボとトレードについては、伊東俊太郎『近代科学の源流』、225-226頁、及び同著者『十二世紀ルネサンス　西欧世界へのアラビア文明の影響』、165-166頁を参照。
49： これらについては、Charles Burnett, ibid., p. 190, note 9 and pp. 191-192.
50： 『エドウィンの詩編』については、Charles Burnett, ibid., p. 190, note 9.
51： 数秘術については、本書と同シリーズの『数秘術の世界』（駒草出版、2006年）をどうぞ参照ください。
52： 詳しくは、Charles Burnett, ibid., p. 190.
53： 『エドウィンの詩編』のなかのカイロマンシーについての記述の全文は、オリジナルのラテン語と英語訳として、次の論文で見ることができます。Charles Burnett, ibid., pp. 192-195.
54： Fred Gettings, The Book of Hand : An Illustrated History of Palmistry, Paul Hamlyn, 1970, p. 163, Original edn., 1965.
55： Charles Burnett, ibid., p. 191.
56： Charles Burnett, ibid., p. 191.
57： Johnny Fincham, ibid., "http://www.johnnyfincham.com/history/eadwine.htm".
58： マイケル・スコットについては、Lynn Thorndike, History of Magic and Experimental Science Volume II, Columbia University Press, 1923, pp. 307-37.
59： Johnny Fincham,ibid., "http://www.johnnyfincham.com/history/aquinas.htm".
60： Johnny Fincham,ibid., "http://www.johnnyfincham.com/history/summa.htm".
61： Hardin Craig, The Works of John Metham, Kraus Reprint Co., 1916, xxⅲ. また、アルベルトゥス・マグヌスと人相術については、Lynn Thorndike, ibid., p. 575.
62： Hardin Craig, ibid., xxⅱ. ただしトマス・アクィナスのほうは、否定的な見解を述べることなく手相術についての言及を残しています。当時の占いや魔術についてのアクィナスの見解について詳しくは、Lynn Thorndike, ibid., pp. 593-615.
63： 両手のイラストのなかに書き込まれた記述のラテン語原文と英訳は、次の論文で見ることができます。Charles Burnett, Chiromancy : Supplement., pp. 18-29.
64： 詳しくは、L. C. Mackinney, A Thirteenth-Century Medical Case History in Miniatures, Speculum, Vol. 35, No2, Apr., 1960, pp.251-259.
65： Johnny Fincham,ibid., "http://www.johnnyfincham.com/history/eadwine.htm".
66： Sloane 323 の全文のオリジナルのラテン語、及びその英訳は、次の論文で見

ることができます。Charles Burnett, ibid., pp. 6-9.
67 : Hardin Craig, ibid., pp. ⅹⅴ-ⅹⅷ, および Charles Burnett, ibid., pp. 2-3.
68 : アリストテレスの手相術については、Charles Burnett, ibid., p. 2; Hardin Craig, ibid., pp. ⅹⅹⅱ ; C. B. Schmitt and D. Knox, Pseudo-Aristoteles Latinus : A Guide to Latin Works Falsely Attributed to Aristotle Before 1500, Warburg Institute University of London, 1985.
69 : Charles Burnett, ibid., pp. 2-3, および C.B. Schmitt and D. Knox, ibid..
70 : Charles Burnett, ibid., p. 3, および Lynn Thorndike, Chiromancy in Mediaeval Latin Manuscripts, p. 683. なお All Souls Ms 81 のラテン語原文は、Ibid., Appendix に掲載されています。
71 : 「スンマ・カイロマンティア」について詳しくは、Hardin. Craig, ibid., p. ⅹⅹⅳ.
72 : ibid., p. ⅹⅹⅳ.
73 : このジョン・メータムの写本の全文は ibid. で見ることができます。
74 : 詳しくは ibid., pp. ⅹⅹⅳ-ⅹⅹⅶ.

III 16世紀から17世紀の手相術——手相術の黄金期

A Golden Age of Palmistry

A Golden Age of Palmistry

■印刷された手相術の本

図5　ヨハネス・ハートリーブ『手相術』の序文頁（出典11）

16世紀から17世紀の手相術──手相術の黄金期

　印刷された手相術の本が現れるようになるのは、ヨーロッパに手相術が登場してから、おおよそ250年後の15世紀後半あたりになってからです。

　現存する最も古いものとして知られているのが、ヨハネス・ハートリーブなる人物によって書かれた『手相術（Die Kunst Chiromantia）』というタイトルの本です。これはもともと1448年頃に手書きで書かれていたものが、1475年にドイツのアウグスブルクで木版印刷の形で再版されたものです[75]。

　図5はハートリーブの『手相術』の序文の頁です。ここで人物の近くにある〇で囲まれたなかに記号のようなものが描かれているのに注目してください。これは手のひらの上に表れる特別なマークとそれにともなって起こる現実の出来事を描いたものです。

　そもそも活字印刷の技術が発達していなかった15世紀以前のヨーロッパでは、書物と言えば、教会の聖職者が羊皮紙に書いた手稿でした。

　また現代で言うところの「紙」が使用されるようになったのは、12世紀以降になってからです。まず11世紀末および12世紀のはじめに、アラビアの紙がシチリアに輸入されます。その後、ヨーロッパでも紙は作られるようになり、12世紀にスペイン、12世紀末にフランス、13世紀末にイタリア、さらには14世紀末にドイツ、スイスにおいて、それぞれ製紙所が誕生しました[76]。こうして紙がヨーロッパ世界で徐々に普及していく流れのなかで、15世紀終わり頃になると、前述のハートリーブのもの以外にも、印刷された手相術の本がいくつか登場するようになります。

　まず1475年に、前述のフリードリッヒ2世に雇われていた占

星術師マイケル・スコット（224頁）の『人相術について（De phisiognomia）』が印刷されます。これはタイトルどおり人相術についての本ですが、そのなかには手の形による人物の気質の診断が含まれています[77]。

また1490年には、ドイツのウルムで前述の「偽アリストテレスの手相術」（216頁）が、『アリストテレスの手相術図解（Cyromancia Aristotelis cum figuris）』と題されて匿名で出版されます[78]。

また、イタリアにも15世紀の終わりになると印刷された手相術の本が登場します。たとえば、1494年にはイタリアの手相術師アンティオコス・ティベルトゥスの『手相術の小冊子（Libellum de chiromantia）』がボローニャで出版されます[79]。このティベルトゥスの本については、後ほど改めて取り上げます。

そしてさらに16世紀に入ってからは、数多くの手相術の本が印刷出版されるとともに、その主題はヨーロッパ各地において非常にポピュラーなものとなっていきます。

その大きな要因となったのは、もちろん紙の普及だけではありません。何と言っても注目すべきは、15世紀半ばから終わりにかけて、ドイツのヨハネス・グーテンベルグ（1397?-1468）によって発明された印刷機械を用いる活版印刷が、ヨーロッパ各地へと普及していったことです。すなわち、紙と印刷技術が広まっていく時代背景のなか、手相術の知識は大量生産される本という形に収められ、広く行き渡るようになっていくわけです。

さてここからは、いよいよ手相術が大きな広がりを見せていくことになる16世紀以降の展開について見ていくこととしましょう。

■**イタリア・ルネサンス期の手相術**

　前節で見たように、15世紀頃までの手相術の写本は作者不詳のものがほとんどでした。しかし16世紀に入る頃からは、著者名がしっかりと記された手相術の本が一般的になっていきます。またその数も急激に量が多くなりヨーロッパ中で手相術の本が出版されるようになっていきます。ではまず、イタリアを中心とした手相術について見ていくとしましょう。

　この時代のイタリアの手相術師として最も有名な人物としては、コクレスという筆名で知られるバルトロメオ・デッラ・ロッカ（1467-1504）がいます（以下コクレスと呼びます）[80]。

　1467年、ボローニャ生まれ。コクレスは手相術師として以外にも、人相術師、土占い師（ジオマンサー）、夢の解釈師としても知られています。伝えられるところによれば、彼は占いによって他人の死の予言を的中させたばかりか、自らの死についてもあらかじめ知っていたというほどの伝説が残っている人物です。

　コクレスの手相術に関する代表作としては、1504年にボローニャで出版されたラテン語の著作、『手相術と人相術の目覚め（アナスタシス）(Chyromantie ac physionomie Anastasis cum approbatione magistri Alexandri de Achillinis)』があります。

　『手相術と人相術の目覚め』は全部で6巻からなります。まず第1巻では人相術の一般的な原理が扱われ、第2巻ではコクレスと彼の弟子の間での対話の形を取りながら、頭からつま先まで人間の体全体を論じたものになっています。さらに第3巻では人相術に対する占星術の天体の関係について述べられています。そして肝心の手相術についての記述が出てくるのは、第4巻から第6巻までです。

　コクレスがふたつの術を一緒の本に収めたのは、彼が手相術を人相術の一部として考えていたことによります。コクレスは、手

相術も人相術どちらも等しく信頼の置けるものとした上で、人相は変化するけれども、手のラインについては生まれたときから以後ずっと変わらないと述べています。このコクレスの意見は、「手相は変わる」と主張する現代の手相術師にとって同意できないことでしょう。

ところでコクレスが、『手相術と人相術の目覚め』という本のなかで、何度も引用している人物にアンドレアス・コーヴァス（1470-?）がいます[81]。コーヴァスはコクレスの本より4年前の1500年に、『手相術の卓越性と素晴らしさ（Excellentissimi et singularisviri in chiromantia）』という本をヴェネツィアで出版しています（図6）。

コクレスにとって、同時代人であり同じく手相術に関する本を書いたコーヴァスはちょうどライバル的存在だったように思われます。コクレスは『手相術と人相術の目覚め』の第6巻のプロローグで、コーヴァスがほかの著者の主張をその名前を挙げることなく使用していると非難しています。

ところでコクレスの本のタイトルにある「目覚め」（アナスタシス）という言葉は、コクレス自身が、長らく埋もれていた手相術と人相術を発掘し光を当て、まさしく「目覚めさせた」ということを強調したものであることを意味しています。また、コクレス

図6　アンドレアス・コーヴァス『手相術の卓越性と素晴らしさ』より（出典17）

は自分の本が以前のどの著作よりも優れていると主張するほどの自信家でした。そして自分の本の卓越性の理由として、ヘルメス、アリストテレス、アルベルトゥス等の権威とされていた古代および中世の人物たちは、自分と同じくらい個々の事例の豊富な観察者ではなかった、とコクレスは述べています。

　実際にコクレスの野心を反映し、『手相術と人相術の目覚め』は版を何度も重ね、非常に大きな成功を収めることになります。また、『手相術と人相術の概略（Physionomiae et chiromantiae Compendium）』というタイトルに改められたヴァージョンは、1525年にはヴェネツィアでイタリア語、1530年と1537年にストラスブールでドイツ語、1550年にパリでフランス語へといった具合に、続々と翻訳されていっています。

　ただしこの『手相術と人相術の概略』は、コクレスの『手相術と人相術の目覚め』のタイトルを単に変えただけのものではなく、その内容を簡略化したものになっています。しかも皮肉なことにも、実は手相術のところは、コクレスの著作からではなくライバルとも言うべきコーヴァスの『手相術の卓越性と素晴らしさ』の縮約版となっています。

　同じ時代、コクレスの影響を受けて手相術についての本を書いた人物として、パトリシオ・トリカッソ（1491-？）がいます[82]。彼は1525年にヴェネツィアでコクレスの『手相術と人相術の目覚め』のなかの手相術の項目、すなわち4巻から6巻を、簡略化し注釈の加えられたヴァージョンとして出版します。また、トリカッソは『手相術概略（Epitoma chyromantico）』（1538）をはじめ、自らも手相術の本もいくつか残しています。

　また、コクレスやコーヴァスより、わずかに先に出版された手相術の本としては、1494年にボローニャで出版されたアンティオコス・ティベルトゥスの『手相術の小冊子（Libellum de chiromantia）』があります[83]。

『手相術の小冊子』のなかで注目すべきなのは、手のひらのいくつかの部分に対して天体だけではなく、黄道12宮を対応させているところです。また、手の上に表れるアルファベットの形を、天体やサインによって支配されているものとみなして解釈をしています。さらにティベルトゥスは、人差し指を「火」、中指を「空気」、薬指を「水」、小指を「地」というように、それぞれの指がエレメンツによって支配されていると定義しています。これらはティベルトゥス以前の手相術の文献には見られなかったものです。

　ティベルトゥスによる手の丘への天体の割り当ては、今日一般的に知られているものとは大きく異なり、小指の下の丘は「ヴィーナス（金星）」、親指のつけ根の丘は「マーズ（火星）」、手の中央には「マーキュリー（水星）」が対応させられています[84]。

　このようなティベルトゥスによる手と占星術のシンボルの対応の仕方は、決してその後の手相術の伝統へつながってはいきませんでした。一方で、コーヴァス、コクレス、トリカッソらの著書では、すでに現代の手相術のなかで一般的になっている指や丘に対する天体の配属のパターンが使用されています。

■**手相術と解剖学**

　ところで、この時代のヨーロッパでは、解剖学者たちが手相術にいくばくかの関心を示していたことも確かです。

　なかでもたとえば、顎下腺管の記述など今日にも残る解剖学的発見をしたことで知られているパドア大学やボローニャ大学で教鞭をとっていたアレッサンドロ・アキリーニ（1463-1512）（図7）は、前述のコクレスの『手相術と人相術の目覚め（アナスタシス）』のなかに、その仕事を讃える内容の序文を寄せています[85]。

　さらにアキリーニは、『手相術と人相学の原理（De Principiis Chyromantiae et Physiognomiae）』という本を1503年にボローニャで出版しています。この本は神学的な主題、代数学やユークリッド幾何学、そして手相術と人相術というように、3つの別々の論から構成されています。肝心の手相術の内容に関して言えば、コクレスの『手相術と人相術の目覚め』の内容を、ほぼ引き写したものに留まっています。

　ただし念のために言っておくと、この時代の解剖学者の大多数が、手相術に興味を持っていたというわけではありません。というのも、手相術について書き記している解剖学者は、アキリーニのほか、ドイツのマールブルクのヨハネス・ドライアンダー（？-1560）など数少ない例しか見つかりません[86]。逆に、アンドレアス・ヴェサリウス（1514-64）をはじめとする、この時代のほかの有名な解剖

図7　アレッサンドロ・アキリーニ（出典18）

学者の大部分は、手相術についての本を書き残しているわけではありません[87]。

16世紀イタリアにおける手相術の広まりは、たったいま見てきたティベルトゥス、コーヴァス、コクレスらの著書の相次ぐ出版によってはじまりました。そして彼らの手相術は、これから見ていくほかのヨーロッパの国々の手相術師に大きな影響を与えることになります。

イタリアに引き続き、手相術に関する本が出版されるようになるのは、地理的にすぐ隣に位置するドイツです。16世紀のドイツの手相術は、イタリアの影響を受けながらも、さらに占星術と手相術の関係を密接なものにしていきます。

次に16世紀ドイツの手相術について見ていきましょう。

■ドイツにおける占星術的手相術のはじまり

16世紀のドイツで最も大きな影響力のある手相術の本を残した人物は、ヨハン・インダギネです（図8）。出生年も含めインダギネについての詳しいことは分かっていませんが、生涯の多くをシュタインハイムの町で司祭として過ごしたようです[88]。

1522年、インダギネは『アポテレスマティカエ序論（Introductiones Apotelesmaticae）』をストラスブールで出版します（図9）。

図8　ヨハン・インダギネ（出典12）

インダギネは手相術と人相術を占星術と結びつけることに熱心でした。この本のなかでインダギネは人間の完全な理解を得たいなら、手相術、人相術、占星術これら３つの術を一緒に使うべきだと述べています。

　ところでインダギネの本のなかの第２章のラインの説明のところには、なかなか印象深い記述が見られます。インダギネが言うには、ライフ・ライン上に円がひとつ、もしくはふたつあるのは、片目、もしくは両目を失明することを意味すると述べています。実際にそのマークがあるインダギネ自身、ある冬の日に炎で左目を焼かれて失明したと自ら述懐しています。

　ほかにもラインの説明として注目すべきは、ヘッド・ラインとハート・ラインがつながっている場合、「その人は頭を失うか、

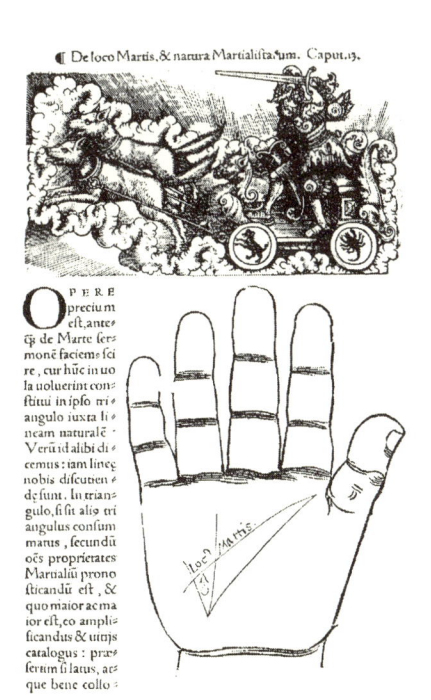

図9　ヨハン・インダギネ『アポテレスマティカエ序論』より（出典12）

もしくは深刻な傷を受け、過去のことは何も思い出せなくなるだろう」と述べています。このヘッド・ラインとハート・ラインがつながっている場合のラインの形は、第Ⅰ部でも述べているように現代では「シミアン・ライン」と呼ばれているものです。

またインダギネは、イタリアのコーヴァス、コクレス、トリカッソらのように、手のひらに占星術の天体を対応させています。そればかりかインダギネは、手のひらの丘やラインの解釈に対して、占星術のホロスコープとの関連を見つけたり、人相術による観察結果を参照したりなどもおこなっています。

インダギネの後、より手相術と占星術との関連性を緊密なものとしたのが、ヨハネス・ロタマンという人物です[89]。

彼の主著『手相術の理論と実践（Chiromantia theorica practica）』（1595）では、図10にあるように手とホロスコープを実際に照応させ、その相関性が指摘されています。たとえば図10では、誕生チャートにおける星の幸運な配置に対応する形で、手の上の「十字」、「星」、「平行線」、「はしご」、「四角形」、ある

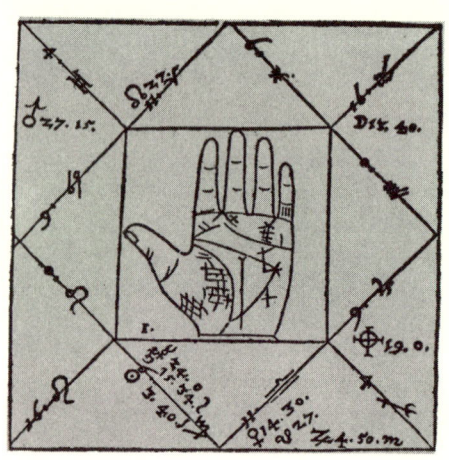

図10　ヨハネス・ロタマン『手相術の理論と実践』より（出典11）

いは「木星に関連するシンボルの印」が表れていることを示しています。また同時に、誕生チャートにおける星の好ましくない配置は、手のほうでは「半円」、「格子」、「土星に関連するシンボル」の印で示されています。実際にロタマンの本では、手と誕生チャートの間の関連性を示すために19人の例が掲載されています。

ところで、現代のオカルト関連の本などでは、中世の有名な錬金術師のひとりとしてその名前が必ず登場するパラケルスス（1492-1541）も、この時代を生きた人でした。パラケルススは、ガレノスやアヴィセンナといった最も権威ある過去の医学者たちを批判し、当時の医学会に何かと物議を醸し出した医者でしたが、同時に占星術や錬金術などに強くひかれていたことでも知られています。そのせいか現代の手相術の本のなかでは、パラケルススは手相術師だったといったようなことが述べられている場合もあります。

たしかにパラケルススは、手や顔や体つき、そして姿勢といった外的な特徴によって、その人の特質を知ることができると考えていたことは事実です。しかしながら、彼は手相術についてのまとまった本を残しているわけではありません。また手相術について言及した際には、人を欺き迷いに導く「偽りの術」と述べ、当時の「火占い」や「水占い」などとともに「信頼の置けない術」として一括りにしています[90]。

ちなみにパラケルススと並んで、この時代のいわば「オカルティスト」として名高いコルネリウス・アグリッパ（1486頃-1535）がいますが、彼もまた現代の手相の本のなかでは、手相術師だったと述べられている場合があります。

今日、彼のオカルティストとして名声を高めている本として、1531年に出版された『オカルト哲学』があります。当時のさまざまなオカルト的な実践が網羅されているこの本のなかでは、手

相術についての言及はありません。たしかに「人体のプロポーションと尺度と調和」と題された章のなかで手についての言及はありますが、それは手相術としての手の解釈について述べているわけではありません [91]。

　一方、1527年の『学問と技芸の不確実さと虚しさについて』のなかでアグリッパは、手相術師としてこれまで本書で見てきたイタリアのコクレス、アンティオコス、コーヴァス、トリカッソ、そしてドイツのインダギネらをリストにあげ、さらに占星術のシンボルの描かれた手のイラストを掲載しながら、手相術を完全に価値のないものと論じています [92]。

　結局のところ、パラケルススにしろ、アグリッパにしろ、彼らが手相術師として活動していたことを示す証拠は何ら見つけることができません。

■ドイツの手相術とアカデミズム

　パラケルスス自身が手相術を実践していなかったにせよ、彼の強い影響を受けた後の医学者や医師のなかで、その主題に関心を示し、手相術についての本を書いた人物が何人かいます。

　たとえば、ルドルフ・ゴクレニウス（1572-1621）は、『手相術論究（Aphorismorum chiromanticorum tractatus）』（1592）をはじめとしていくつかの手相術についての本を残しています。アカデミックな場にも身を置いていたゴクレニウスは、ウィッテンベルク大学、及びマールブルク大学にポストを占めていました[93]。

　ちなみに、ジョニー・フィンチャムは、ゴクレニウス以外にも、手相術に対して好意的な関心を持ち、ときにはその著作を残している何人かの学者たち——ウィッテンベルク大学のヨハン・シュペルリンクやニコラス・ポンペイウスなど——がいることから、この時代のドイツにおいて手相術がアカデミックな環境のなかにおいても受け入れられていたのではないかと述べています[94]。

　さらに時代は完全に17世紀に入りますが、同じくパラケルススから影響を受けた医師ルートヴィヒ・ルッツがフランス語の『医学的手相術（La chiromancie medicinale）』という本を書いています[95]。この本は1679年にラテン語のヴァージョンが、ニュールンベルクでも出版されています。

　この『医学的手相術』には、特に注目すべき点があります。それは手のラインから出来事の時期をいかにして判断するかについてのまとまった記述をした最初のものだという点です。ただし、そのメソッドは第Ⅰ部で紹介したような今日知られているものとはまったく違います。たとえばひとつ例をあげるなら、フェイト・ラインがヘッド・ラインと交わる場所が50歳、そしてハート・ラインと交わる場所が75歳を示すとなっています。

　また手相術がアカデミズムにおいても、いくばくか受け入れら

れていたことを示唆するひとつの例としては、ライプツィヒ大学の哲学の教授だったヨハン・プラエトリウス（1630-1680）が、手相術に大きな関心を寄せていることです[96]。

1659年にドイツのイェーナで出版されたプラエトリウスの『手相術遊戯（Ludicrum chiromanticum）』は、前述のインダギネ、ゴクレニウス、ポンペイウス、さらにはロバート・フラッドなど、16世紀から17世紀前半までの手相術に関する主要な著書を集めて編纂したものです（ロバート・フラッドについては後ほど改めて取り上げます）。

また手相術以外には、人相術、および「メトポスコピー（metoposcopy）」についてのセクションも含まれています。このメトポスコピーという言葉はあまり聞きなれないと思いますが、主に人の額のしわから、その人の性格、気質、運命などを判断する占いのことです（メトポスコピーは、日本語では「観額術」とも訳されています。以下それに従います）。

図11は『手相術遊戯』からの口絵ですが、真ん中の人物の額に天体のマークが描きこまれていますが、ちょうどこれは観額術の解釈が占星術と関連づけられていることを描いたものです。

観額術は、16世紀のイタリアの占星術師、数学者、医者として知られるジロラモ・カルダーノ（1501-1576）のものが有名ですが、彼も『種々の事物について（De varietate rerum）』（1559）のなかで、わずか4頁ほどですが土占（ジオマンシー）などいくつかの占いの方法とともに観額術についての言及を残しています[97]。

さて、ここまで16世紀から17世紀にかけてのイタリアとドイツにおける手相術の展開を見てきました。次に、16世紀から17世紀にかけてのフランスにおける手相術を見ていくとしましょう。

図11　ヨハン・プラエトリウス『手相術遊戯』より（出典22）

■ノストラダムスの時代のフランスの手相術

　16世紀のフランスで最も手相術を詳細に論じた本は、ケルンで1562年に出版されたジャン・テスニ（1509-1559）（図12）の『オプス・マテマティクム（Opus mathematicum）』です[98]。

1300以上もの手の木版画が収められたこの本は、全8巻からなり、手相術、占星術、人相術についての論が含まれています。ただし、その中身の多くは先行者たちの解釈を、お手本にしたものとなっています（図13）。特に手相術についてはコクレス、占星術と人相術についてはインダギネの著作に多くを負っています。

　テスニのこの本でも、手のひらの部位と占星術のシンボルの間の対応が試みられています。なかでも今日でも一般的になっているもので、テスニによって確立されたものとして、親指のつけ根とその反対側のパーカッション（手のひらの外側の縁にあたる側面）それぞれに対するヴィーナス（金星）とルナ（月）の配属があります。これらを含めた『オプス・マテマティクム』のなかの手と占星術のシンボルの対応は、この時代の他の主要な著者にも採用され、スタンダードなものとなっていきます。また図14には、手のひらに今日で言うところの「シミアン・ライン」が描かれていますが、テスニはこれを「殺人者のライン」だと述べています。

　ところで16世紀のフランスと言えば、日本でも有名なノストラダムス（1503-1566）の名を思い出す方もいらっしゃるかもしれません。後世に残る有名な予言集『詩百編』（1555）を書いたノストラダムスは、アンリ2世と王妃カトリーヌ・ド・メディシスの王宮に出入りするなど当時の最も大きな成功をおさめた予言者、あるいは占い師

図12　ジャン・テスニ（出典12）

だと言えるでしょう。

ただし、16世紀のフランスにおいて王宮に出入りしていた占い師はノストラダムスひとりではありません。カトリーヌ・ド・メディシスの取り巻きとして、コジモ・ルッジェーリやルカ・ガウリコなど何人かの占星術師がいました[99]。

当時のさまざまな記録を見ると、フランスだけでなく16世紀から17世紀半ば頃のヨーロッパ各地の宮廷では、占星術をはじめとするさまざまな占いや予言の類がはびこっていたことが分かります。そもそも前述のテスニも、1530年から1550年の間、神聖ローマ帝国皇帝カール5世（在位1519-1556）の教師を務めていた人物です。

時代は17世紀になりますが、手相術を得意とする者のなかで、フランスの王宮とかかわりがある当時の最も有名な人物と言えば、ルイ14世の医師であり相談役を務めたマリーニュ・キュルオ・ド・

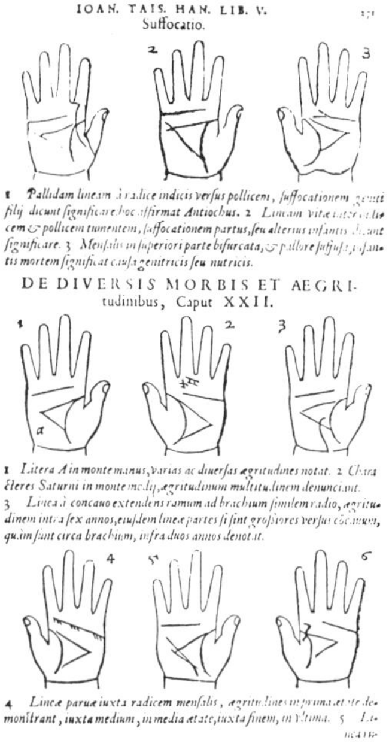

図13　ジャン・テスニ『オプス・マテマティクム』より（出典11）

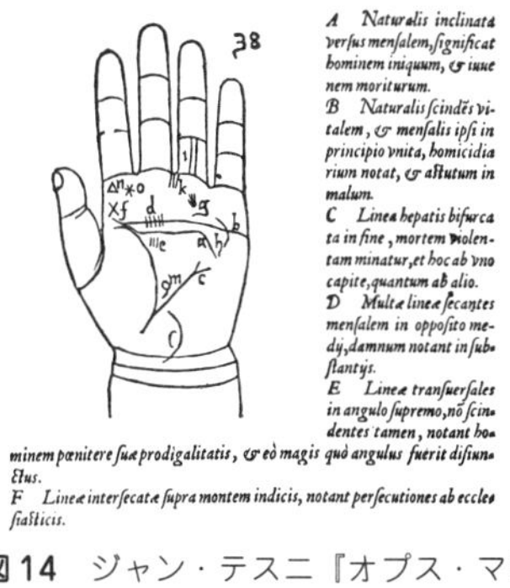

図14　ジャン・テスニ『オプス・マテマティクム』より（出典12）

ラ・シャンブル（1549-1669）がいます[100]。

　ちなみにド・ラ・シャンブルは、アカデミー・フランセーズの初代メンバーのひとりでした。アカデミー・フランセーズは、当時の宰相であるリシュリュー（1586-1642）が1635年に創設した団体で、フランス語の純化と統一を目的とし、辞書と文法書の編纂などをおこないました。定員40名のアカデミーは、詩人、小説家、演劇家、哲学者、医師、科学者、民族学者、批評家、軍人、政治家、聖職者といったさまざまな人々によって構成されていました。このことからも手相術師でもあったド・ラ・シャンブルが、当時社会的に十分敬意を払われる立場にいた人物だったことが分かります。

　1653年にド・ラ・シャンブルは、『手相術の原理について（Discours sur les principes de la chiromancie）』を出版します。これは後の1659年の彼の包括的な著書『人間を知る科学（L'Art de connoistre les hommes）』のなかに含まれることになります。この本は、手相術、人相術、占星術の原理についての広範囲に渡る論述となっています。

　ド・ラ・シャンブルの手相術への主な関心は、その著書のタイトルにもあるように、手の物理的な形態が人間の性質や気質を何故表わしているのか、という文字どおりのその「原理」についてでした。

　また、医師であったド・ラ・シャンブルは、手と体の諸器官が対応していることを論じています。たとえば、人差し指は肝臓、中指は脾臓、薬指は心臓と言ったように。そして、こういったことがいかに占星術との間に関連があるかも指摘しています。すなわち、伝統的に「ジュピター（木星）」が人差し指、「サターン（土星）」が中指、「アポロ（太陽）」が薬指に配属されているのは、それぞれの天体が先ほどの人体の諸器官、肝臓、脾臓、心臓と照応しているからだと言うわけです[101]。

■**カバラと手相術**

ド・ラ・シャンブルと同時代のフランスで、最も大きな成功を収めた手相術師として知られているのはジャン・バプティスト・ブロという人物です（図15）。ブロは若い頃から占星術や手相術などに強い関心を持っていたようですが、その一方で司祭職も務めています。

図15　ジャン・バプティスト・ブロ
　　　（出典11）

1640年にルーアンで出版されたブロの手相術の代表作『ジャン・ブロの作品集（Les oeuvres de Jean Belot）』は、手相術以外に人相術、観額術、さらに記憶術についての内容が含まれています。なかでも手相術に関しては、従来の占星術的な手相術の解釈に加えて、若干のカバラ的な要素が加えられています[102]。

ちなみに「カバラ」と言うのは、13世紀初め頃にスペイン、及び南フランスのプロヴァンス地方で「セーフェル・ハ・ゾハール」という書物の教えを中心に展開していったユダヤ教の秘教的な教義のことです。

これまでまったく触れずにきてしまいましたが、実はユダヤ教神秘主義の内部において手相術に関する言及は、非常に早い時期から見ることができます。

カバラ研究の権威として知られるゲルショム・ショーレム（1897-1982）は、手相術がユダヤ教のなかに登場するのは、メルカーバー神秘主義の集まりであり、ミシュナ・ヘブライ語で書かれた初期の『ミドラシュ』（旧約聖書本文についての注解）のなかの『ラビ・イシュマールのハッカーラ・パニム』と題された章

のなかに、手相術に関する記述が含まれていることを指摘しています。またショーレムは、メルカーバーの神秘主義において手を読むことは、ある人間が秘教的な教えを受けるに足るかどうかを確認するためのものだったと述べています[103]。

初期カバリストによる手相術の言及としては、『セーフェル・ハ＝ミナーゴ（Sefel ha-Minhagot）』（1215年頃）という書物のなかで、「手のラインをとおして、賢者はその人の宿命や待ち構えている幸運を知る」と述べられています[104]。

また、13世紀に書かれたカバラの重要な書物である『ゾーハル』のなかでは、手に印として表れるヘブライ文字アルファベットの5つ（ザイン、ヘー、サメク、ペー、レシュ）が、人の性質を示唆する神秘的なシンボルとして用いられています[105]。

こういった文字を手のなかに表れる特別なシンボルとして見るというアイデアは、前述の『ジャン・ブロの作品集』のなかでも用いられています。

ただし、ブロの本のなかで使われているのはヘブライ文字ではなくラテン文字です。けれども、ブロが用いた手のなかのシンボルとしてのラテン文字という考え自体は、こういったカバラの手相術からの影響であるとも考えられます。というのもブロは本のなかで、「生命の樹」をはじめとするカバラの教義について言及しています。そのことからも分かるように、ブロはユダヤ教の神秘主義にも強く傾倒していた人物でした[106]。

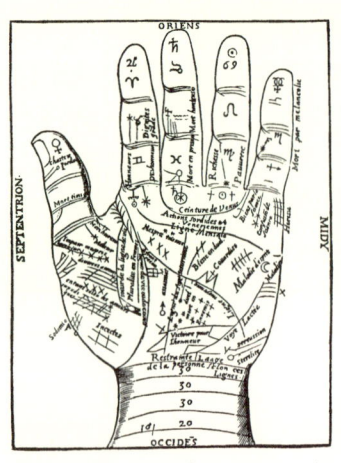

図16 ジャン・バプティスト・ブロ『ジャン・ブロの作品集』より（出典9）

とはいえ、ブロの手相術の

内容を全体としてみた場合、基本的にはこれまで見てきたのと同様の占星術的なもので、明らかにコーヴァス、コクレス、トリカッソ、テスニ、ゴクレウスなどによる先行する手相術の本からの影響が見られます。

　また天体の割り当ては、本書第Ⅰ部で紹介したほぼ今日の一般的なアストロ・パーミストリーと同様ですが、それぞれの指の各部位に対しては、黄道12宮が対応させられています（図16）。

　以上、16世紀から17世紀にかけてのフランスの手相術について、おおまかなところを見てきました。ではこの時代の締めくくりとして、イギリスにおける手相術を次に見ていくことにしましょう。

■シェイクスピアが描く手相術

　すでに見たようにヨーロッパで現存する最も古い手相術は、12世紀終わりの「エドウィンの手相術」でした（220頁）。すなわちイギリスは、ヨーロッパのなかで最も古い手相術の本が確認されている場所です。しかも、15世紀初頭からは、ボドレイアン・ライブラリー所蔵の Ms Digby Roll Ⅳ という中期英語で書かれたテキストも見つかっています（231頁）。

　このようにイギリスでは、非常に早い時代から手相術のテキストが見られたにもかかわらず、他のヨーロッパの国々と比較すると、手相術の盛り上がる時期に関しては、やや遅れをとります。16世紀におけるイギリスでは、これまで見てきた他の国々とは異なり、手相術に対する関心を抱いた知識人は、ごく一部を除いてほとんど見られません。そのため、イギリス人の手による本格的な手相術の本が出版されるようになるのも遅く、ようやく17世紀半ばになってからのことでしかありません。

　ただし注意しなければならないのは、16世紀の間にイギリス

で手相術がポピュラーではなかったということではありません。むしろ事態はその逆です。というのも、いくつかの当時の有名な文学作品に登場する身分の決して高くない人物たちの口から、手相術に関しての言及がしばしば見られます[107]。すなわちこのことから、当時のイギリスにおける手相術は、知識人の間ではなく、一般の人々の間で広く親しまれていたものだったことが分かります。

たとえば、シェイクスピア（1564-1616）の『ヴェニスの商人』（1600）の第2幕第2場では、登場人物のラーンスロットが次のように述べています。

　ところで、イタリア中に、俺らのこの掌(てのひら)ほど幸運の手相がもしあったらば、お目にかかりてえ。いずれきっと幸運の舞(ま)え込むだろうってことァ、聖書に載っけて誓言(せいごん)してもええだと言ってるだぞ。ほら、こいつが生命線(ながいきすじ)よ、なに、大したもんじゃねえがね。それから、こいつがちょっぴり女運とくら。なに、嬶(かかあ)が15人だと、なんちゅうことァねえやね。（中略）ところで、お次は何だて、3度まで水難をのがれるのァえが、危うく羽根蒲団(はねぶとん)の角っこで生命を落とすとァ、くだらねえ災難のがれじゃねえだか[108]。

■ジプシーと手相術

ここで図17をご覧ください。これはフランスの画家ジョルジュ・ド・ラ・トゥール（1593-1652）の「女占い師」と呼ばれる作品ですが、描かれているのは手相を観ているジプシーの女性です。こういった占いをするジプシーの女性を描いた絵画は、17世紀から19世紀にかけて、ヨーロッパのあちらこちらで数多く描かれています。

図17 ジョルジュ・ド・ラ・トゥール「女占い師」(出典9)

　ジプシーと占い。このふたつの結びつきは、一般の人の間でも浮かんでくる連想かもしれません。たしかに日本でも少し前は、「ジプシーの占い」というような言葉が、しばしば占いの本のタイトルなどで使われていました[109]。
　ひとつの場所に定住することなく、ヨーロッパのあちらこちらへと旅を続けるジプシーが、行く先々で占いをおこなっていたということが、過去のヨーロッパのさまざまな記録から分かります。しかも、先ほどの絵画にもあるように、ジプシーの女性が得意としていた占いと言えば、まさしく手相術でした。
　そういったことから、「もともと手相術は、インドからジプシーがヨーロッパにもたらしたものだ」という考えがしばしば主張されることがあります。けれどもこの可能性は、時系列的に考えるとおそらくあり得ないことと思われます。というのも、「ジプ

シー」と呼ばれる人たちがヨーロッパに姿を表わすようになった時期は、おおむね15世紀頃からだとされています。一方で、ヨーロッパの手相術の写本は、12世紀頃から登場しているわけですから、ジプシーの到着のほうが時代的に明らかに後のことです。

また16世紀の間、イギリスにおいて手相術が知識人の間で取り上げられることが少なかったことの要因のひとつとして、フレッド・ゲティングスやジョニー・フィンチャムは、ジプシーが手相術をおこなっていたことが関連しているのではないかと意見を述べています[110]。というのも当時のヨーロッパの人々にとって、ジプシーの評判はあまりよいものではありませんでした。そのため、ジプシーと結びつけられた手相術が好ましくないイメージとなり、その結果、手相術自体が知識人の間で受け入れられないものとなったのではないか、とゲティングス、及びフィンチャムは推測しています。

実際に17世紀のイギリスでもっとも有名な手相術の本を残しているリチャード・ソーンダーズは、その著書『手相術　明かされた極意（Palmistry : the Secrets thereof Disclosed）』（1663）のなかで「この貴重な科学（手相術のこと）は、ペテンで無学な人々によって日々傷つけられている[111]」と述べています。そしてソーンダーズが言うには、この貴重な科学を傷つけた人こそ「低俗なジプシー」だったというわけです（ソーンダーズについては後ほど改めて紹介します）。

けれども、手相術をおこなうジプシーたちは、何もイギリスだけではなく、他のヨーロッパの国々にも旅をしていました。従って、何故イギリスだけ手相術が遅れをとったのかを説明する要因として、ジプシーの存在をあげるゲティングス、フィンチャムらの意見は、いまひとつ説得力があるものとは思えません。

逆に、ヨーロッパ各地を旅するジプシーたちによるその実践

は、手相術を一般の人々へと広める要因のひとつだったということは間違いないでしょう。

　では大衆の間の流行とは別に、イギリスでのより本格的な手相術はどのような展開を見せるのでしょうか。次にそれを見ていくとしましょう。

■ロバート・フラッドの手相術

　16世紀イギリスでの手相術に関する本の出版としては、まずトーマス・ヒル（1549頃-1599）という人物による『人相術全体に渡る簡潔な概略（A Brief Epitome of the Whole Art of Physiognomy）』というタイトルの本が1556年にロンドンで出版されます。この本は1571年に、『人間の考察（The Contemplation of Mankind）』というタイトルでもリプリントされています。
　実はこの本は、コクレスの人相術の翻訳と解説なのですが、そのなかの2章には手と爪についての記述が含まれています。内容的には、今日で言うところのカイログノミーに相当する手の形態——指の形や長さ、手の幅、指の間や関節のしわなど——についての説明がほとんどで、占星術的な手相術の要素はほとんど見られません[112]。
　さらに、より本格的で占星術的な手相術の本がイギリス人の手によって書かれるのは17世紀に入ってからのことです。
　イギリスで最初に占星術的な手相術の著書を残したのは、17世紀の新プラトン主義者として非常に有名なロバート・フラッド（1574-1637）（図18）です[113]。
　オックスフォードで医学を学んだもののパラケルススから影響を受け、カバラ、錬金術、占星術などにも興味を持ち、さらには薔薇十字思想に傾倒したフラッドは、この時代に知られていた秘教的な

図18　ロバート・フラッド（出典24）

諸々の事柄すべてといっても過言ではない広範に渡る著述を残した人物です。そのような秘教的知識の大家であるフラッドが、いったいどのような手相術を残していたのかというのは興味のひかれるところです。

　フラッドによる手相術の論が含まれているのは、彼の代表作である『両宇宙誌（Utriusque Macrocosmi et Microcosmi Historia）』です。この２巻からなる書物は、ドイツのオッペンハイムで1617年と1619年にそれぞれ出版されました。

　『両宇宙誌』は、ヘルメス哲学、カバラといった秘教的な主題に留まらず、測量術、音楽理論、城のデザイン、時計やオルガンを動かすための水力の利用など多岐に渡る分野が含まれている、いわば百科事典的な作品です。ちなみに『両宇宙誌』からの図19をご覧ください。ここでは、フラッドによって「小宇宙の学芸」と呼ばれる諸学問として、予言、土占い（ジオマンシー）、記憶術、出生ホロスコープの解釈、人相術、手相術、ピラミッド学という全部で７つの項目があげられています。

　前にも述べたようにこの『両宇宙誌』のなかの手相術こそ、おそらくイギリス人の手によるはじめての本格的な占星術的な手相術です。とはいえ、その内容自体は、これまで見てきた他のヨーロッパの国々で出版された手相術本で述べられていることとほとんど変わることなく、とりたてて斬新な解釈が含まれているわけではありません（図20）。あえてほかには見られない風変わりな見解をあげるなら、右手と左手のどちらを読むかという点について、出生の時間によってそれを決める――その人が夜に生まれたなら左手、昼に生まれたなら右手――という点ぐらいでしょう。

　フラッドが書いた手相術と言うと、どうしてもヘルメス思想や新プラトン主義といったルネサンス的な魔術思想に彩られた手相術というものを期待したくもなります。けれども先ほども述べたように、実際にはすでにヨーロッパの他の国々で知られていた占

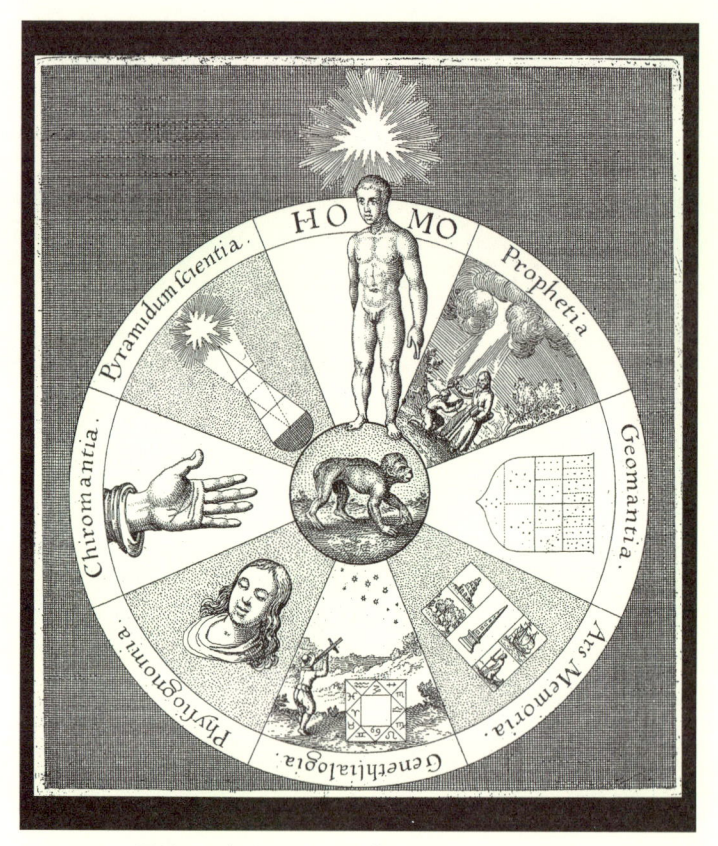

図19　ロバート・フラッド『両宇宙誌』より（出典9）

星術的な手相術を超える内容のものではありません。しかも、フラッドの膨大な仕事全体から見ると手相術に関する論は、ほんのごくわずかな部分しか占めていません。そういったことから考えると、手相術は彼にとって中心となる主題であったわけではなく、付随的なもの、あるいは言い換えると、あらゆる知を統合しようとした彼にとって、そのなかに含めないわけにはいかなかったひとつの主題以上のものではなかったということなのかもしれません。

またフラッドの著作は、英語ではなくラテン語で書かれ、しかも本国イギリスではなく国外での出版でした。結局のところ、イギリスにおける手相術の本がより一般的に読まれるようになるのは、フラッドよりも後の17世紀を半分以上過ぎてからになります。

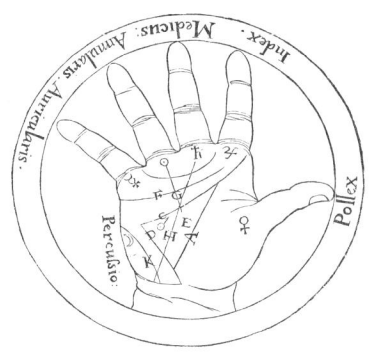

図20　ロバート・フラッド『両宇宙誌』より（出典24）

■ 17世紀イギリスにおける
　有名な占星術師たちによる手相術

17世紀半ば以降のイギリスにおける手相術の関心の高まりは、おそらく16世紀ドイツのインダギネ（246頁）、及びロタマン（248頁）の著書が翻訳されたことがきっかけとなったように思われます。

1651年にファビアン・ウィザーズによってインダギネの『アポテレスマティカエ序論』が、翌年の1652年にはジョージ・ウォートンによってロタマンの『手相術の理論と実践』が翻訳されています[114]。

ちなみに後者のジョージ・ウォートン（1617-1681）は、当時のイギリスで非常に有名な占星術師のひとりでした。また、同時代に最も成功を収めた占星術師であるウィリアム・リリー（1602-1681）とは、それぞれの政治的立場の違いによって好敵手の関係にありました。すなわち、ちょうど1649年からはじまるイングランド内戦のおりに、ウォートンは国王派、リリーは議会派のほうのそれぞれのお抱え占星術師として活躍していました[115]。

当時、彼らのような占星術師に期待されていたのは、味方の勝利を宣言することで士気を高め、逆に相手側の意気をくじくための予言でした。すなわち、当時の影響力のある占星術師の発言は、大衆を目標とした政治的なプロパガンダ（宣伝手法）として用いられていたというわけです。従ってウォートン、リリーは、それぞれの陣営の勝利を謳う占星術的な予言を、その都度の戦況にあわせて発表していたということは言うまでもありません。

　ちなみにその結果はと言うと、1649 年に国王の処刑と共和政の樹立となり、「国王派の占星術師ウォートンは処刑すべし」という議会派の意見により、投獄される憂き目にあっています。しかしその際に、リリーをはじめとする同業者の占星術師たちのとりなしで、ウォートンは無事釈放され、何とか一命をとりとめることができたようです。

　ウォートンによるロタマンの翻訳が出版された翌年の 1653 年、『人相術、手相術、観額術（Physiognomie and Chiromancy, Metoposcopie）』という本が出版されます（図 21）。

　これはウォートン、リリーらと並び同時代に大きな成功を収めた占星術師であるリチャード・ソーンダーズ（1613－1692）によって書かれたものです[116]。そして序文には、その時代の「最も偉大な手相術師」としてソーンダーズを讃えるリリーに

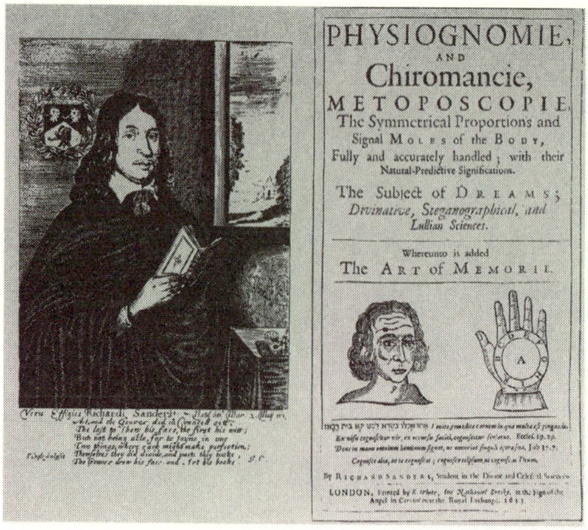

図21　リチャード・ソーンダーズ『人相術、手相術、観額術』より（出典11）

よる文章が添えられています。

　実際に、ソーンダーズの『人相術、手相術、観額術』は、17世紀のイギリスで最も影響力のあった手相術の本として知られています。とはいえその実際の中身は、特に独創性や新しさと言ったものが見られるわけではなく、やはりこれまで見てきた大陸の手相術師たちの解釈を混ぜ合わせたもので、特にフランスのジャン・ブロの著書（257～258 頁）から、そのほとんどの部分を引き写したようなものとなっています。また、指の各部分に黄道 12 宮をあてはめたブロの手相術の図解も、そのままソーンダーズはコピーしています。これは 16 世紀の大陸において、占星術的な手相術のほとんどのアイデアが出揃って、もはや理論のスタンダード化がほぼ完了してしまっていたことを意味するとも言えるでしょう。従って 17 世紀のイギリスの手相術師たちは、それを一方的に受容していくという形になったわけです。

　ただしソーンダーズによるオリジナルな箇所を指摘するなら、ライフ・ラインには「アポロ（太陽）」、ヘッド・ラインには「マーキュリー（水星）」、ハート・ラインには「ジュピター（木星）」、ヴィーナスの帯には「ヴィーナス（金星）」といった具合に、手の主要なラインに対して天体を対応させたことです。おそらく、これは手のラインに対しての明確な占星術的な関連を示した最初の例だと思われます。

　さらにソーンダーズは、1663 年に『手相術 明かされた極意 (Palmistry, the Secrets thereof Disclosed)』を出版します（この本については、すでに 260 頁のジプシーのところで触れています）。

　これはすべての人向けに分かりやすく手相術を紹介することを意図した本ですが、内容的には 1653 年の『人相術、手相術、観額術』を簡略化しエレクショナル占星術（適切な日取りを決めるための占星術）、及び人相術についての章が追加されたものです。

さらに翌年に出版された同書の第2版では、ほくろ占いが追加されています。

この本の手相術について章の大部分は、マークのついた手の図解からなります（図22）。ここでソーンダーズは、手の上に表れる「暴力」、「死」、「貧困」、「投獄」と言った人生の悲惨な出来事を示すマークを列挙していますが、こういったことの記述は、それこそ「エドウィンの手相術」のような最も初期の頃の手相術の本から何度も繰り返されてきているものです。

さらにソーンダーズによって書かれたものと思われるものに、1680年頃に何度か版を重ねた『イギリスの占い師（フォーチュン・テラー）（The English Fortune Teller）』と題された本があります。

図22 リチャード・ソーンダーズ『手相術 明かされた極意』より（出典11）

この本のなかでは、手、ほくろ、夢から占う方法が記され、それらは特に既婚女性、夫と死別した女性、メイド、未婚男性のために書かれたものとされています。この本は、以前の著作から手の解釈をいくつか抜粋し作られたもので、内容的には明らかに大衆向けのものとなっています。

先行する大陸の手相術を吸収し、見事に分かりやすく提示することに成功したソーンダーズの諸作品は、16世紀から17世紀のヨーロッパの手相術の隆盛の最後の大きな輝きだったと言えます。というのも、ソーンダーズを最後に特筆すべき手相術の本の書き手は、それからおおよそ150年もの間、実質的に消滅しま

す。しかも、このことはイギリスに限ったことではなく、ヨーロッパ全体をとおして共通に見られる現象となっていきます。

＊

　本節で見てきた16世紀から17世紀は、手相術に関する文献がその質的にも量的にもピークを迎え、まさしく最盛期ともいうべき時代でした。しかしながら18世紀に入ると、突如、手相術に関する本の出版は大きな下降線を辿ることになります。
　18世紀。いったいヨーロッパの手相術に、何が起こったのでしょうか。

75：Hardin Craig, The Works of John Metham, Kraus Reprint Co., 1916, p. xxviii. 及び Fred Gettings, The Book of Hand: An Illustrated History of Palmistry, Paul Hamlyn, 1970, pp. 171-172, Original edn., 1965.
76：エリク・ド・グロリエ（大塚幸雄訳）『書物の歴史』（白水社、1992年）、27頁。
77：Fred Gettings, ibid., p. 172.
78：Hardin Craig, ibid., p. xxviii. 及び Lynn Thorndike, History of Magic & Experimental Science Volume II : The First Thirteen Centuries, Columbia University Press, 1923, p.266.
79：Hardin Craig, ibid., p. xxviii.
80：以下のコクレについては、Lynn Thorndike, History of Magic & Experimental Science Volume V : Sixteen Century, Columbia University Press, 1941, pp. 50-68.
80：Hardin Craig, ibid., p. xxviii.
81：アンドレアス・コーヴァスについては、Lynn Thorndike, ibid., pp. 55-56. ちなみにフレッド・ゲティングスは、コクレスとコーヴァスを同一人物であるとみなしていますが（Fred Gettings, ibid., pp. 173-174）、これは間違いであることがすでに、ほかの研究家から指摘されています。Andrew Fitzherbert, The Palmist's Companion: A History and Biography of Palmistry, The Scarecrow Press, Inc., 1992, p. 86, 及び Johnny Fincham, ibid., "http://www.johnnyfincham.com/history/cocles.htm".
　　また同様の誤りは、Albert S. Lyons, Predicting the Future: An Illustrated History and to the Techniques, Harry N. Abrams, Inc., 1990, p. 252〔翻訳：アルバート・S・ライオンズ（鏡リュウジ監訳）『図説　世界占術大全　魔術から科学へ』（原書房、2002年）〕などにも見られます。
82：トリカッソについては、Lynn Thorndike, ibid., pp. 63.
83：ティベルトゥスについては、Lynn Thorndike, ibid., pp. 54-55, および Fred Gettings, pp. 174-175.
84：ティベルトゥスの『手相術の小冊子』については、Johnny Fincham, ibid., "http://www.johnnyfincham.com/history/tibertus.htm".
85：アキリーニについては、Lynn Thorndike, ibid., pp. 37-49, およびC・シンガー（西村顕治、川名悦郎訳）『解剖・生理学小史』（白揚社、1983年）、135

頁。
86：ドライアンダーと手相術については、Lynn Thorndike, ibid., p. 521.
87：ただしヴェサリウスは、手相術の丘やラインの名称についての言及があります。Ibid., p. 527. また 16 世紀の解剖学者ベレンガリオ・ダ・カルピも、手相術にわずかな言及をしています。ibid., pp. 510-511.
88：インダギネについては、ibid., pp. 65-66, 及び Fred Gettings, ibid., p. 177.
89：ロタマンについては、Lynn Thorndike, History of Magic & Experimental Science Volume VI: Sixteen Century, Columbia University Press, 1941, pp. 506-507, および Fred Gettings, ibid., p. 179.
90：パラケルススと手相術については、Johnny Fincham, ibid., "http://www.johnnyfincham.com/history/paracelsus.htm"、および Fred Gettings, ibid., pp. 178-179.
91：Henry Cornelius Agrippa of Nettesheim, Translated by James Freake, Edited and Annotated by Donald Tyson, Three Books of Occult Philosophy, Llewellyn Publications, 2005, pp. 345-354.
92：アグリッパについては、Lynn Thorndike, History of Magic & Experimental Science Volume V , pp. 127-138.
93：ゴクレニウスについては、Fred Gettings, ibid., p. 181.
94：Johnny Fincham, ibid., "http://www.johnnyfincham.com/history/academia.htm". たとえばポンペイウスは、1653 年にウィッテンベルク大学で手相術の講義をおこなっています。17 世紀のドイツの大学においては、オカルトや魔術に関することについての議論が非常に活発におこなわれていた事実もあります。これらについて詳しくは、Lynn Thorndike, History of Magic and Experimental Science Volume VII, Seventeenth Century, Columbia University Press, 1958, pp. 338-371.
95：ゲティングスによれば、ルートヴィヒ・ルッツはドイツ人だったことを考えると、フランス語の『医学的手相術』は、おそらく翻訳されたものなのではないかと考えられます。Fred Gettings, ibid., p. 181. またルッツの手相術については、Johnny Fincham, ibid., "http://www.johnnyfincham.com/history/medicine.htm".
96：プラエトリウスについては、Lynn Thorndike, History of Magic and Experimental Science Volume VII, Seventeenth Century, Columbia University Press, 1958.
pp. 490-491, および Fred Gettings, ibid., p. 181.
97：カルダーノについては、Lynn Thorndike, History of Magic and Experimental Science Volume V , pp. 563-579.
98：テスニについては、ibid., pp. 580-588, および Fred Gettings, ibid., p. 193.
99：ノストラダムスの時代の宮廷の占星術師とその状況については、ジョルジュ・ミノワ（菅野賢治、平野隆文訳）『未来の歴史』（筑摩書房、2000 年）383-387 頁。
100：ド・ラ・シャンプルについては、Lynn Thorndike, History of Magic and Experimental Science Volume VIII, pp. 463-464, および Fred Gettings, ibid., pp. 193-194.
101：ド・ラ・シャンプルの手相術については、Johnny Fincham, ibid., "http://www.johnnyfincham.com/history/delachambre.htm". また、このような医学的手相術とも言うべき著書は、同じ頃ドイツでもフィリップ・メイという人物によっても出版されています。Lynn Thorndike, ibid., pp. 468-469.
102：ジャン・ブロについては、Lynn Thorndike, History of Magic and Experimental Science Volume VI, pp. 360-362 and 507-510, および Fred Gettings, ibid., p. 194.
103：Gershom Scholem, Kabbalah, Plume, 1978, p. 317.
104：Gershom Scholem, ibid., p. 318.
105：Gershom Scholem, ibid., pp. 318-319.
106：ちなみにジョニー・フィンチャムは、こういった手のラインのなかにシンボリックな文字を探すための実践――たとえばすでに見たトリカッソの『手相術概略』（243 頁）や「エドウィンの手相術」（220 頁）にも見られる――

は、ユダヤ教のカバラ的手相術の伝統から来たものではないかという意見を述べています（Johnny Fincham, ibid., "http://www.johnnyfincham.com/history/france.htm".）
　ただし、「エドウィンの手相術」などの初期の写本に対してのカバラからの影響と言うことに関しては、その成立年代から考えておそらくあり得ないと思われます。

107： 当時の文学作品のなかに登場する手相術については、Carroll Camden, "Elizabethan Chiromancy", in the Modern Language Notes, Vol. 62, No. 1, Jan., 1947, pp. 1-4.
108： シェイクスピア（中野好夫訳）『ヴェニスの商人』（岩波文庫、1973年）、52頁。
109： ここでは「ジプシー」という語を、差別用語として使っているのではなく、その名称が使用されてきたヨーロッパにおける歴史的事実を照らすために使っています。「ジプシー」は差別用語であるか、という問題については、水谷驍『ジプシー　歴史、社会、文化』（平凡社新書、2006年）35－43頁をご覧ください。
110： Fred Gettings, ibid., 184-185. Johnny Fincham, ibid., "http://www.johnnyfincham.com/history/gipsies.htm".
111： Fred Gettings, ibid., p. 185 より引用。
112： トーマス・ヒルについては、Johnny Fincham, ibid., "http://www.johnnyfincham.com/history/hill.htm".
113： フラッドの手相術については、Fred Gettings, ibid., pp. 192-193, および Johnny Fincham, ibid., "http://www.johnnyfincham.com/history/fludd.htm".
114： これらについて詳しくは、Johnny Fincham, ibid., "http://www.johnnyfincham.com/history/wharton.htm".
115： ウォートン、リリー、および本文以下に登場するソーンダーズら、当時のイギリスの占星術師たちをめぐる状況については、Patrick Curry, Prophecy and Power: Astrology in Early Modern England, Princeton University Press, 1989, pp. 19-89. キース・トマス（荒木正純訳）『宗教と魔術の衰退　上』（法政大学出版局、1993年）、469-518頁。ジョルジュ・ミノワ、前掲書、429-455頁。
116： ソーンダーズについては、Fred Gettings, ibid., pp. 189-190. および Johnny Fincham, ibid., "http://www.johnnyfincham.com/history/saunders.htm".

IV 18世紀の手相術——手相術の衰退

The Decline of Palmistry

■ 手相術の衰退

　18世紀に入ると、前世紀までとは打って変わって、手相術に関する本の出版が急激に減少していきます。

　ただし、前半には16世紀、17世紀の栄光の名残を惜しむかのように、リプリントや翻訳本などの形でいくつか手相術の本が出版されました。とはいえ、その世紀の半ばを過ぎる辺りでは、これまで見てきたヨーロッパの国々では、ドイツを除き手相術に関する新しい本の出版が途絶えていきます。しかも、その手相術の最後の息吹を伝えるドイツでさえ、その著書のほとんどが、著者不詳の形で出版された過去の焼き直し本でしかありません[117]。

　ところで、18世紀に同じような衰退の道をたどったのは、何も手相術に限ったことではありません。これまで手相術と縁の深かった占星術も同様に、その威光と影響力を完全に失っていきます。

　ここでひとつ念のために言っておきますが、手相術や占星術の衰退は、カトリック、およびプロテスタントなどのキリスト教側からの弾圧が、大きな原因となったというわけではありません。

　以前にも述べたように、しばしば占いの本では、教会からの激しい弾圧によって、占いは公の場に顔を出すことがなくなり、ひっそりと世代から世代へと伝えられてきたといったようなことが述べられていたりします。しかしながらこのような主張には、あまり根拠がありません。

　時代を遡って見ても、たとえばむしろイタリア・ルネサンス期の占星術に関して言えば、特に事態はその逆だという見方すら可能です。

18 世紀の手相術――手相術の衰退

　実際に、15 世紀から 16 世紀の間に、占星術に強い興味を持っていた教皇の名前を見出すことは難しいことではありません。シクストゥス 4 世（在位 1471-84）、ユリウス 2 世（在位 1503-13）、レオ 10 世（在位 1513-21）などのこの時代の多くの教皇が、重要な日時――たとえば教皇主催の枢機卿会議、戴冠式、征服した都市への入城など――の決定を下す際には、必ず占星術師の意見に耳を傾けていました[118]。

　なかでもパウロ 3 世（在位 1534-49）にいたっては、イタリアの占星術師ルカ・ガウリコを司教にまで任命しているし[119]、さらに 1530 年頃ボローニャ大学で講義をしていた手相術師アントニーオ・ピッチオーリとは、親しい関係にあったことが知られています[120]。

　とはいえ、1545 年のトリエント公会議以後の 16 世紀の半ばから先は、たしかに教会側の態度も変化し、公に占星術批判を展開するようになります。1551 年のナルボンヌ司祭会議、1565 年のミラノ司教会議、1583 年のランス司祭会議とボルドー司祭会議などでは、占星術やそのほかの占い術に対する反対、そしてそれをおこなう者たちへの処罰と破門を宣言しています。さらに、パウロス 4 世（在位 1555-1559）が掲げた 1559 年の禁書リストのなかには、ネクロマンシー（死者占い）、ハイドロマンシー（水占い）、ピロマンシー（火占い）と並んで、手相術とエレクショナル占星術に関する本が含まれていました。しかも、前章で見たインダギネ、コクレ、コーヴァス、トリカッソらの手相術に関する著作がそのリストのなかにあがっていました[122]。しかしながら、ヨーロッパの占星術と手相術の本は、それで完全に途絶えてしまったわけではなく、これまで見てきたようにその後も出版が続い

ています。

　こういった教会側からの非難がある一方で16世紀は、一部の批判的な懐疑主義者を除いて、知識層や政治的エリートたちの多くは、占星術を信奉するか、ないしは政治的手段として利用するというのが常でした。

　また、そもそもの教会側の態度自体も、きわめて両義的であり続けたとも言えます。すなわち、一方で占星術を非難しておきながら、高位の聖職者たちは、他方では専属の占星術師たちを抱えているという状況があったことも否定できません。そればかりか、イギリスを例にとれば、驚くべきことに16世紀の占星術師のかなりの数が聖職者であったことすら分かっています[122]。

　さらに17世紀に入ってからも、カトリック、プロテスタント、それぞれの陣営からの厳格な非難は再三に渡って繰り返されますが、結局のところ、手相術や占星術を完全に撲滅するのに実際的な効果があったと見ることは困難です[123]。たしかに、民衆の間に広まっていた万用暦（アルマナック）（その年の天文学上の出来事、宗教上の祭典、占星術に基づく予測などを記したもの）は、両教会、及び政治権力から、「その内容によって民衆を惑わすもの」として、厳しい検閲の対象となりました[124]。

　しかし、結局のところ万用暦の出版が一時的に低迷するのは、教会からの禁圧というよりも、政府の側からの厳しい監視と規制がもたらしたものだったと言えます。これもイギリスから例をあげるなら、ウィリアム・リリーによる万用暦『天使的なるマーリン』は、1646年には13500部、1647年には17,000部、1648年には18500部、そして1649年には30,000部という売り上げがありました。しかも、国王空位時代の末期には、なんと占星術関連の文献だけでも40万部にまで達したと見積もられています[125]。

　ところが、1660年のチャールズ2世の王政復古後、万用暦、及び占星術をはじめとする占いの書物が厳しい検閲の下に置かれ

ると同時に、かつてリリーをはじめとする著名な占星術師たちが担っていた政治的な役割も隅に追いやられ、その活動も制限されるようになると、占星術はとたんにかつての力を大きく失っていくことになります[126]。このようにイギリスに限ってみれば、厳しい政治的な権力による規制こそが、占星術に対して現実的なダメージを与えたことは疑うべくもありません。

　しかしながら、ヨーロッパのあらゆるところで手相術や占星術の衰退を招いた、そのより根本的な理由は、表立った政治的なレベルだけでなく、17世紀から18世紀へと移り行くなかでの知のモードの漸進的な変化へと求められるものと思われます。いったいそれは、どのような変化だったのでしょうか。

■「科学革命」を経て

　17世紀から18世紀にかけてのヨーロッパでは、明らかに大きな世界観の変化が起こりました。いわゆる今日の科学史で使われる言葉を借りると、「科学革命」という知のモードの大変革によって、中世の間にずっと保持されていた「アリストテレス的宇宙像」が崩れていったのがちょうどこの時代なのです。

　アリストテレス的宇宙像というのは、地球を宇宙の中心とみなし、それを諸天球が取り巻いているとする古代からずっと続いてきた世界観です。もちろん、このような地球を中心とする宇宙のイメージは、太陽を中心とする宇宙観を、子どもの頃から学校で教わってきた現代のわたしたちからすると、単に古い昔の考え方というように思えるかもしれません。しかしながら、地球中心のアリストテレス的宇宙像は、古代から17世紀までの間、あらゆる学問の背景となる世界の根本的な枠組みを成していました。そもそも占星術の体系自体も、そういった古代からの宇宙像に基づいて作り上げられたものでした。

ところが、まず16世紀にニコラス・コペルニクス（1473-1543）が、天体の計測を正確におこなうために、地球中心ではなく太陽を中心に置き、その周りを惑星が回るという天文体系を提唱しました。

　コペルニクス以前は、アリストテレス的宇宙像を保持しつつも、天体の観測のためには、同じく地球を中心に置き、それに複雑な改良を加えたプトレマイオスによる天文学体系を使用することがおこなわれていました。

　しかしコペルニクスは、ヘレニズム期からずっと続いていたプトレマイオス天文学に対して、その部分的な修正どころではなく、太陽を中心にすえた完全に異なる体系でもって、より正確な天体の観測と計算をおこなったのです。

　コペルニクスによって唱えられた新しい宇宙像、すなわち宇宙の中心で静止しているのは地球ではなく太陽であり、むしろ地球は太陽の周りを動いているという「地動説」に対して、その後それが引き起こす根本的な世界像の変化にともなう諸問題を巡るさまざまな議論を、ティコ・ブラーエ（1546-1601）、ヨハネス・ケプラー（1571-1630）、ガリレオ・ガリレイ（1564-1642）、アイザック・ニュートン（1642-1727）といった16世紀から17世紀にかけてのさまざまな学者たちが多方面から展開することになります。そして最終的には、「万有引力の法則」でおなじみのニュートンによって打ち立てられた物理学が、完全にアリストテレス的宇宙像を過去のものにすることになりました[127]。

　こうしたコペルニクスからニュートンへという流れのなかで、17世紀には根本的な宇宙像の変化が起こるとともに、さらに一方ではフランシス・ベーコン（1561-1626）、ルネ・デカルト（1596-1650）のような思想家たちによる中世の知の枠組みを大きく揺さぶる新たな考え方や学問の方法論——たとえば事物の数量化、機械論的世界観、そして実験的方法の重視など——が提案

されることで、今日で言うところのいわゆる「近代科学」が確立されていくことになりました。

　教科書的な説明になってしまいましたが、とにかくここで肝心なのは、17世紀には世界観や知の枠組みの変動が、これまでにないほどの根本的なレベルで起こっていった時代だということです。そしてここで、わたしたちの主題にとって最も重要なのは、この科学革命を中心とした知識体系の大きな変化によって、占星術自体が知的エリート層の間で完全に受け入れられないものになっていったということです。そういった意味では、前述のリリーやソーンダーズをはじめとする17世紀の占星術師たちは、この知的変動のまっただなかにおける占星術の斜陽を感じながらも、最後の栄光の名残に浴した人物たちだったとも言えます。

　いわばヨーロッパでは長らく「占いの王様」だったとも言える占星術の権威の失墜は、ほかのもろもろの占いに対しても、影響を与えないわけにはいきませんでした。これまで見てきたように手相術、人相術、観額術は、密接に占星術と結びついていました。というよりも、占星術と結びつくことによって、ある程度の整合性のあるシステムとして体系化されたと言ったほうがいいでしょう。従って占星術の威信こそが、それらの術に対して知的正当性を保証するものでした。それゆえ占星術の低迷は、等しく手相術、人相術、観額術にも波及しないわけにはいきませんでした。

　もちろん占星術の失墜をもたらす知的変化は、一夜にして起こったわけではなく、ニュートン物理学が確立していく17世紀をとおしてゆっくりと進行していったものでしょう。しかしながら、ポスト・ニュートンの時代である18世紀においては、完全に占星術をはじめとする諸々の占いは、もはや知識人を自認する人々からは、学問とみなされることがなくなりました。その結果、彼らが占星術や手相術などの本に手を染めることは、よもや

あり得ないことになったわけです。

歴史家たちが言う「啓蒙の世紀」あるいは「理性の時代」と呼ばれる 18 世紀。その時代において、絶対的な真理基準となった科学的な世界観からふるい落とされた中世の占いや魔術などの総体は、もはやすべて非合理なものとみなされ、顧みられることなく見捨てられていく。それこそが 18 世紀における手相術の衰退をもたらした時代背景だったのです。

■民衆的レベルでの占い

とはいえ 18 世紀以後、占星術や手相術が完全に死に絶えたというわけではもちろんありません。むしろ、占星術や手相術はともに、庶民の間のその需要として、決して衰えることはなかったようです。

というのも、ここでも占星術を例に取るなら、その学術的な装いを持った書物は、手相術とまったく同様、明らかに後退しています。たとえば 1700 年から 1790 年までのイギリスでは、占星術に関する新刊書はわずか 6 点に過ぎず、内容的にもそれ以前のものに比べて明らかに知的水準は下降していることはいなめません[128]。手相術に関する本も、すでに述べたように、もはや知的階層に訴えようとするものではなく、明らかに大衆向けのものだけが出回ります[129]。

その反面、18 世紀の終わり頃になると、中流階級向けの占いの雑誌が登場しはじめます[130]。1791 年にはイギリスで最初の定期購読用雑誌『魔術師の雑誌（The Conjurer's Magazine）』（後に『占星術師の雑誌（The Astrologer's Magazine）』と名前が変わる）が登場します。現代の占星術史の研究家であるパトリック・カリーによれば、この雑誌は「ホロスコープの解釈、神秘哲学、人相術、メスメリズム、そしてノストラダムスなどが奇妙に混在した

もの[131]」であり、そういう意味では、いわば現代の大衆向けの占い雑誌、あるいはオカルト雑誌的なものの先駆けとなるものだと言えます。もちろん民衆的レベルでの占いの需要は、この頃にはじめてはじまったことではなく、中世の頃からずっとあり続けたものでした。従ってこうしたことは、経済的に豊かになりつつある都市の中流階級をターゲットとし、そのマーケットへ向けて商品化された占いが、流通しはじめたことを意味していると言うべきかもしれません。

　いずれにせよ、ここで前世紀との大きな違いとして見るべきなのは、やはり前にも述べたように手相術は、知識層の関心の領域から脱落し、その結果、その生息圏を民衆レベルの層へと完全に限られていった時代だったということなのです。

＊

　占星術の完全な失速とともに、その地位を低落させた手相術。それが再びかつての威光を取り戻すべく復興の兆しを見せはじめるのは、続く19世紀に入るまで待たなければなりません。

　ニュートン・パラダイムの圧倒的な支配下にありながらも、一方で18世紀という「理性の時代」へのアンチ・テーゼとも言うべきオカルティズムの復興ののろしが上がる19世紀。そのなかで手相術は、その力を再び取り戻しはじめることになるでしょう。それについては次章で見ていくことになります。

117：18世紀ドイツにおける手相術の本については、Fred Gettings, The Book of Hand, Paul Hamlyn, 1970, p. 197, Original edn., 1965.
118：ジョルジュ・ミノワ（菅野賢治、平野隆文訳）『未来の歴史　古代の預言から未来研究まで』（筑摩書房、2000年）、364頁。
119：パウロ3世と占星術や手相術などのかかわりは、Lynn Thorndike, History of Magic and Experimental Science Volume V: Sixteenth Century, pp. 251-274.
120：ibid., p. 261.

121：16 世紀における教会側の占いへの対応について詳しくは、ibid., pp. 145-178.
122：具体的には、キース・トマス（荒木正純訳）『宗教と魔術の衰退　上』（法政大学出版局、1993 年）、547-551 頁。
123：ジョルジュ・ミノワ『未来の歴史』、365-366 頁。
124：詳しくは、前掲書、387-395 頁。
125：P. Curry, Prophecy and Power : Astrology in Early modern England, Oxford, 1989, p.21.
126：詳しくは、ジョルジュ・ミノワ『未来の歴史』、459-468 頁。
127：ちなみに彼ら科学者が、直接的に占星術批判を大々的に展開したというわけではありません。彼らの業績が、結果として過去の宇宙像を崩壊させ、ひいては占星術に致命的なダメージを与えたということです。
　　　また「科学革命」については、特にジョン・ヘンリー（東慎一郎訳）『一七世紀科学革命』（岩波書店、2005 年）を参照しました。
128：ジョルジュ・ミノワ『未来の歴史』、485 頁。
129：ちなみにこの時代に民衆レベルの書物として出回ったものとして、手相術を含む偽アリストテレスの占い本がありますが、それについては、次の日本語文献のなかで詳しく見ることができます。鈴木七美『癒しの歴史人類学　ハーブと水のシンボリズムへ』（世界思想社、2002 年）、57-78 頁。
130：18 世紀における民衆レベルにおける占いの受容に関しては、ジョルジュ・ミノワ『未来の歴史』、482-488 頁、及び Patrick Curry, ibid., pp. 127-131.
131：ibid., p.130.

V 19世紀から20世紀初頭までの手相術――手相術の復興

The Revival of Palmistry

The Revival of Palmistry

■ナポレオン・ボナパルトの手相

　知的階層から完全に見放されつつも、民衆の間ではその人気を保ち続けた手相術。特にフランスにおいては、18世紀末から19世紀において、手相術をはじめとするさまざまな占いを求める民衆のニーズは大きくなっていきました。その理由は、旧体制が崩壊したフランス革命以後の新たな社会において、自分の将来をより自由に夢見ることができるようになった民衆たちによって、それを予見し推し量るための方法が求められるようになったことに大いに関係していると思われます[132]。

　本書の主題とは少し離れますが、現代の日本でも非常に人気のある「タロット占い」の流行の先駆けも、まさしくちょうどフランス革命前夜からはじまります。

　エテイヤというパリの占い師が、1783年から1785年の間に『タロットと呼ばれるカードのパックで楽しむ方法』というタイトルの4分冊の本を出版します。この本こそ、まさしく今日のタロット占いのはじまりを告げるものとなりました[133]。また、1787年にパリで『手を読む術　手相術の本質（L'art de lire dans les mains, élémens de chiromance）』という55頁ほどの小著が出版されていますが、おそらくこれもエテイヤによって書かれたものではないかとみなされています[134]。

　フランス革命期の大きな社会の変動のさなかには、当時の大物政治家などの重要人物を顧客にし、驚くべき成功を収めたマドモアゼル・ル・ノルマン（1772-1843）という有名な女性占い師も登場しています。手相術やカード占いを得意としたマドモアゼル・ル・ノルマンは、彼女自身の自伝や彼女の死後に書かれたい

19世紀から20世紀初頭までの手相術──手相術の復興

くつかの伝記によれば、かのナポレオン・ボナパルト（ナポレオン1世）の妻ジョセフィーヌ・ド・ボーアルネを占い、数々の予言を的中させたといったような逸話の数々を残しているほどの人物です [135]。

彼女の1820年に出版された『ジョセフィーヌ皇后にまつわる秘密の史的回想録』のなかには、ナポレオンとジョセフィーヌの左手のイラストとともに、それらについてのマドモアゼル・ル・ノルマンによる詳細な解説がつけられています [136]。図23は、マドモアゼル・ル・ノルマンの本のなかに掲載されたナポレオンの手のひらですが、ご覧のように手のひらのいたるところに奇妙なマークが記されています。

さすがナポレオンほどの歴史上偉大な人物となると、手のひらにはかくも不思議なマークが記されていたのか！と言いたいところですが、もちろんこれが実際のナポレオンの手のひらを本当に描いたものなのかどうかの保証はありません。むしろ冷静に考えてみると、こんな変なマークだらけになっている手は、現実的にちょっと考えられません。これは、おそらくマドモアゼル・ル・ノルマン自身による創作だと見たほうがいい

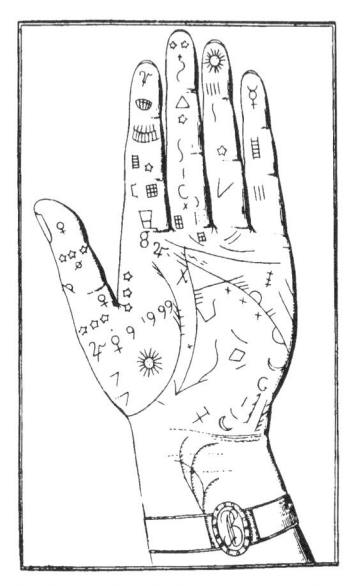

図23 マドモアゼル・ル・ノルマン『ジョセフィーヌ皇后にまつわる秘密の史的回想録』の中のナポレオン・ボナパルトの手相のイラスト（出典9）

でしょう（ひょっとすると霊感に満ちあふれた彼女の目には、ナポレオンの手のひらに、このようなマークがヴィジョンとして実際に見えたということなのかもしれませんが）。

　19世紀のフランスにおいて活躍した占い師は、もちろんマドモアゼル・ル・ノルマンただひとりではありません。この時代、パリのいたるところで相当数の女性占い師が活躍していました。

　なかでもマドモアゼル・ル・ノルマンの弟子を名乗り、人気を博したマダム・アデル・モローという女性占い師は、1869年に『未来のベールを取る　新しい手相術（L'avenir dévoilé: Chiromancie nowvells）』という本を出版しています。彼女は、顧客からの手紙と同封の手の写真を郵便で受け取り、日曜と祝日を除く午前9時から午後6時まで毎日休むことなく、それらに答えるべく占いをおこなっていたそうです[137]。

　マドモアゼル・ル・ノルマンやマダム・アデル・モローらは、19世紀のフランスにおいて、手相術を操る非常に人気のある占い師でした。とはいえ彼女たちは、その実践から離れ、こと理論的な面になると、後の時代へ寄与するものをまったく残していません。

　ただし、当時の多くの人々の手のひらを見つめ、彼らの人生の悩みに耳を傾け、日々の細々とした助言を惜しみなく与えていた彼女たちのような女性占い師こそ、いわば手相術研究の空位期の間、その実践を途絶えさせることなく、次世代へと伝えていく役割を担っていたとも言えるでしょう。

■**近代手相術の原点**

　19世紀における真の手相術のリバイバルは、マドモアゼル・ル・ノルマンやマダム・アデル・モローを代表とする街の占い師たちとは、まったく別のところではじまります。

　1798年3月13日フランス北西部ノルマンディー地方のイブト生まれ。カジミール・スタニスラス・ダルペンティニー（1798－?）は、19世紀後半から20世紀前半にかけての手相術のリバイバルへの最初の一歩を踏み出した非常に重要な人物として、手相術の歴史のなかに決して消えることのないその名を刻み込みました[138]。

　生涯の大部分を軍人として過ごしたダルペンティニーは、1814年の敗退まではナポレオン1世に、その後は1844年に戦いで傷を負い名誉勲章とともに退役するまではルイ18世のもとに仕えていました。

　ダルペンティニーの手相術に対する関心は、スペイン戦争（1808-1814）の間に従軍していたとき、ジターナという名のジプシーの少女に手相を観てもらったことにはじまりました。そのときの印象が非常に強く心に刻みこまれたれたダルペンティニーは、退役後、残りの生涯を手の研究に費やすことになります。

　ダルペンティニーが後世へと残した手の研究として最も重要だとされているのは、手の形による分類です。

　彼は1839年に出版した『カイログノミー（La chirognomie）』のなかで、人の手のタイプを以下の7つに分類しています[139]（図24〜29）。

① 「素朴な手（the Elementary Hand）」
② 「へら型の手（the Spatulate Hand）」
③ 「円錐形の手（the Conic Hand）」
④ 「正方形型の手（the Square Hand）」
⑤ 「節の多い手（the Knotty Hand）」
⑥ 「先のほっそりとした手（the Pointed Hand）」
⑦ 「混合型の手（Mixed Hand）」

　これらのタイプは、すべて手と指それぞれの大きさや形によって分類されたものです。たとえば、「素朴な手」は、「しなやかさに欠けた大きな指」で「親指は短く」、さらに「手のひらは非常に大きく厚く硬い」と規定されています。一方で「へら型の手」は、指先がへら型になっているのが大きな特徴です。また「節の多い手」は、その名前からも分かるように、指の関節がごつごつしています。

　こういった手のタイプによって、人間の性格や気質を分類できるというアイデアは、20世紀初頭に手相術師として大きな成功を収めたキローによって、より分かりやすい性格記述がつけ加えられ、やがてそれがスタンダードな解釈として、その後の多くの手相術の本のなかで引き継がれていくことになります。

　たとえばダルペンティニーが「肉体労働」の手と述べていた「素朴な手」の持ち主についてキローは、次のようにも述べています。

> 彼らは自分の情熱を、ほとんどコントロールすることができない。形態、色、美への愛は、彼らには見られない。（中略）暴力的な気質で情熱的ではあるが勇敢ではない。（中略）彼らは、低次元の狡猾さを持っている。それは本能的な狡猾さであり理性によるものではない。彼らには野心と言ったものがなく、食べて、飲んで、寝て、そして死ぬだけなのだ[140]。

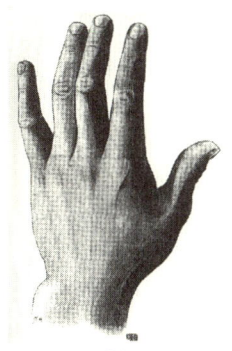

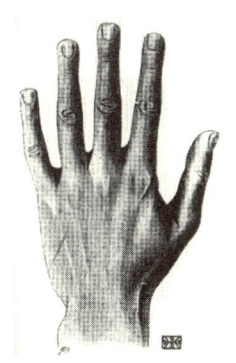

図24 「素朴な手」　　図25 「へら型の手」

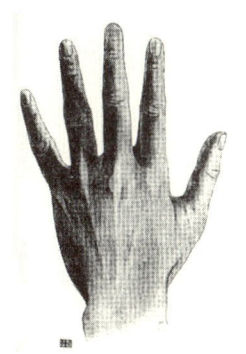

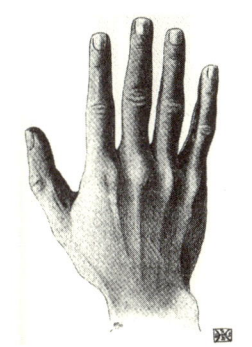

図26 「円錐形の手」　図27 「正方形型の手」

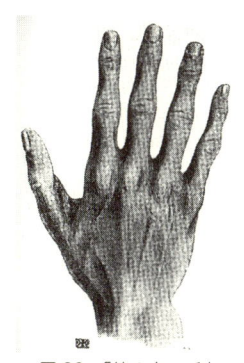

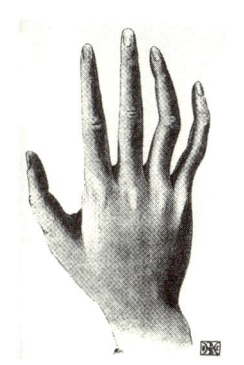

図28 「節の多い手」　図29 「先のほっそりとした手」

ダルペンティニー『カイログノミー』のなかの手の形による分類のイラスト（出典4）

「素朴な手」に対するキローの性格づけは、読んでお分かりのとおり、何ともひどい記述となっています。実はキローの手相術の本は、すでに昭和9年『人と人の手（手相秘典）』（図30）[141]、昭和33年『手相の言葉』[142]というタイトルで翻訳本が出ています（キローについて詳しくは、後ほど改めて紹介します）。そのせいか日本の手相術師の間ではキローの知名度は非常に高く、実際に手相術の本の多くでは、「偉大な手相術師であった」というような賞賛の言葉とともに語られています[143]。しかしながら、先ほどの辛口をとおり越して、あまりにも侮蔑的なキローの性格分類の解説は、今日では到底一般読者受けしないものでしょう。

　ちなみに最近の手相術の本のなかの「素朴な手」の性格描写では、さすがにキローほど辛らつではありません。とはいえ、やはりそこにはキローと共通の否定的なトーンが見られることは事実です。たとえば2001年に出版されたリチャード・ウェブスターの『コンプリート・ブック・オブ・パーミストリー（The Complete Book of Palmistry）』でも、「素朴な手の人々は、好奇心は少なく非常に頑固である。彼らは自分を言葉で表現するのが苦手で、そのためときどき不満が暴力になることがある[144]」と言った具合に述べられています。その一方でダルペンティニーが「アーティストの手」とも呼んだ「円錐形の手」は、「素朴な手」の記述とは対照的に「クリエイティヴで美的感覚に優れ、しばしば白昼夢にひたる人」であり、「すべてが完璧である

図30　キローの翻訳本（出典23）

美しい世界を夢見る」と述べられています[145]。

　ところで、こういった解説を見ているとすぐに気がつくのは、手の形から誰もが素朴に連想されるイメージが、そのまま性格描写に結びついているということです。すなわち、「素朴な手」、「円錐形の手」は、それぞれ「肉体労働者」、及び「アーティスト」とされる人の型にはまったイメージと何となく結びつきます（その逆は一般的なイメージとして結びつかないでしょう）。また、「節のある手」は、深くものごとを考える「哲学者の手」だとされていますし、現実的で実際的な能力がある人は、あくまで「先のほっそりとした手」のタイプではなく、最もしっかりとした形を持つ「四角い手」のタイプであると規定されています。このようなダルペンティニーからはじまる７つの手の形の分類による性格分けは、素朴な一般的な連想として形と性格を結びつけやすいため、ある意味、非常に分かりやすいものだと言えるでしょう。

　現代においても、ダルペンティニーによる手の形のタイプ分類を、そのまま使用している手相術の本は非常に多く見られます。その反面、ダルペンティニーによる手の形のタイプ分類についての批判も、手相術の研究家から提出されています[146]。

　まずもっとも問題にされるのが、７番目のタイプとしての「混合型の手」という分類です。これはどのタイプにも完全に一致しない手を分類するにあたって、非常に便利なカテゴリーです。しかしそもそも、そのような本来別の階層に位置づけるべき総括的なタイプ分類であるはずの「混合型の手」を、ほかのタイプと同じ階層に並列させてしまうのは、論理的に明らかな誤りです。

　また、そういったカテゴリー・エラーの問題を離れても、実際上の問題として、現実にいろいろな人の手を見てみると、「混合型の手」以外の６つのタイプのどれかにぴったり当てはまる純粋なタイプというのは、基本的に少ないということが分かります（たとえば分かりやすい例として、節の目立つへら型といった

「混合型の手」は、決して珍しくはありません)。従って、「混合型の手」というカテゴリーを作ってしまうと、かなりの多くの人がこのタイプのなかに含まれてしまうことになってしまいます。

また、もうひとつ問題となるのは、これらの手の分類が一般的に女性の手に対してあてはめづらいということです。実はこのことについては、すでにダルペンティニー自身がその著書のなかで、この分類法は男性のみに該当するものであり、女性にはふさわしくないものと断りを述べています[147]。それにもかかわらず、その後この分類法を取り入れた手相術師たちは、そのことを意図的に無視しているのか、あるいはダルペンティニーの著作自体を読んでいないせいなのか、男女兼用のものとしてそれを使い続けています。

このような問題があるにもかかわらず、ダルペンティニーがおこなった手の形による分類というアイデア自体は、手相術の歴史においてたしかに画期的なことであることは間違いありません。というのも、ダルペンティニー以前の手相術では、ラインやマークを解釈するというのが基本で、手の形をきちんと分類しようとする試みは、ほとんど見ることのできないものだったからです。

一方でダルペンティニーは、手相術の主要な関心であるはずのラインの解釈については、まったく触れていません。あくまでダルペンティニーは、手の形態学的な意味づけにのみ、関心を集中しています。

手の形態学的な点ということで言えば、本書の第Ⅰ部でも見たような指の長さ、あるいは指先の形などに注目して、そこに意味を与えるというのも、ダルペンティニーが手相術の歴史上、はじめておこなったことです。

このようなダルペンティニーからはじまる、手や指の形から性格や気質を判断するといった方法は、その後手相術のなかでも特に「カイログノミー」と呼ばれるようになっていきます。このカ

イログノミーは、すでに述べたように、ちょうど本書の第Ⅰ部Ⅱ、Ⅲ章に当たります。

　一方、本書の第Ⅰ部Ⅳ、Ⅴ章に該当する「カイロマンシー」の分野の開拓は、ダルペンティニーではなく、そのすぐ後に登場したアドリアン・アドルフ・デバロールという人物によって開始されることになります。

■エリファス・レヴィの弟子による手相術の復興

　1801年8月22日。ダルペンティニーのわずか3年遅れでパリに生まれたアドリアン・アドルフ・デバロール（1801-1886）は、手相術師としての成功を得る前に、もともとエリファス・レヴィ（1801-1866）の弟子としてカバラの教義を学びました。
　エリファス・レヴィと言えば、19世紀フランスの最大のオカルティストであると同時に、タロットをカバラ魔術と結びつけ、その歴史上、最も後世に大きな影響を残した人物として有名です[148]。
　オカルト・タロットの主導者であるレヴィと手相術のリヴァイヴァリストとしてその名を残すデバロール。それぞれの分野において非常に大きな功績を残したこのふたりの関係が、いったいどのようなものであったのかということは非常に気になるところです。とはいえ、残念ながら具体的なことに関しては、あまり詳しく分かっていません。ただし、デバロールが生涯レヴィの忠実な弟子でなかったことは確かです。というのも、デバロールの世俗的な成功への強い関心が、次第にレヴィの気に障るようになったらしく、ふたりのつき合いは途中で断たれてしまっています[149]。
　またデバロールは、レヴィからの影響とは別に、18世紀末のキリスト教神秘主義者ルイ＝クロード・ド・サン＝マルタン（1743-1803）からはじまると考えられている「マルティニスム」と呼ばれる教義の秘儀伝授を受けていたようです。
　1859年。デバロールはパリで『手の神秘（Les mystères de la main）』と題された本を出版します[150]（図31）。デバロールのこの手相術の本の登場は、師であるエリファス・レヴィが『高等魔術の教理と祭儀』という近代オカルティズム復興の起爆剤となった2巻本を1854年と1855年に出版したわずか4年後のこと。すなわち、デバロールの手相術の本は、19世紀半ばから世紀末へ

と向かって動き出す、レヴィを原点としたフランス・オカルティズム隆盛のまっただなかへと投じられたものだったのです。

手相術復興の先鞭をつけた前述のダルペンティニーが、カ

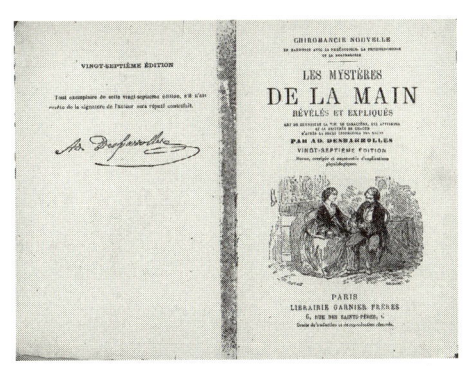

図31 デバロール『手の神秘』の扉頁（出典7）

イログノミーという分野の新たな第一歩を踏み出したのだとしたら、一方のデバロールのこの本は、古い時代の手相術（カイロマンシー）を、まさしく近代へと蘇らせる重要な役割を担いました。

また、オカルティズムとはほとんど関係のないところで、経験に基づいた科学的アプローチを志向したダルペンティニーの手相術とは対照的に、デバロールの手相術はより観念的でオカルト色の濃いものとなっています。

たとえばデバロールは、指や手のひらを「元素の領域」、「天の領域」、「知性の領域」と3つの世界からなるものとしていますが、こういったアイデアの背景には、当時広まっていたカバラ的なオカルト思想があることは明らかです。ちなみに、デバロールよりもおよそ1世代後に活躍したフランスのオカルティストであり、タロットに関する非常に有名な本『ボヘミアンのタロット』を書いたパピュスも、デバロール同様、マルティニスムの秘儀伝授を受けていますが、彼のタロット解釈にも、この「3つの世界」というアイデアが取り入れられています[151]（図32、33）。

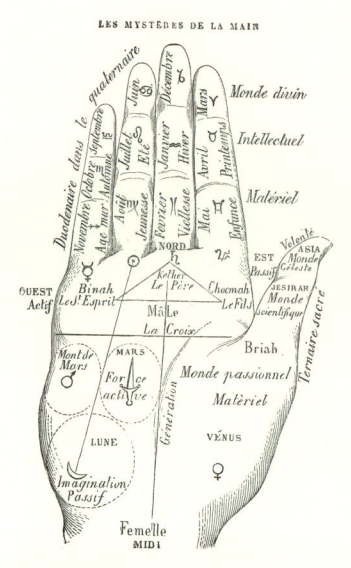

図 32 デバロール『手の神秘』より（出典 7）

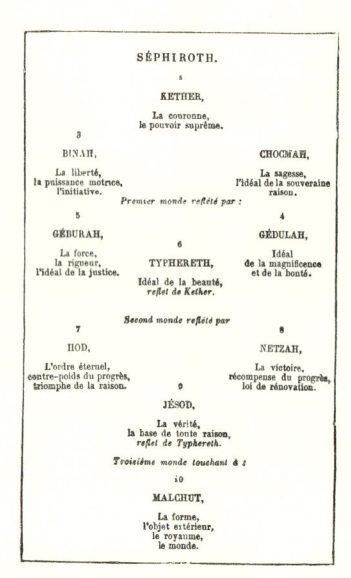

図 33 デバロール『手の神秘』のなかのカバラの「生命の樹」（出典 7）

　こういったオカルト的な要素の強いデバロールの手相術ですが、その一方ではやはり先行者であるダルペンティニーからの大きな影響を受けていることも確かです。たとえば指先の形や指の関節などのカイログノミー的な説明は、完全にダルペンティニーの著作から引き継がれています。

　1874 年にデバロールは、さらに『完全なる啓示（Révéiations complètes）』と題した本をパリで出版します[152]。この本では、1000 頁以上にも渡って手のラインやマークなどについての個々の解釈が図解されています。（図 34）

　ただし、ラインやマークに対してのデバロールの解釈は、わずかな部分を除いてオリジナルなものは見られず、基本的には前節までに見てきた古い時代の手相術の本でおこなわれていたことを、より現代的に表現し直したものに過ぎません。とはいえ、しばらくの間忘れられていた古い時代の手相術のメソッドを、19

図34　デバロール『完全なる啓示』より（出典8）

世紀という近代に蘇らせたデバロールの功績は、その後の手相術の発展から見ると、非常に大きなものだったと言うことは強調しておかなければなりません。

　オカルティズムの歴史において、師のエリファス・レヴィは、独創的で新しい何かを生み出す書き手としてではなく、長らく眠っていた古い教義を掘り起こし、それらをひとつの理論のもとに統合したという意味において「偉大なる復興者」と評されています。

それとまったく同様の意味で、デバロールは手相術の分野における「偉大なる復興者」であり、近代手相術の生みの親として、その大いなる賛辞を受けるに足る人物であると言えるでしょう。

■ヴィクトリア朝手相術のはじまり

　デバロールの後、19世紀末に向かって手相術に関する新しい本が、堰を切ったかのように、続々と出版されるようになります。特にこの時代、ダルペンティニーとデバロールによる手相術は、イギリスにおいて大きな広がりを見せていきます。

　まず、1865年にリチャード・ビーミッシュの『手のサイコノミー　もしくはダルペンティニーとデバロールによる精神的発達の指標（The Psychonomy of the Hand, or An Index of Mental Developments According to D'arpentigny and Desbarolles）』、1867年にA・R・クレイグの『手の本（The Book of Hand）』がそれぞれロンドンで出版されます。これらはいずれもダルペンティニーとデバロールの影響下で書かれた手相術の本です。

　さらに80年代に入ると、ダルペンティニーの名をイギリス中に広めるのにもっとも貢献したエドワード・ヘロン＝アレン（1861-1963）による手相術の本が出版されます（図35）。

　ヘロン＝アレンは、手相術だけでなく非常に多岐に渡る分野の著作を残しています。ヴァイオリンの歴史や海洋生物学、またペルシアのウマル・ハイヤームによる詩『ルバイヤート』を、はじめてアラビア語から英語へと翻訳したことでも知られている人物です。

図35　エドワード・ヘロン＝アレン
（出典10）

ヘロン＝アレンの手相術に関する著作で代表的なものは、1885年の『手の知識のマニュアル（A Manual of Cheirosophy）』[153]と1889年に『手の科学（The Science of the Hand）』[154]と題されて出版されたダルペンティニーの著作の翻訳です。
　前者の『手の知識のマニュアル』は、ダルペンティニーとデバロール双方の手相術を、過不足なく見事に一冊にまとめたものです。大きく2章に分けられたこの本では、それぞれの章をダルペンティニーによる「カイログノミー」とデバロールによる「カイロマンシー」に当てています。また、78頁にも渡る長いイントロダクションでは、手相術の正当性を当時の生理学や解剖学などの観点から擁護するとともに、非常にまじめな歴史の概略も描かれています。ラテン語やアラビア語も解するヘロン＝アレンによって、詳細な注とひとつひとつの出典がきちんと明記されたこの本は、手相術の実践の解説書としてはもちろんのこと、当時の手相術の研究書として最も素晴らしいもののひとつだと言えます。
　また、ダルペンティニーの『手の科学』の翻訳では、イントロダクションとしてヘロン＝アレン自身による手の解剖学的な研究をのせ、なおかつ本文に対しては非常に細かい注釈をぎっしりとつけ、さらに巻末の補遺にはこれまでに書かれた125冊にも及ぶ手相術に関する文献のリストが追加されています。このヘロン＝アレンによる注釈や文献目録は、その後の手相術の歴史の本格的な研究の最初の出発点となりました。
　また、1886年にヘロン＝アレンは、アメリカで手相術に関する一連のレクチャーをおこなっています。主にカイログノミーに重点を置いたこのレクチャーの内容は、『実践的手の知識（Practical Cheirosophy）』というタイトルで1891年に出版されています。
　まさしく19世紀に復興したフランスの手相術をイギリスへと紹介し、その後のこの分野の研究の原点とも言うべき業績を残し

たヘロン＝アレンですが、彼自身は文字どおりの意味における手相術師、あるいは手相術の実践家ではありませんでした。また、彼の手相術に関する興味も、終生続いたわけではなく、どうやらその後失われてしまっていったようにも思われます。

　というのも、たとえば 1889 年には、その後のイギリスの手相術の中心的な位置を占めることになる「ロンドン手相学協会」が設立されますが、ヘロン＝アレンはほとんどその会にも関心を持たなかったようで、メンバーにも加わっていません[155]。

■ロンドン手相学協会

図36　キャサリン・ST・ヒル（出典14）

図37　アイナ・オクセンフォード（出典10）

「ロンドン手相学協会（the London Cheiroligical Society）」。この世紀末に設立された手相術の研究機関の活動は、イギリスのヴィクトリア朝期における手相術に対して非常に大きな影響を与えました[156]。

1889年。ニュージーランド出身のキャサリン・ST・ヒル（図36）という女性によって設立されたロンドン手相学協会は、手相術の体系的な研究に着手した世界ではじめてのグループだと言えるでしょう。

設立の翌年には、キャサリン・ヒルとともに協会をけん引していくことになるアイナ・オクセンフォードが加入（図37）。当初5人のメンバーではじまった手相学協会は、次第に人数が増えるとともに隔週の定期的なミーティングが開かれるようになります。

協会には主として次のような3つの理念がありました。

（1）科学的リサーチのレベルにまで手の研究を高めること
（2）すべての手相術の部門の研究を促進すること。
（3）山師や詐欺師に対する公共のための保護団体としての役割を担うこと

　協会の活動は順調だったらしく、設立3年後の1892年には、協会の正式名称を「ロンドン手相学協会」を単に「手相学協会」と変え、4月から「パーミスト（The Permist）」と題した月刊誌の発行をはじめます。「パーミスト」は当時のイギリスのすべての地下鉄の駅で入手可能で、数年後にはアメリカ、カナダ、オーストラリアの書店にも置かれることになります。またこの年までに協会のメンバーは50人を越え、さらに1901年には、年次総会の参加者も200人ほどにまで膨れ上がっています。

　こういった規模の拡大の一方、協会はダートランドの保護施設やヴィクトリア病院などを訪れ、さまざまな多くの手を調査し研究をおこなっています。また、自分たちの手相術をデモンストレーションするために、慈善市の開催されている場へと定期的にメンバーを送り出したりもしていました。

　また、協会の活動と平行してキャサリン・ヒル自身は、1893年に手相術に関する最初の著書『手相術のグラマー（The Grammar of Palmistry）』（図38）、さらに1896年には『セレブリティの手（Hands of Celebrities）』を出版しま

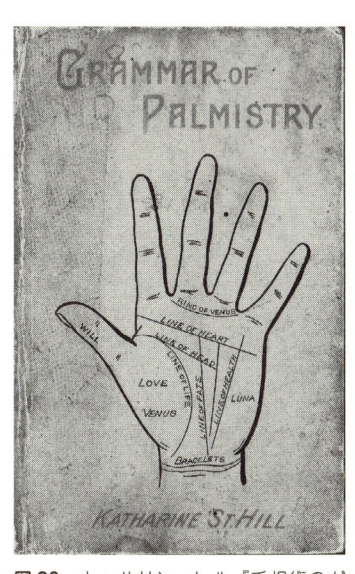

図38　キャサリン・ヒル『手相術のグラマー』の表紙（出典13）

す。

　ただし、協会の順調な活動も、ずっと続いたわけではありません。1892年から7年間続いた「パーミスト」は、1899年にそれを印刷していた工場の倒産によって、一時的に休刊になります。その後、協会メンバーのチャールズ・リディアルが所有していた出版社が、協会の刊行物の出版を引き継ぐことになります。そして「パーミスト」は、「パーミスト・レヴュー（The Palmists Review）」と名前が改められ再スタートを切りますが、結局1年あたり4号の刊行のみで、2年後には金銭上の理由で出版が停止となります。

　また、「パーミスト」が休刊となった同じ年には、キャサリン・ヒルとともに中心的役割を担っていたオクセンフォードが協会を離れています。そのはっきりとした理由については定かではありませんが、彼女の関心が手相術よりも広い領域へと移っていったことにあるのかもしれません。というのも、彼女は新たに自ら「ホモロジカル協会（the Homological Society）」を設立し、「リサーチ（Research）」という機関誌を刊行しますが、そこでは手相術だけではなく、当時のさまざまなオカルト・サイエンスの研究が集められています。オクセンフォードは、1896年に『新しい手相学（New Chirology）』、さらに1900年に『現代の手相術（Modern Palmistry）』を出版しています。

　一方でキャサリン・ヒルのほうは、1920年代の終わり頃までは協会の代表を務めていました。しかしながら協会自体の積極的な活動は、「パーミスト・レヴュー」が休止した1901年頃に明らかにペースダウンしていたようです。ただしキャサリン・ヒル自身の著作活動はその後も続き、1927年には彼女の代表作とも言うべき『手の本（The Book of the Hand）』、さらに1929年には『医学的手相術（Medical Palmistry）』、1930年には『顔と手（Hands and Faces）』を出版し、終生、手相術の研究へ没頭しました。

ちなみに、今日のイギリスにもキャサリン・ヒルの名を設立者として冠した手相学協会が存在しますが、実際にはオリジナルの手相学協会とは直接的なつながりを持っているわけではないようです[157]。

　キャサリン・ヒルとオクセンフォードの手相術は、基本的にフランスのふたりのパイオニア、ダルペンティニーとデバロールにはじまる手相術に大きな影響を受け、その解釈の大部分を受け継いでいます。ただし、ただ単に先行者の考えをすべて受け入れているわけではありません。

　いくつか例をあげるなら、たとえばダルペンティニーの7つに分類する手の形のパターンを、キャサリン・ヒルもオクセンフォードも採用していません。図39はオクセンフォードの『現代の手相術』からのものですが、ここでは手の形は5つにパターンに分類されています[158]。また、今日で言うところのフェイト・ラインは非ヨーロッパ人には存在しない、という非常に奇妙な見解をデバロールは述べていますが、キャサリン・ヒルはこれをはっきりと否定しています。このように手相学協会は、常に彼らをリスペクトしながらも、自分たちの研究成果に基づきいくつかの独自の見解もつけ加えていっています。

　キャサリン・ヒルとオクセンフォードのふたりが中心となった手相学協会による手相術のメソッドは、当時のイギリスで手相術に関心を持った

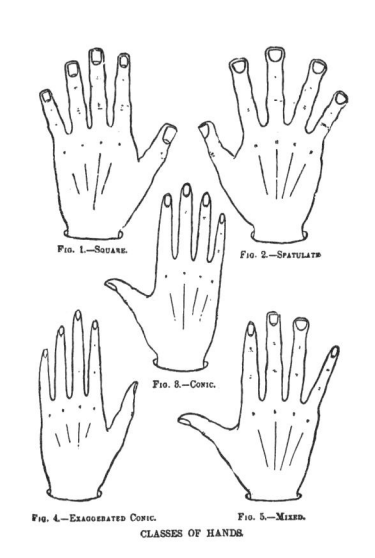

図39 オクセンフォード『現代の手相術』より（出典19）

多くの人々の間で広まり、スタンダードな体系としての地位を確立していきました。そればかりか現代の手相術の本の内容の多くが、このヴィクトリア朝で活躍したふたりの女性の著作から取られていることからしても、後世におけるその影響の大きさも決して見逃すことはできないでしょう。
　ところで 19 世紀末から 20 世紀初頭にかけて、こうした手相学協会による手相術のいわば"まじめな"啓蒙活動がおこなわれていたまさに同じ頃、ロンドンのボンド・ストリートで非常に華々しい活躍をしていたあるひとりの手相術師がいました。「手」という意味を持つ名前をペンネームにしたその人物こそ、ヴィクトリア朝のイギリスで最も広く名声を馳せたスター占い師でした。

■**栄光を極めた手相術師**

　本名、ウィリアム・ジョン・ワーナー。1886年アイルランド生まれ。一般的にはカイロというペンネームで知られています（図40）。このカイロという名前は「手」を意味する語である「カイロ（Cheiro）」に由来します（ただし、日本ではこれまで長年「キロー」、あるいは「キロ」という表記をされてきているので、その慣例にならって本書でも、キローと呼んでおきます）[159]。

　彼の生涯を知るための資料としては、彼の自伝『告白　現代のある予言者の回想録（Confessions: Memoirs of a Modern Seer）』（1937）[160]、及び最近の伝記として『キロー　終末の時代の予言者(Cheiro: Prophet of the End Times)』（2002）[161]があります。ただし、そこで語られている内容は、あまりにもその予言者としての偉業が美化され過ぎているきらいを拭い去ることはできません。

　ちなみに後者の伝記の最初の頁には、キローが1925年におこなったとされる予言のなかでその後的中したとされるものが列挙されています。その全部で13の予言からいくつかピックアップしてみると、たとえば次のようなものがあります。「新しいユダヤ教の国が世界的に認められる」。「イギリスがインドを手放す」。「社会のなかで女性の役割に革命が起こる」。

　また同頁には、さらにキロ

図40　キロー（46歳）（出典5）

ーが予言したもので、これから先の未来で起こるであろうことも21項目列挙されています。これもいくつか例をあげておきましょう。「女性がアメリカ合衆国の大統領になるだろう」。「チャールズ皇太子がイギリスとフランス両方の王になるだろう」。「日本が中国の問題によって影響を受けるだろう」。「失われたアトランティス大陸がアゾレス諸島に浮上してくるだろう」。「ロシアが百年の間、世界を支配するだろう」。

　今日伝えられる彼の生涯についての多くの情報は、にわかに信じがたい逸話が多く、どうにもそのまま受け取ることがためらわれます。たとえば、「幼年時代にジプシーに誘拐され、そのときにそのジプシーによってクレアヴォヤン（透視能力）が目覚めさせられた」といった記述からはじまり、魅力的であるけれども、どうにも虚構としか思えないようなうそ臭い話で満たされています。

　なかでも読む側としては、どうにも苦笑するしかないエピソードをひとつ紹介しましょう。ある夜にキローが家に帰ろうとしていたときのこと、彼は見知らぬ男に銃をつきつけられたそうです。キローは、右手をその強盗の顔と同じ高さに差し出しました。すると、その男は催眠術がかかったような硬直状態になり手から銃が落ちました。キローは銃を拾いその男に歩み寄りました。その男は許しを請うたので、彼が未来に誠実な人生を送ることに同意させ、解放してあげました。しかもキローは、その男のために食事をご馳走し、お金を与え、仕事まで見つけてあげたそうです。まるでどうしようもない昔の少年漫画のワン・シーンのようです。

　キローが語る自らのドラマティックな人生の冒険談は、脇において置くとしても、いずれにせよ実際に彼が19世紀末から20世紀初頭にかけて、最も有名で社会的に成功を収めた手相術師であったという事実に変わりはありません。

　また歴史上、大きな成功を収めた占い師の例にもれず、キロー

も自己イメージを上手にセルフ・プロデュースすることには非常に長けていたようです。

　20歳のときにロンドンに渡り、ボンド・ストリートでプロの手相術師として開業します。その頃から自らをルイ・ハモン伯爵と名乗り、その出自が高貴な家柄であることをほのめかすようになります。彼の若い頃の写真を見ても、なかなかの恵まれたルックスの持ち主でもあり、さらに巧みな会話とすぐれた社交術を発揮することで、イギリスの上流階級の社交界で受け入れられるようになるのは、さして難しいことではなかったようです。

　実際に、彼が占ったとされる数々の人々を列挙するとマーク・トウェイン（作家）、サラ・ベルナール（女優）、オスカー・ワイルド（作家）、グローバー・クリープランド（第22代・24代アメリカ合衆国大統領）、トマス・エジソン（発明家）、ウェールズ皇太子、ウィリアム・グラッドストーン（イギリスの政治家）等々、続々と当時の有名人や有力者の名を挙げることができます。図41はキローの当時のコンサルティング・ルームを描いたものとされていますが、当時のセレブリティが足を運んだに違いないこの部屋は、エキゾチックな雰囲気が存分に演出されたゴージャスなものだったことが想像されます。

　キローは1892年にわずか96頁の小著『キローの手の本（Chiero's Book of the Hand）』を、さらに1897年には、彼の手相術の代表作ともいうべき『キローの手の言葉（The Language of Hand）』をロンドンで出版します。この本には前述のマーク・トウェイン、サラ・ベルナールをはじめとして数々の有名人の実際のハンド・プリントが掲載され、それに対するキローの解釈が記されています。

　キローのこうした手相術の本の出版は、同じロンドンのキャサリン・ヒルやアイナ・オクセンフォードらの手相学協会の面々とまさしく重なる時期におこなわれていました。しかしながら、キ

ローと手相学協会はお互いにテイストが合わなかったのか、まったく活動をともにしていません。

　キローは手相術以外にも、数秘術や占星術などにも関心を示しています。ただしキローの占星術へのアプローチは、今で言うところのいわゆる「12星座占い」の域を出ないものでした。一方で、数秘術についてはより熱心だったようで『キローの数の本』（1926）と題された本を出版しています。この本については、拙著『数秘術の世界』で触れていますので、どうぞ興味のある方はそちらをご覧ください[162]。また1928年には、これから世界で起こる数々の出来事を予言した『キローの世界の予言（Cheiro's World Prediction）』を出版しています。

　さらにキローは、占い以外にもさまざまなビジネスに手を広げています。1900年代にはフランスのブドウ畑を所有しシャンパーニュの販売。また投資目的でパリのふたつの新聞社を買収。そのうちのひとつは第一次世界大戦勃発の頃まで続いていたようで

図41　キローのコンサルティング・ルーム（出典17）

すが、前述のキローの数秘術の本は、この新聞のなかでの「オカルト・ノート」というタイトルで連載していた記事をまとめたものです。

50歳を間近に、キローはメナ・ハリスという夫と死別した女性と出会い結婚していますが、その後アイルランドに引っ越しをしてピート（燃料用の泥炭）を製造する化学工場を作っています。さらに1926年にカリフォルニアに移ってからは、無声映画の脚本執筆の契約もしています。ただし、ちょうどそのすぐ後で、有声映画が登場したことによって、その企画は実現しなかったようです。

キローは1936年に70歳で肺をわずらってこの世を去ります。「王のアドバイザー、キロー死去」と当時のある新聞は報じています（図42）。そして同年、遺作となった『あなたとあなたの手（You and Your Hand）』が出版され、さらに翌年には、偉大な予言者の足跡を自ら後世に伝えるべく前述の自伝が世に送り出されます。

ところで、このようなキローの知名度と名声に反して、まじめな現代の欧米の手相術の研究家は、必ずしもキローに対して高い評価を与えていないようです。その理由のひとつとしては、やはりキロー自身の言っていることの随所に、どうしても胡散臭さが混じっている点にあります。

たとえばキロー自身はインドで手相術の研究をしてきたと述べていますが、かりにそ

図42　キローの訃報を伝える当時の新聞（出典5）

れが真実であったとしても、実際にどのキローの本を読んでみても、そこに書かれているのは19世紀のダルペンティニーとデバロールからはじまる手相術のメソッド以上のことは、まるで含まれていません。また彼の主著、『キローの手の言葉』の「手相術の防御」と題された第1章では、手相術の科学的な根拠と歴史が語られていますが、その内容のほとんどすべては、明らかにヘロン＝アレンの著書から拾ってきたものばかりです[163]。

　そればかりかフレッド・ゲティングスは、キローの誠実さを根本的に疑う例を、その著書のなかからいくつかあげています[164]。たとえばキローは、16歳のときにヨハネス・ハートリーブの『手相術（Die Kunst Chiromantia）』の英語訳を読んだと述べています（これは本書238〜239頁でみた1475年にドイツのアウグスブルクで出版された最も初期に印刷された手相術の本です）。しかしこのキローの発言は、明らかに信用の置けるものではありません。というのも、そもそもハートリーブの『手相術』は、キローの時代も含めて、いまだかつて一度も英語に翻訳されたことはありません。しかもその原著は、今もその当時も非常にレアで入手困難な本です。それにもかかわらずキローは、なんとそれを地下鉄の本売り場で購入し（！）、電車に乗りながら読んだと述べています。

　さらにゲティングスがあげるもうひとつの例としては、『キローの手の言葉』に掲載されているサラ・ベルナールのハンド・プリントが、キロー自身の解釈に合わせる形で修正されたものではないかという点です。その箇所のひとつは、木星の丘のところにある四角形のマークのところです。キローはその四角形のマークを「野心の過剰な放出から、その人（ベルナールのこと）を保護している」ものとして説明していますが、ゲティングスによれば、そのマークは彼が自分の解釈に合わせるために、鉛筆で後から書き加えたものではないかと疑っています（図43）。本書に載

せたのはリプリント版からの図版ですが、そこからはそれが鉛筆で記されたものなのかどうかは見定めがたいものの、たしかにややそこだけ色の薄くなっているマークの部分は、普通にはあり得なさそうなあまりにも明確な四角の形であることからして、やや不自然な感じがしないでもありません。

　ちなみにキローは、シミアン・ラインを持つ人を、「精神病、病的な陰鬱、極度のメランコリー（鬱状態）」であり、それは「自殺へと導く」と述べています。しかもシミアン・ラインが手の高い位置にあったなら、その人の欲望は「残忍で動物的」なものになり、「特に彼らの性向のなかに殺意があるなら、犯罪者の人生を送る」と述べ[165]、その実例となる殺人者のハンド・プリントを載せています（図44）（念のために言っておきますが、シミアン・ラインの人が殺人者になるということは、実際にはまったく証明されていません）。

　前にも述べたように、日本の手相術の本のなかですら「高名な手相家」として紹介されるほど世界的に有名になったキローですが、その実際の手相術の本自体は、手相術の発展の歴史という観

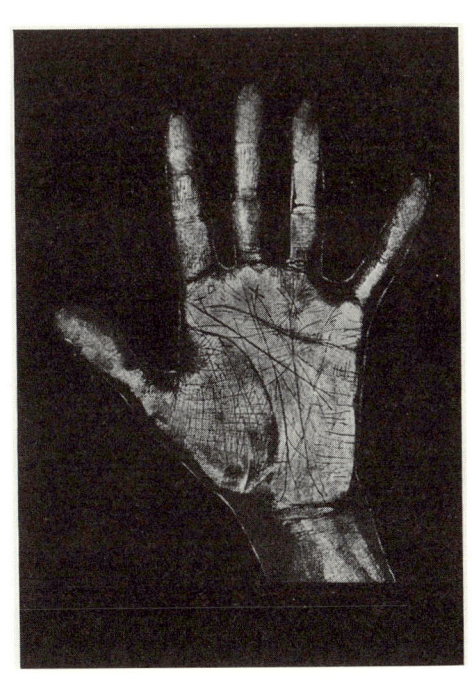

図43　『キローの手の言葉』に掲載されているサラ・ベルナールのハンド・プリント（出典6）

点から見た場合、とりたてて重要なものはほとんど見当たりません。

しかしながらその本の中身がどうであれ、彼の知名度と評判によって手相術をポピュラーにしたその功績の大きさは、この先もずっと彼の名を手相術の歴史のなかから消してしまうことはないでしょう。

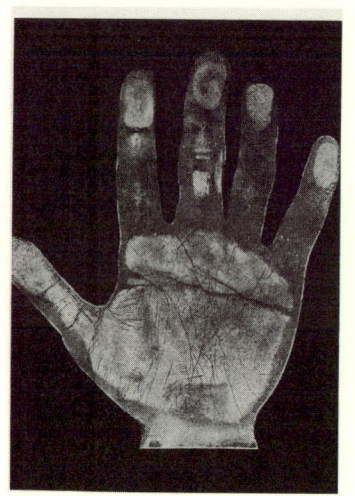

図46　『キローの手の言葉』に掲載されている殺人者のハンド・プリント（出典6）

■世紀末のアメリカに現れたサン゠ジェルマン伯爵の手相術

　手相学協会、及びキローが活躍していた頃、ちょうどアメリカでもダルペンティニーとデバロールの影響を受けた手相術の新たな本が出版されはじめます。

　まず1897年にシカゴで『プロフェッショナルな目的のための手相術の実践（Practice of Palmistry for Professional Purposes）』というタイトルの本が出版されます。本に付された著者名はサン゠ジェルマン伯爵。

　サン゠ジェルマン伯爵と言えば、みなさんのなかには18世紀フランスのルイ15世の宮廷に出入りをしていた謎めいた錬金術師を思い浮かべる人もいらっしゃるかもしれません。もちろん、その歴史上有名なサン゠ジェルマン伯爵が、19世紀末まで実際に生きていたというわけではありません。そう、まぎらわしいことに同じ名前なだけでまったくの別人なのです。実のことを言うと、こちらのサン゠ジェルマン伯爵は、エドガー・ド・ヴァルクール゠ヴァーモンなる人物のペンネームなのです[166]。

　この19世紀末のアメリカに登場したサン゠ジェルマン伯爵について詳しいことは分かっていませんが、おそらく新聞記者だったのではないかと推測されています。いずれにせよ彼は、何年間か「シカゴ・タイムス」に手相術のコラムを書いています。

　また、サン゠ジェルマン伯爵は、手相術のほかにも『実践的占星術（Practical Astrology）』、『実践的催眠術（Practical Hypnotism）』を残しています。特に、前者の『実践的占星術』は、アメリカでのタロットの受容の歴史のなかで、それなりの影響を後世へ残した本です[167]。というのも、タイトルは占星術となっていますが、実際の中身は、19世紀後半に活躍したフランスのオカルティスト、ポール・クリスチャン（1811-1877）のアイデア[168]を流用し、占星術にタロット・カードを関連させたも

のとなっています。さらに同書には、フランスのR・ファルコナーによって製作されたエジプト風タロット・パック[169]のデザインそっくりの新たな78枚のタロット・カードのイラストを掲載しています。この『実践的占星術』のなかのタロット・カードのデザインは、後にロサンゼルスのオカルト結社である「光の協会（the Church of Light）」のタロット・カードのデザインへと影響を与えています[170]。

ところで先ほど述べたサン＝ジェルマン伯爵の『プロフェッショナルな目的のための手相術の実践』（以下略して『手相術の実践』と呼びます）には、彼の肩書きとして「アメリカ手相学協会（the American Chirological Society）」、及び「ナショナル手相術スクール（National School of Palmistry）」の代表と記されています[171]（図45）。これらの団体の実体についてはまったく分かっていません。というより、その団体が本当に活動していたのか、あるいはもっと言うなら、そもそも実在していたのかどうかも疑わしいところです。

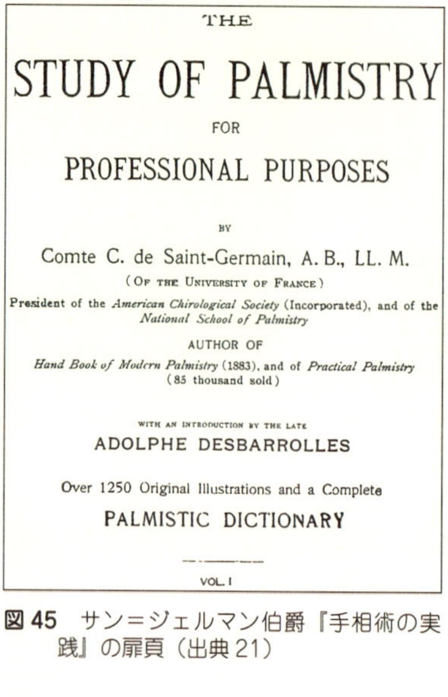
THE

STUDY OF PALMISTRY

FOR

PROFESSIONAL PURPOSES

BY

Comte C. de Saint-Germain, A. B., LL. M.

(Of the University of France)

President of the *American Chirological Society* (Incorporated), and of the *National School of Palmistry*

AUTHOR OF

Hand Book of Modern Palmistry (1883), and of *Practical Palmistry* (85 thousand sold)

WITH AN INTRODUCTION BY THE LATE

ADOLPHE DESBARROLLES

Over 1250 Original Illustrations and a Complete

PALMISTIC DICTIONARY

VOL. I

図45　サン＝ジェルマン伯爵『手相術の実践』の扉頁（出典21）

また驚くべきことに『手相術の実践』は、なんとアドルフ・デバロールによる序文を含むと宣伝されていました。もちろん、1886年に亡くなったはずのデバロールが序文を書けるわけがありません。だからなのか本文のほうでは、実際にはデバロールが序文を書いたわけではなく、デバロールが書いた断片を自ら編集し翻訳したといった前言撤

回のようなことが述べられています。ただし、それも実は怪しいものです。というのも、デバロールの著作を見ても序文の内容の素材となった文章が見つからないことから、現代の手相術研究家であるアンドリュー・フィツァバートは、サン=ジェルマン伯爵のその言い分も、認めることができないという意見を述べています[172]。

　デバロールによる序文云々の話を置いておいても、『手相術の実践』の内容は、ほぼデバロールの『完全なる啓示』からもたらされたものであることは間違いありません。ただし、レヴィの弟子であったデバロールの持ち味とも言うべきカバラ的な要素は、『手相術の実践』のなかからはきれいに省かれてしまっています。

　サン=ジェルマン伯爵のこの本は、キローの本と同様に何度も版を重ね、今日まで非常に広く知られています。個人的には内容自体、決してそれほどひどい本だと感じませんが、現代のまじめな手相術の研究家たちからのサン=ジェルマン伯爵の評価は、その活動が胡散臭いこともあいまって、かなり否定的なものとなっています。

　たしかに、このアメリカのサン=ジェルマン伯爵は、信用の置ける書き手だとは言えません。ただし、タロットにせよ手相術にせよ、海外の目新しいものをいち早く取り込んで、巧みな演出で大衆にアピールする、というある種のビジネス・センスに関しては非常に長けていた人物だったのでしょう。

　さて、玄人筋の手相術の研究家の間での評判がいまひとつのキロー、及びサン=ジェルマン伯爵に対して、この時代のアメリカで最も高い評価を得ているのが、次に紹介する人物ウィリアム・ベンハムです。

■ 20世紀手相術のバイブル

　ウィリアム・ベンハムは、13歳の頃から手相術に関心を持ち、ダルペンティニーと同様に、ジプシーから手相術を教わったそうです（図46）[173]。そしてジプシーから教わったわずかな知識をもとに、長年に渡る研究を重ねた結果、ついに1901年に『科学的手相術の法則（The Laws of Scientific Palmistry）』を出版します。これは「かつて書かれたもののなかの最良の1冊」[174] とも評されるほど現代でもなお高い評価を得ているものです。

　ぎっしりと文字で埋め尽くされた600頁をも越えるこの本は、実際にそれ以前に著された手相術の本のなかで、もっとも包括的なものであることは間違いありません。またひとつひとつの解説も同時代の手相術の本と比べて、明らかにより論理的で詳細な記述となっています。たとえば親指ひとつ説明するのに、今日の普通の手相術の入門書では、1頁から2頁ぐらいでせいぜい終わってしまうところを、ベンハムの本ではなんと40頁以上の紙数を費やしています。手の柔軟さ、色、爪、手に生えている毛、指先の形などの非常に細かな点についても、それぞれ10頁前後の分量となっています。また目次を見ると、今日の一般的な手相術の本に書かれている内容のほとんどすべてが、この本のなかに含まれていることが分かります。

　とはいえ、『科学的手相術の法則』のベースとなっているのは、やはり基本的にはダルペンティニーとデバロールからはじまる手相術です。しかしながら、

図46　ウィリアム・ベンハム（左の男性）（出典10）

ベンハムの本にはそこに自分独自のアイデアによって、いくつかの変更が加えられてもいます。
　なかでも特徴的なのが、手の形の分類法です。ベンハムは、とりわけ目立つ丘によって手を7つのパターンに分類します。そしてそれぞれの手の分類パターンは、占星術の7つの天体——すなわちルナ（月）、マーキュリー（水星）、アポロ（太陽）、マーズ（火星）、ジュピター（木星）、サターン（土星）とそれぞれ関連づけられます。こういった丘を重視することで、手のパターンを分類するという見方は、その人の基本的な気質だけではなく職業選択にも関係するとされ、後の1930年には『いかにして手から職業を見極めるか（How to Choose Vocations from the Hand）』というタイトルの本を出版しています（図47）。また、ベンハムは「職業ガイダンス研究所（Institute for Vocational Guidance）」という機関を後に設立していますが、それはこの丘を重視したメソッドを推し進めた結果生まれたものなのでしょう。
　ベンハムの本には、多くの手や指の写真が掲載されています。それらのほとんどが、それぞれのタイプを示すために過度に特徴的なものばかりです。たとえば、親指の典型例を示す図48をご覧ください。みなさんはどうか分かりませんが、個人的にはこれほどまでに柔軟な親指を、いまま

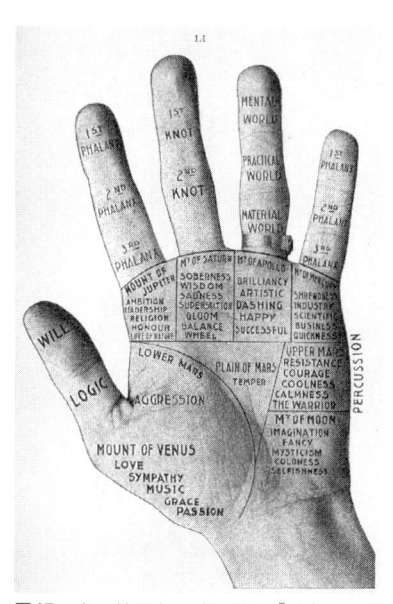

図47　ウィリアム・ベンハム『いかにして手から職業を見極めるか』より（出典1）

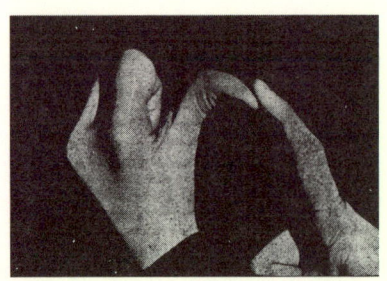

図48 ウィリアム・ベンハム『科学的手相術』の中の親指のサンプル写真（出典2）

で実際に目にしたことがありません。これはひとつの例に過ぎませんが、ほかにも非常に極端な形の手や指の写真が見られます。なかには、じっと見ていると少々グロテスクと感じるほど極端な特徴を持ったものもいくつかあります。

　しかしながら、その一方で後半のラインのところの説明になると、不思議なことにも写真が一切なくなり、イラストだけの図解になります。このようにラインに対してだけ実写をのせていないということについてフィツァバートは、ベンハムのラインに対する解釈のほうは、経験的なデーターを基にした手の形態に関する分析とは違って、純粋に「理論的」なものに過ぎなかったに違いないという意見を述べています[175]。より適切な言い方に換えるなら、おそらくベンハムのラインの解釈は、帰納的な方法から導き出されたものではなく、演繹的なアプローチを取っていたということなのでしょう。

　ところで、本のタイトルにもなっている「科学的」という言葉は、本当にその内容に当てはまるものなのでしょうか。たしかにベンハムの本は、実際の手の例をサンプルとして提示しながら実証を試みているという点からも、その真面目さや誠実さが十分に伝わってきます。その記述もほかの手相術の本と比べ、論理的であり、全体として首尾一貫しています。しかしながら、現代の一般的な意味での「科学」と言えるかと問われれば、そうではないと言わざるをえません。

　というのも、一見実証的に思える実際の手のサンプルに関しても、自分の理論に合致する例だけを、おそらく持ち出してきてい

るだろうことは否定できないでしょう。たとえば、棍棒型の親指が暴力的であることを示す例として、実際の殺人者の写真とともに、その解説をおこなっていますが、本当に棍棒型の親指の持ち主すべてが、殺人者、あるいは暴力的な気質の持ち主なのでしょうか。もちろん、そうではない反証例は、探そうと思えばいくらでも見つかるはずです。

　この種の調査を本当に科学的であらんとするならば、当然のことながら、きちんとした統計的な手法に訴えなくてはならないはずです。従って、まずはなるべく全体を代表するような偏りのない十分な数のサンプルを収集し、その結果をまとまったデーターとして提出するという手続きが必要でしょう[177]。実際にベンハムの後、20世紀の間、手相術が辿るひとつの道こそが、こういったより"科学的"とみなされる手法を取り入れて研究を進めていくという方向なのです。

＊

　本章では、19世紀のフランスでダルペンティニーとデバロールのふたりによって再び活力を吹き込まれた手相術が、いかなる過程を経て広まっていったのかを追ってきました。

　なかでもダルベンティニー、手相学協会、そしてベンハムを結ぶ手相術の系譜は、明らかに19世紀という時代の風潮に合わせながら、新たな研究の段階へと歩を進めていく試みとして見ることができるでしょう。

　ここで言う「19世紀という時代の風潮」とは、フランスの思想家オーギュスト・コント（1798-1857）によって明確に打ち立てられた「実証主義」と呼ばれる当時広く認められていた学問的態度のことです。

　ちなみに実証主義というのは、経験的事実に裏づけられたもの

のみを真とするもので、逆に実証不可能な事柄を知の対象から除外し、目に見えない世界などを無条件で前提とするあらゆる形而上学的な主張を廃するという学問上の立場を意味します。従ってこの考え方は、結果的に当時の科学的と唯一みなされた観察と帰納に基づく方法論に対して、あらゆる知の真偽を決定するための特権的地位を与えることになってしまいます。実際に当時は、自然科学、及びその応用としての科学技術の大きな進歩と社会的成功を背景に、実証主義はひとつの哲学的立場というよりも、広く認められる支配的な考え方となっていました。

　そんな時代背景のなか、ダルペンティニー、手相学協会、ベンハムはいずれも、現実の多くの手の観察をすることで、そこから帰納的に手の形態やラインについての意味を確定しようと試みたのです。さらに次節で見ていく、彼らの後継者とも言うべき 20 世紀の手相術研究も、そのひとつの流れとして完全にこの線に沿った形で進められていくことになります。

　では、今日に至るまでの手相術の歴史の最後の段階として、いよいよ 20 世紀における手相術の展開を見ていくとしましょう。

132：フランス革命からそれ以後の 19 世紀のフランスでの占いの流行については、ジョルジュ・ミノワ（菅野賢治、平野隆文訳）『未来の歴史　古代の預言から未来研究まで』（筑摩書房、2000 年）、549-573 頁。
133：エテイヤのタロットの本と当時の状況について詳しくは、拙著『タロット大全　歴史から図像まで』（紀伊國屋書店、2004 年）、109-126 頁。
134：Andrew Fitzhebert, The Palmist's Companion: A History and Bibliography of Palmistry, The Scarecrow Press, 1992, p. 196.
135：マドモアゼル・ル・ノルマンについて詳しくは、拙著『タロット大全』、127-147 頁。
136：マドモアゼル・ル・ノルマンと手相術については、Fred Gettings, The Book of Hand, Paul Hamlyn, 1970, pp. 199-201, Original edn., 1965.
137：マダム・アデル・モローについては、Fred Gettings, ibid., p. 201.
138：ダルペンティニーについての記述は、M. Le Capitaine C. S, D'Arpentigny and Edward Heron-Allen, The Science of the Hand or the Art of Recognizing the Tendencies of the Human Mind by the Observation of the Formation of the Hands, Kessinger Publications, no data, Original edn., 1889 のなかの「1865 年版への序文」を参照しました。
139：以下のダルペンティニーの手の分類については、M. Le Capitaine C. S, D'Arpentigny and Edward Heron-Allen, ibid., pp. 199-398.

140：Cheiro, Cheiro's Language of the Hand, Kessinger Publishing, no data, p. 27, Original edn., 1897（1892?）
141：キロ（中村文聰訳）『人と人の手（手相秘典）』（鷲峰社、1934 年）。
142：キロ（大和田斉眼訳）『手相の言葉』（明玄書房、1958 年）。
143：西洋手相術をはじめて日本に紹介したと思われる明治 36 年の松居松葉の『西洋手相判断』（大学館）では、キローの名前は登場していませんが（ダルペンティニーやデパロールへの言及はあります）、昭和 3 年に出版された永島真雄著『手相の神秘』（実業之日本社）では、「英国の大家キロー氏」とその名前が紹介されています（11 頁）。また、昭和 7 年の熊崎健翁著『相学維新 手相編』（五聖閣出版局）でもキローは、ベンハム（後に紹介します）と並んで手相術を科学的な学問とした人物として、その名が上げられています（5 頁）。
144：Richard Webster, The Complete of Palmistry, Llewellyn, 2001, p. 3.
145：Richard Webster, ibid., p. 4.
146：たとえば、Fred Gettings, ibid., p. 203, あるいは Edward D. Campbell, The Encyclopedia of Palmistry, A Perigee Book, 1996, p. 32 など。
147：M. Le Capitaine C. S, D' Arpentigny and Edward Heron-Allen, ibid., pp. 401-413.
148：エリファス・レヴィとタロットの関係については、拙著、『タロット大全』、155-189 頁。
149：Christopher McIntosh, Eliphas Levi and the French Occult Revival, Rider and Company, 1972, p. 115.
150：Adrien Desbarolles, Les Mystères de la main, Garnier freres, 1859.
151：パピュスのタロット論について詳しくは、拙著『タロット大全』229-249 頁。
152：Adrien Desbarrolles, Réxélations complétes, Vigot frères, 1934, Original edn., 1874
153：Edward Heron Allen and Eosamund Brunel Horsley, A Manual of Cheirosophy: Beinga Complete Practical Handbook of the Twin Sciences of Cheirognomy and Cheiromancy 1891, Kessinger Publishing, no data, Original edn., 1885.
154：M. Le Capitaine C. S. D' Arpentigng and Edward Heron-Allen, ibid.
155：ヘロン＝アレンについての簡潔な伝記は、Andrew Fitzherbert, ibid., pp. 31-35.
156：手相学協会についての以下の記述は、Andrew Fitzherbert, ibid., pp. 31-35
157：現代の手相学協会のウェブ・ページは、以下のアドレスで見られます。"http://members.fortunecity.co.uk/uyehara/index.html"．
158：Ina Oxenford and Lilian M. Wilkins, Modern Palmistry 1901, Kessinger Publishing, no data, Original edn., 1900.
159：キローについては、Andrew Fitzherbert, ibid., pp.37-42 and pp. 212-214.
160：Cheiro, Confessions: Memoirs of a Modern Seer, Jarrolds, 1932.
161：Anthony Carr, Cheiro: Prophet of the End Times, Carrino Publishing, 2002.
162：伊泉龍一、早田みず紀『数秘術の世界 あなたの人生を導く"数"の神秘』（駒草出版、2006 年）、256 頁。
163：『キローの手の言葉』については、リプリント版である次の文献を参照しています。Cheiro, The Cheiro Book of Fate & Fortune, Barrie & Jenkins, 1971.
164：Fred Gettings, ibid., p.210.
165：Cheiro, ibid., p.92
166：以下のサン＝ジェルマン伯爵についての記述は、Fred Gettings, ibid., p.208, 及び Andrew Fitzherbert, ibid., pp. 35-37 を参照しました。
167：サン＝ジェルマン伯爵と『プラクティカル占星術』については、Ronald Decker and Michael Dummett, A History of the Occult Tarot 1870-1970, Gerald Duckworth, 2002, pp. 217-218.

168：詳しくは、拙著、『タロット大全』、194-208 頁。
169：詳しくは、拙著、『タロット大全』、243-244 頁。
170：詳しくは、拙著、『タロット大全』、336-338 頁。
171：Comte de Saint-Germain, Study of Palmistry for Professional Purposes and Advanced Purposes, Kessinger Publishing, no data, Original edn., 1897.
172：Andrew Fitzherbert, ibid., p. 36.
173：William G. Benham, The Laws of Scientific Palmistry, New Castle Publishing, 1988, p. ⅹⅹⅶ, Original edn., 1900.
174：Andrew Fitzherbert, ibid., p. 100.
175：Andrew Fitzherbert, ibid., p. 223.
176：現代では、手相術に限らず、占星術や四柱推命など多くの占いが、統計学に基づくものであるという主張がしばしばなされているのを耳にします。しかしながら昔から伝わっている占いの解釈に関して言えば、今述べたような意味での厳密な統計学的な手法を使って導き出されたものは存在しません。

　もちろん、「わたしは個人的に何十年も占いで人を見てきて、1万人以上の人の占い結果から導き出されたデーターを持っている」といったような反論される占い師の方もいらっしゃるかもしれません。ただし残念ながら、そのデーターがどれほど膨大なものでも、いくつかの理由から厳密にはそのデーターを統計学的に有意味であるとは認めることはできません。何故なのかをいちいち述べるとなると本書の主題の範囲を大きくそれてしまいますので、気になる方は統計学の入門書でも、まずは実際に読んでいただくのが1番だと思います。

VI モダン・パーミストリー ── 占いと科学の狭間で

Modern Palmistry

■医学的手相術の幕開け

　第二次世界大戦が終わりを迎える年、すなわち1945年の4月12日、ノエル・ジャケン（1893-1974）とベリル・ハッチンソン（1891-1981）というふたりの人物が、今は亡き手相学協会を偲ぶかのように、再びロンドンに「生理学的類型研究協会（the Society for the Study of Physiological Pattern)」、略してSSPPと呼ばれる手相術の研究機関を設立します[177]。

　SSPPの設立者ふたりのうち前者のノエル・ジャケン（図49）は、今日「医学的手相術（Medical Palmistry)」を発展させたということで知られています。

　医学的手相術というのは、文字どおり手から健康状態などを診断する手相術の分野を言います。ただし実際には、現在の病状を診断するというよりも、むしろ、病気が実際に表面化する以前に、その潜在的な傾向をあらかじめ予測することに主眼が置かれることが多いようです[178]。

　そもそも今日へとつながる医学的手相術の萌芽は、病院を訪問することで手のデーターを集めたキャサリン・ヒルやオクセンフォードの手相学協

図49　ノエル・ジャケン（出典10）

モダン・パーミストリー――占いと科学の狭間で

会に見ることができます[179]。彼女たちの医学的な手の診断の調査は、もともと「パーミスト」で報告されていました。その成果の多くは、キャサリン・ヒルの1929年の著作『医学的手相術（Medical Palmistry）』として出版されています。

ところで、ノエル・ジャケンが医学的手相術のパイオニアとなったのは、彼がもともと若い頃に医者を志していたということと関係しているのでしょう。ただし本人曰く、第一次世界大戦のおりに財政的困難に陥り、実際にはその道を断念したとのことです。その後、父のビジネスを手伝いながら、手相術の研究をおこなったと言います[180]。

彼の最初の本は、1925年に『科学的手相術（Scientific Palmistry）』として出版されます。さらに翌年には雑誌「パーソンズ・マガジン（Person's Magazine）」に手相術についての記事を書きはじめます。このおかげで彼のもとには、手相を観てもらいたい読者から10,000通以上のハンド・プリントが届いたそうです。こうした大量のハンド・プリントのコレクションこそが、彼の手相術の研究の基礎ともなったようです。

翌年には『手と病気（Hand and Disease）』が出版されます。これはタイトルからも分かるように、医学的手相術に関する本です。ただしこれは、後のジャケンのより本格的な研究に移る前のもので、内容的にも後の本に比べて貧弱です。そのため彼自身も、後にこの本が再販されることを拒んでいます。

ジャケンの医学的手相術を知るための最良の本とは、1933年の『人間の手（The Hand of Man）』、及び1942年の『手は語る（the Hand Speaks）』です。これらの本では、いかに手が健康状態を反映しているかについて述べられています。ただし、その際に

彼が注目したのは、伝統的な手相術に見られるような手のラインやマークなどではなく、指紋などの指や手の皮膚表面の溝を作る隆起している部分、すなわち皮膚隆線（skin ridge）でした（図50）。

ジャケンは皮膚隆線の微細な変質が、病気のはじまりと関係していること、さらにそれは肉体の特定の器官への細菌の感染を意味していると考えました。そしてジャケンは、心臓病、がん、消化器の機能障害、呼吸器疾患、腎臓病、生殖器ー泌尿器系の病気などの兆候が、どのように手に現れるかの調査研究をおこないました。しかしながら、このような皮膚隆線と病気の間の関連づけをおこなうジャケンによる医学的手相術は、アカデミックな医学会からは、決して大きな関心を寄せられていたわけではありません。

図50　ノエル・ジャケン『人間の手』の中の皮膚隆線（出典16）

■占星術パラダイムからの離脱

　ジャケンとともに SSPP を設立した一方のベリル・ハッチンソンも（図51）、『手の手引き（A Handbook of Hands）』（1953）、『あなたの手のなかのあなたの人生（Your Life in Your Hands）』（1967）という2冊の本を残しています。

　前者の『手の手引き』は、SSPP におけるテキスト・ブックとしても使われました。もう一方の『あなたの手のなかのあなたの人生』では、ジャケン同様、皮膚隆線のパターンに大きな関心を示しています[181]。そしてミネラルやビタミンの不足などをはじめ、健康状態や病気の徴候をいかに手から読み取るかについての説明をおこなっています。さらに、ハッチンソンは、このような手による健康状態の診断の有効性について、解剖学や生理学の観点からの説明も加えています（図52）。

　ジャケンとハッチンソンはいずれも、自分たちの手相術から一切の迷信的、あるいはオカルト的な要素を排除しようと努めています。従って、ふたりの本では、もはや指や丘を占星術の天体と結びつけるような解釈は、ほとんど見られません。

　かつてのベンハムは、科学的であらんとしながら、占星術と結びついた伝統的な解釈のフレームワークからついに抜け出すことはできませんでした。それに対してジャケンとハッチンソンがおこなった

図51　ベリル・ハッチンソン（出典10）

ことは、中世から続くいわば「占星術パラダイム」から、自分たちの手相術を完全に引き離そうする試みであることを意味しています。

そのことは彼らが自分たちの実践や研究を、もはや「手の占い」を意味する伝統的な名称である「Chiromancy（カイロマンシー）」とは呼ばず、あえて「手の学」という意味を持つ「Chirology（カイロロジー）」としたことにも表れていると言えるでしょう。

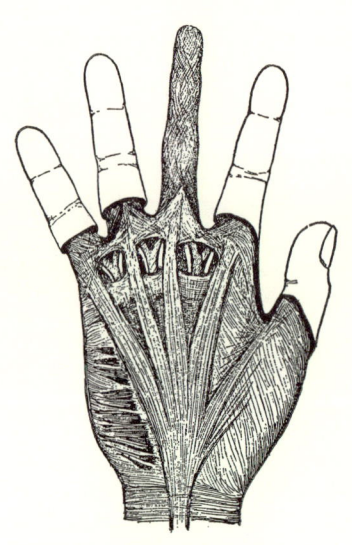

図52　ベリル・ハッチンソン『あなたの手の中のあなたの人生』の中の手の解剖学的説明のためのイラスト（出典15）

SSPP自体は、ハッチンソンが代表を務めながら、1960年代そして1970年代へとその活動は継続していきます。しかしながら、ハッチンソンが死去した1980年代になると、次第にその方向性は、当初とは変化していったようです。フォーラムや年次ジャーナルの内容も、その大部分が手の分析というよりも、占星術、筆跡学（Graphology）、数秘術といったものと変化し、「科学的」というよりも「オカルト的」と呼ぶべき分野への関心が強くなってしまいます。

■ダーマトグリフィックス

　それにしても、ジャケンやハッチンソンがおこなったような皮膚隆線から病気を診断する、という伝統的な手相術から切り離されたメソッドは、もはや占いというカテゴリーでくくってしまっていいものなのかどうか微妙なところです。

　もちろん「占い」という概念の定義にもよりますが、ジャケンやハッチンソンの研究を、より精密に推し進めていった先にあるのは、もはや普通の意味での占いというよりも、文字どおりの意味での医学研究というフィールドに足を踏み入れることになるのではないでしょうか。

　現に、皮膚隆線と病気の関係の研究は、これまで見てきた手相術の流れとは異なるところで、すでに実はおこなわれていました[182]。

　皮膚隆線の解剖学的観察自体は、すでに17世紀の後半からはじまり、19世紀にはブレスラウ大学の医学教授ジャン・プルキンジェ（1787–1869）によって、指紋を9つにパターン化する分類法が提案されています。

　さらに進化論の提唱者チャールズ・ダーウィンのいとこであるフランシス・ガールトン（1822–1911）は指紋のパターンにある遺伝的な要素を取り上げると同時に、異なる民族の間には異なる指紋のパターンのヴァリエーションがあることなどを発表しています。また、ガールトンは染色体の異常と皮膚隆線のパターンの間の関連についても研究を進めています。

　20世紀に入ってからもこの分野での研究は続きます。特にチューレン大学のハロルド・カミンズとチャールズ・ミドロは、1926年にこれらの研究を、「ダーマトグリフィックス（dermatolyphics）」と名づけます（ちなみにダーマトグリフィックスは、「肌」という意味のdermaと「彫ること」を意味する

glyph から成る語です）。彼らはダーマトグリフィックスによって、新生児がダウン症であるかどうかを判別する手がかりになると考えました。こういった研究は、手相術とはまったく関係のない医学的なフィールドで主におこなわれてきました。

　しかしながら皮膚隆線をリーディングするダーマトグリフィックス的なメソッドは、現代の手相術の本のなかでも、しばしば重要な要素として取り込まれています。

■**手相術の科学的調査**

　SSPPのように手相術を医学的な方向へと近づけていくのと歩調を合わせるように、一方では手相術の科学的調査もおこなわれるようになりました。

　この方面に乗り出し、多くの研究業績を残したのは、シャルロッテ・ヴォルフ（1897-1986）です（図53）。

　ヴォルフの自伝によれば、彼女はケーニッヒスベルク、フライブルク、及びベルリン大学で医学と哲学を学びました[183]。そして1925年には医者としての資格を取得し、ベルリンで医者としての道を歩みはじめます。

　彼女の手相術への興味は、1931年に友人のユリウス・シュピールに手相を観てもらったことにはじまるそうです（ユリウス・シュピールについては339頁以下で紹介します）。

　ヴォルフは1933年にドイツを離れフランスへ向かいます。その理由は、彼女がユダヤ人であったため、当時のナチによる強制収容から逃げるためでした。このことは幸か不幸か彼女の人生に大きな転機をもたらすことになります。というのも、パリでは彼女が医者として開業することは許されませんでした。そのため、彼女は生活の糧を稼ぐために、ほかのスキルに頼らなければならなくなりました。そこで彼女は手相術研究への道に進むことを決めたそうです。

図53　シャルロッテ・ヴォルフ（出典10）

やがて彼女は、友人関係のつながりから、幸運にもトーマス・マン（1875-1955）やオルダス・ハクスリー（1894-1963）といった著名な作家たちと知り合うことになります。

後にハクスリーは、自分の出版社へ手紙を書き、有名人のハンド・プリントを載せ、それを解釈するというヴォルフの本のアイデアを届けました。その結果、1936年に彼女の最初の本『ハンド・リーディングの研究（Studies in Handreading）』が出版されることになります[184]。

この本のなかには、ハクスリーの紹介によってパリで知り合ったマックス・エルンストやマン・レイといったシュールレアリズムの芸術家たちや、作曲家モーリス・ラベル、ダダイズムの芸術家マルセル・デュシャン、イギリスの著名な作家T・S・エリオット、ヴァージニア・ウルフ、ジョージ・バーナード・ショーといった、何とも非常に豪華な顔ぶれのハンド・プリントが掲載されています。また、ヴォルフはこの本のなかで、肉体を離れた霊魂の存在を認めない「唯物論者」と死後の世界を認める「心霊主義者」の手が、いかに異なる特徴を持っているかということを提示したりもしています。

ロンドンに場所を移してからのヴォルフは、オルダス・ハクスリーの兄であり王立動物協会の書記を務めていたジュリアン・ハクスリーに紹介されます。そのおかげで、彼女はロンドンの動物園で猿のハンド・プリントを集める許可を得ることになります。そして彼女は猿と人間の手の比較研究を進めました。さらにロンドン大学の医者ウィリアム・スティフェンソンと知り合い、精神病と手の関係を研究するため、精神病院に通うようにもなります。そういった研究の一方で、彼女は手相術師として日々の生活費を稼ぎ続けたようです。

こういった研究成果を踏まえて、1942年にヴォルフは『人間の手（The Human Hand）』[185]、さらに1951年には『心理学的診断

における手（The Hand in Psychological Diagnosis）』[186] を出版します。

　ヴォルフはこれらの本で、自分の手相学研究の先行者として、カール・グスタフ・カールスとノエル・ヴァスシッドのふたりの名前をあげています。

　ちなみにこのふたりは手相術師ではありません。まず前者のカール・グスタフ・カールス（1789-1869）は、19世紀ドイツの医者であり哲学者として知られる人物です。カールスは、ダルペンティニーとほぼ同じ頃、手の形を4つのパターンに分類しています。また、ヴォルフと同様にカールスは猿と人間の手を比較したりもしています。後者のノエル・ヴァスシッド（1867-1904）は、19世紀のフランスの心理学者で、手のラインと人の性格の間の関係についての研究もおこなっています。またヴォルフは、手と脳の間の神経学的な記述については、19世紀の外科医チャールズ・ベル（1774-1842）の業績を参照したりもしています。

　こういった手相術とは異なる分野からの研究成果を参照しながら書かれたヴォルフの本は、もはやほぼ完全に「占い」としての手相術から、離脱していっていると言えるでしょう。

　さらに、「占い」としての手相術と明確な一線を画す指標は、手の特徴と人の気質や精神的な障害の間の相関関係を研究するのに、あくまで統計による調査結果を基礎に置こうとするその姿勢にも見られます。

　日本でも、こういったヴォルフの研究に影響を受けた心理学者による著作として、宮城音弥著『性格』（1960）[187]、及び同著者の『手相の科学　形成途上の性格学』（1984）[188]、また西洋の心理学的・解剖学的な手の分析の成果を踏まえながらも、東洋の手相術との統合を目指した浅野八郎著『手相学大鑑　古今東西のしあわせの知恵』（1986）[189] などがあります。

　ヴォルフの研究とは直接結びつかないものの、占いとしての手

相術とは関係を持たず、独自の「掌様学(しょうようがく)」と呼ばれる手の研究をまとめた松田薫著『手のひらの科学』(1999)[190] という本も出版されています。

■心理手相学

ところで現代の占星術の世界には、ドイツの心理学者カール・グスタフ・ユング（1875-1961）に強い影響を受けて作られた「心理占星学」と呼ばれる分野があります。すでに日本でもイギリスの心理占星学を代表するひとりとして知られるリズ・グリーンの著作が翻訳されているため、占星術ファンの方ならばご存知の方もいらっしゃるでしょう[191]。

一方で、おそらく日本ではあまり知られていないかもしれませんが、実は現代の手相術のほうも同じくユングの心理学に影響を受けて作られた「心理手相学（Psycho-Chirology）」というのがあります。

そして、この心理手相学のパイオニアこそ、先ほどヴォルフが手相術に関心を持つきっかけを作ったことで紹介したユリウス・シュピールです。

シュピールは、もともとユングのもとで分析心理学者としての訓練を積みました。そして1944年に『子どもたちの手　心理手相学入門（The Hands of Children : An Introduction to Psycho-Chirology）』と題された本を出版します[192]。ちなみに、この本の序文は、ほかならぬユングによって書かれています。また、「子どもたちの手」というタイトルどおり、巻末に載っている手の写真は、ひとつの例外（40歳の女性）を除いて、すべてが4歳から17歳までの少年・少女のものとなっています。

ところで、シュピールの『子どもたちの手』のなかの具体的なメソッドには、いくつか従来のものとは異なる非常に特徴的な点があります。そのもっとも分かりやすい例としては、左手と右手の意味づけについてです。

『子どもたちの手』の第6章の「右手と左手の意味」でシュピールは、左手が「個人の性格」で、右手が「親や先祖の影響」だ

と説明しています。けれどもこれは、現代の一般的な手相術の本とは、まさしく逆になっています。何故逆なのかということについてシュピールは、実際の自分の経験によるものだと述べているのみです。また「先祖の影響」を表している右手の特徴は、本人がその問題を解決しなければ、後の子孫へと引き継がれるとも述べています[193]。

　実は、シュピールによる一般的な手相術の解釈とはあべこべの説明は、右手と左手の解釈だけに留まりません。たとえば、ライフ・ラインの日付は、手首のほうから上に向かって読むべきだなんていうのもあります（これも一般的なものと逆）[194]。

　こういったシュピールの心理手相学は、ヴォルフの研究のような科学的たらんとする姿勢と比較した場合、どうしても完全に前時代的だと言わざるをえません。シュピールは確かに手から占い的な意味で未来を予言するということはおこなっていません。そういう意味では、占い的な手相術の要素はかなり低く抑えられています。しかしながら、「心理手相学」と自ら呼んだ手の分析の実体は、心理学という名を冠することで、むしろ占いでもなく科学でもない、中途半端な疑似科学的な試みで終わってしまっているように思われます。

　確かにシュピールの心理手相学の理論の背景には、フロイトにはじまる精神分析的な前提があります。実際にシュピールの『子どもたちの手』のなかでは、大人になってからの人生で抱える神経症、心的葛藤、ストレスなどが、子どもの発達過程における抑圧によって起こるという精神分析的な前提に立ち、そのトラウマ的な問題を見つけるために手を分析するということに多くの関心が向けられています。ただし肝心の「何故子どもの頃の抑圧が手のひらの上に刻まれるのか」という点については、何ら説得力のある論述があるわけではありません。

　当時の心理学者の間で、こういったシュピールの仕事がどれほ

ど受け入れられたのかということについては定かではありません。ただし、師であるユングからはそれなりの評価を得ていたであろうことが、シュピールの『子どもたちの手』の序文の文章からうかがいしれます。そこでユングはシュピールの本を次のように評しています。

> この本のなかで詳述された発見や知識は、心理学者、医者、教育者にとって、欠くことのできない重要なものである。シュピールの手相学は、その広範囲な応用において性格研究に対する貴重な貢献である[195]。

■ネオ・トラディショナル手相術

　さて、これまで見てきた20世紀の手相術の流れを、かりにひと括りにしようとするならば、いわば「手相術から手相学」へという標題のもとへ収めてしまうことができるでしょう。

　しかしながら、かりに手相術から手相学への完全なる転身の完了が起こったとしたらどうでしょう。おそらくそれは「占いとしての手相術の終焉」を意味することになるに違いありません。何故なら、手相研究が科学者による厳密な統計調査に基づく研究プログラムとなったなら、もはやそれを「占い」としてみなす人はまずいないはずです。

　では20世紀初頭から現代にかけての「手相術から手相学」へという流れのなかで、占いとしての手相術は消えてしまおうとしているのでしょうか。そんなことはありません。欧米でも日本でも、"科学的"と称する手相学研究とはほとんど無縁の手相術師たちが、日々多くの人々の手から性格や運命をズバリ読み解いています。

　また、この節でしばらく紹介してきた20世紀の科学に歩み寄ろうとする手相学の流れとは別に、ヴィクトリア朝期の手相術の流れを汲みながら、それを現代的にアレンジした「ネオ・トラディショナル」とも言うべき手相術の本も、たくさん出版され続けています。

　20世紀のネオ・トラディショナル手相術を、もっとも体系的に提出した人物として知られているのは、イギリスのフレッド・ゲティングスです。本書の第Ⅰ部で紹介した「火・地・空気・水」という4つのエレメンツによる手の形のパターン分類もゲティングスがはじめたものです。ちなみに手相術の本ではありませんが、すでにゲティングスの著書『オカルトの辞典』は[196]、日本でも翻訳出版されていますので、もしかするとその名前を知っ

ている人はいらっしゃるかもしれません。

　『手の本（The Book of the Hand）』（1965）をはじめ、『手とホロスコープ（The Hand and the Horoscope）』（1973）など非常にすぐれた手相術の本を出しているゲティングスは、今日のネオ・トラディショナル手相術に対して、もっとも大きな影響を残しています。

　より最近では、ディラン・ウォーレン゠デイビスの『手の啓示（The Hand Reveals）』（1993）[197]において、デバロールの著書に見られたオカルト的な手相術の原理を推し進めると同時に、より統合された形での非常に興味深いアストロ・パーミストリーの体系が提示されています。

　そして本書の第Ⅰ部で紹介した「アストロ・パーミストリー」も、こういったネオ・トラディショナル手相術の流れを踏まえた上で書かれたものです。

■ **東洋式手相術**

　日本における西洋の流れを汲む手相術は、明治の頃からはじまり、大正、昭和を通して、大きく広がっていきました。その結果、現在の日本のプロフェッショナルな手相術師のほとんどは、西洋流の手相術を実践しています。
　逆に、中国で発展した東洋流の手相術を熟知している人は、ごくわずかしかいないようです。実は、このことは日本に限ったわけではなく、アジア全体的にいえることです。たとえば、本場中国の占いが最も盛んな国、台湾などへ行っても、事情はあまり変わりません。そればかりか、シンガポール、マレーシア、タイ、フィリピンなどの東南アジアを巡っても、そこで主流となっているのは、明らかに西洋流の手相術に基づいたものです。
　ここでは東洋流の手相術がどのようなものであるかを詳しく説明するゆとりはありませんが、当然のことながら、その原理に占星術との関連はまったくありません。その代わりに、東洋流の手相術のひとつのメソッドとして、手のひらの各部位を中国古来の占いである「易」の八卦と対応させるというメソッドが知られています（図54）。
　東洋古来の本格的な手相術のメソッドについては、また機会を改めて紹介できればと思っています。

＊

　第Ⅱ部では、手相術の歴史についてお話してきました。これまで見てきたように、手相術はその時代ごとの要請によって、その姿を変えてきました。いったい、これから先、未来の手相術はどのような形で発展していくのでしょうか。
　少なくともひとつ言えることは、たとえ新たな理論が生まれ、そ

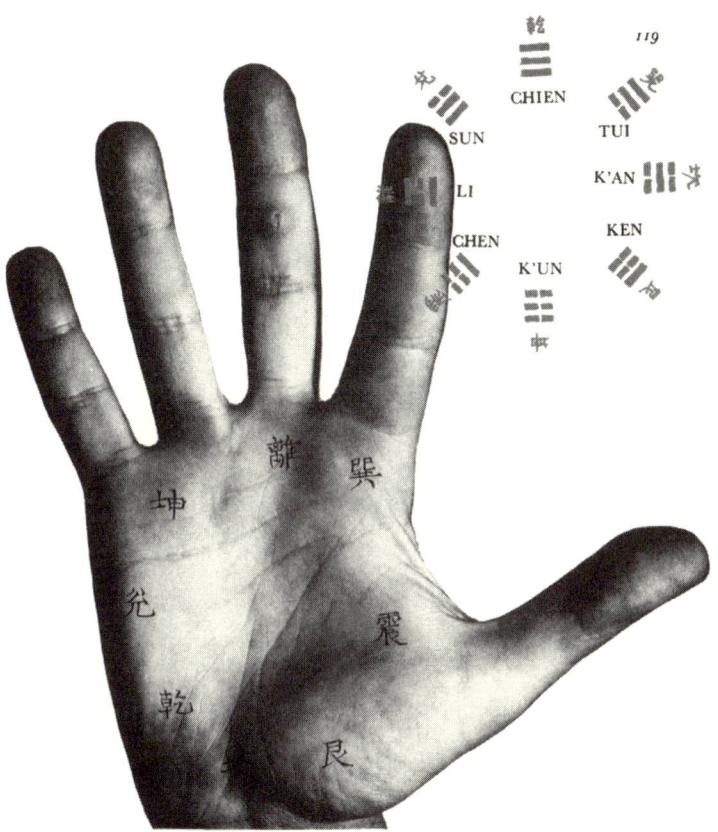

図54 「易」の八卦と対応させる東洋流の手相術（出典12）

の姿が大きく変わったとしても、「手のひらから、その人の運命を読む」という手相術の本質が失われない限り、きっとこれからもそのユニークさで多くの人々を魅惑し続けていくに違いありません。

177：SSPPについては、Andrew Fitzherbert,The Palmist's Companion : A History and Bibliography, The Scarecrow Press, 1992, pp. 54-55.
178：医学的手相術については、Andrew Fitzherbert, ibid., pp. 23-29.
179：ただし16世紀から17世紀にかけての古い手相術の本にも、手のひらに現れるいくつかのマークを病気の印として解釈している箇所もありました（たとえば本書247頁で見たインダギネのライフ・ラインの上のマークの「盲

目」についての解釈など)。しかしそれらを、今日で言う意味での医学的手相術に含めるかどうかは、意見の分かれるところでしょう。

180： ノエル・ジャケンの経歴については、以下の本のなかに、彼自身による簡単なバイオグラフィーがあります。Noel Jaquin, The Hand of Man, Faber & Faber Limited, 1933, pp. 115-132.
181： Beryl Hutchinson, Your Life in Your Hands : A Modern Guide to Palmistry, Sphere Books, 1977, pp. 216-246, Original edn., 1967.
182： ダーマトグリフィックスの歴史的な流れについては、Johnny Fincham, Palmistry, "http://www.johnnyfincham.com/history/dermatoglyphics.htm".
183： Charlotte Wolff, On the Way to Myself, Methuen, 1976.
184： Charlotte Wolff, Studies in Hand Reading, Chatto & Windus, 1936.
185： Charlotte Wolff, The Human Hand, Sagar Publications, 1942.
186： Charlotte Wolff, The Hand in Psychological Diagnosis, Sagar Publications, 1961, Original edn., 1951.
187： 宮城音弥『性格』(岩波新書、1960年)。
188： 宮城音弥『手相の科学 形成途上の性格学』(小学館、1984年)。
189： 浅野八郎『手相学大鑑 古今東西のしあわせの知恵』(日貿出版社、1986年)。
190： 松田薫『手のひらの科学』(河出書房新社、1999年)。
191： リズ・グリーン(鏡リュウジ、岡本翔子訳)『占星学』(青土社、2000年)。及び、同著者(鏡リュウジ訳)『サターン 土星の心理学』(青土社、2004年)。
192： Julius Spier, The Hands of Children, Sagar Publications, 1983, Original edn., 1944.
193： シュピールの右手と左手の解釈は、Julius Spier, ibid., pp. 47-57.
194： Julius Spier, ibid., p. p. 69.
195： Julius Spier, ibid., p. ⅹⅱ.
196： フレッド・ゲティングス(松田幸雄訳)『オカルトの辞典』(青土社、1993年)。
197： Dylan Warren-Davis, The Hand Reveals, Element, 1993.

引用・参考文献

[A]

Agrippa of Nettesheim, Henry Cornelius, Translated by James Freake, Edited and Annotated by Donald Tyson, *Three Books of Occult Philosophy*, Llewellyn Publications, 2005.

Allen, Edward Heron, Eosamund Brunel Horsley, *A Manual of Cheirosophy: Beinga Complete Practical Handbook of the Twin Sciences of Cheirognomy and Cheiromancy 1891*, Kessinger Publishing, no data, Original edn., 1885.

Ayer, V. A. K., *Sariraka Sastra: Indian Science of Palmistry（The Kartikeyan System）*, Taraporevala, 1965, Original edn., 1945.

[B]

Benham, G. William, *How to Choose Vocations from the Hand*, G. P. Putnam's Sons, 1932.

――――――――, *The Benham Book of Palmistry*, Newcastle Publishing Co.,Inc, 1988, Original edn. 1900.

――――――――, *The Laws of Scientific Palmistry*, New Castle Publishing, 1988, Original edn., 1900.

Birla, Ghanshyam Singh, *Destiny in the Palm of Your Hand: Creating Your Future through Vedic Palmistry*, Destiny Books, 2000.

Bouché-Leclereq, Auguste, *Histoire de la divination dans l'antiquite*, Jérôme millon, 2003, Original edn., 1882.

Burnett, Charles, "*The Earliest Chiromancy In the West*, Journal of the Warburg and Courtauld Institutes, Vol. 50, 1987.

――――――――, *Magic and Divination in the Middle Ages*, Ashgate Publishing, 2001.

[C]

C. S, M. Le Capitaine, D' Arpentigny, Heron-Allen, Edward, *The Science of the Hand or the Art of Recognizing the Tendencies of the Human Mind by the Observation of the Formation of the Hands*, Kessinger Publications, no data, Original edn., 1889.

Campbell, D. Edward., *The Encyclopedia of Palmistry*, A Perigee Book, 1996.

Carr, Anthony., *Cheiro: Prophet of the End Times*, Carrino Publishing, 2002.

Cheiro, *Cheiro's Language of the Hand*, Kessinger Publishing, no data, p. 27, Original edn., 1897 (1892?) .

Craig, A. R., *Your Luck's in Your Hand or the Science of Modern Palmistry 1880*, Kessinger Publishing, no data, Original edn., 1867.

Craig, Hardin, *The Works of John Metham*, Kraus Reprint Co., 1916, Original edn., 1906.

Curry, Patrick, *Prophecy and Power: Astrology in Early Modern England*, Princeton University Press, 1989.

―――――――― , *Prophecy and Power: Astrology in Early modern England*, Oxford, 1989.

[D]

Decker, Ronald, Dummett, Michael, *A History of the Occult Tarot 1870-1970*, Gerald Duckworth, 2002.

Desbarolles, *Adrien.*, : *Révélations complétes*, Vigot fréres, 1934.

―――――――― , *Les Mystères de la Main*, Garnier frères, 1859.

[F]

Fahd, Toufic, *La divination arabe*, sindbad, 1987.

Fenton, Sasha, Wright, Malcolm, *Living Palmistry: Modern Hand Analysis Explained*, The Aquarian Press, 1986.

Fiery, Ann., *The Book of Divination*, Chronicle Books, 1999.

Fincham, Johnny, T*he Spellbinding Power of Palmistry: New Insights into an Ancient art.*

―――――――― , Palmistry, http://www.johnyyfincham.com/

Fincham, Joyce Wilson, *The Complete Book of Palmistry*, Bantam Books, 1971.

Fitzhebert, Andrew, *The Palmist's Companion: A History and Bibliography of Palmistry*, The Scarecrow Press, 1992.

―――――――, Hand Psychology, Avery Publishing Group Inc., 1989.

[G]

Gettings, Fred, Palmistry Made Easy, Wilshire Book Company, 1966.

――――――, Palmistry, Chancellor Press 1993, Original edn, 1974.

――――――, The Book of Hand: An Illustrated History of Palmistry, Paul Hamlyn, 1970, Original edn., 1965.

――――――, The Hand and the Horoscope, Triune Books, 1973.

Gile, Robin, Lenard, Lisa, The Complete Idiot's Guide to Palmistry, Alpha, 2004.

Gurney, O. R., "The Babylonians and Hittites," in Michael Loewe and Carmen Blacker, Oracles and Divination, Shambala, 1981（M・ローウェ、C・ブラッカー訳、島田裕巳他日本語訳『占いと神託』海鳴社、1984 年）.

[H]

Hamon, Louis, The Cheiro Book of Fate & Fortune, Barrie & Jenkins, 1971.

Hill, St. Katharine, Grammar of Palmistry, Sampson Low, Marston & Company, 1901

――――――, Hands and Faces: The Book of Temperaments, Rider & Co., 1930.

――――――, The Book of the Hand, Sagar Publications, 1974, Original edn., 1928

Hutchinson, Beryl, Your Life in Your Hand, Sphere Books Limited, 1969, Original edn., 1967.

[J]

Jaquin, Noel, The Hand of Man, Faber & Faber Limited, 1933.

[K]

Katakkar, M., Encyclopedia of Palm and Palm Reading: A Treatise on Palmistry, UBSPD, 2005, Original edn., 1993.

King, Francis, Palmistry: Your Fate and Fortune In Your Hand, Orbis

Publishing Limited, 1979.

[L]

Lyons, S. Albert, *Predicting the Future: An Illustrated History and to the Techniques*, Harry N. Abrams, Inc., 1990（鏡リュウジ監訳『図説　世界占術大全　魔術から科学へ』原書房、2002年）.

[M]

Mackinney, L. C., *A Thirteenth-Century Medical Case History in Miniatures*, *Speculum*, Vol. 35, No2, Apr., 1960.

Mahabal, Vernon, *The Secrets Code on Your Hands: An Illustrated Guide to Palmistry*, Mandala Publishing Groups, 2000.

McIntosh, Christopher, *Eliphas Levi and the French Occult Revival*, Rider and Company, 1972.

[O]

Oxenford, Ina, Cosgrave, Anna MacDowell, *Life Studies in Palmistry*, S. R. Publishers Limited, 1971, Oridinal ed, 1899.

─────────── , M. Wilkins, Lilian, *Modern Palmistry 1901*, Kessinger Publishing, no data, Original edn., 1900.

─────────── , *The New Chirology: Hands and Character 1900*, Kessinger Publishing, no data, Original edn., 1896.

[P]

Price, J Derek, *An old Palmistry*, W.Heffer & Sons Limited, 1953.

[R]

Reid, Lori, *The Art of Hand Reading*, DK Publishing, Inc., 1996.

Rhoda, *Palmistry Encyclopedia*, Rhoda Hamilton, 1996.

[S]

Saint-Germain, Comte de, *Study of Palmistry for Professional Purposes and*

Advanced Purposes, Kessinger Publishing, no data, Original edn., 1897.

Schmitt, C. B., Knox, D.., *Pseudo-Aristoteles Latinus: A Guide to Latin Works Falsely Attributed to Aristotle Before 1500*, Warburg Institute University of London, 1985.

Sen, K. C., *Hast Samudrika Shastra: The Science of Hand Reading Simplified*, Taraporevala, 1996, Original edn.,1960.

Spier, Julius, *The Hands of Children, An Introduction to Psyco-chirology*, Sagar Publications, 1983, Original edn., 1944.

Struthers, Jane, *Predicting Your Future*, Collins & Brown Limited, 1997.

[T]

Thorndike, Lynn, *Chiromancy in Mediaeval Latin Manuscripts*, Speculum, Vol. 40, No. 4, Oct., 1965.

──────────── , *History of Magic and Experimental Science Volume I: The First Thirteen Centuries*, Columbia University Press, 1923.

──────────── , *History of Magic and Experimental Science Volume II: The First Thirteen Centuries*, Columbia University Press, 1923.

──────────── , *History of Magic and Experimental Science Volume III: Fourteenth and Fifteenth Centuries*, Columbia University Press, 1934.

──────────── , *History of Magic and Experimental Science Volume IV: Fourteenth and Fifteenth Centuries*, Columbia University Press, 1934.

──────────── , *History of Magic and Experimental Science Volume V: Sixteen Century*, Columbia University Press, 1941.

──────────── , *History of Magic and Experimental Science Volume VI: Sixteen Century*, Columbia University Press, 1941.

──────────── , *History of Magic and Experimental Science Volume VII, Seventeenth Century*, Columbia University Press, 1958.

──────────── , *History of Magic and Experimental Science Volume VIII, Seventeenth Century*, Columbia University Press, 1958.

Tomio, Shifu Nagaboshi (Terence Dukes) , *Chinise Hand Analysis: The Buddhist Wu Hsing Method of Understanding Personality and Spiritual Potential*, Samuel Weiser, Inc., 1996.

[W]

Warren-Davis, Dylan, *The Hand Reveals*, Element, 1993.

Webster, Richard, *The Complete of Palmistry*, Llewellyn, 2001.

West, Peter, *Complete Illustrated Guide to Palmistry: The Principles and Practice of Hand Reading Revealed*, Element Books, 1998.

————, *Secrets of Palm Reading*, A Dorling Kindersley Book. 2000.

Wolff, Charlotte, *On the Way to Myself*, Methuen, 1976.

————, *Studies in Hand Reading*, Chatto & Windus, 1936.

————, *The Hand in Psychological Diagnosis*, Sagar Publications, 1961, Original edn., 1951.

————, *The Human Hand*, Sagar Publications, 1942.

[あ行]

浅野八郎著『手相学大鑑　古今東西のしあわせの知恵』日貿出版社、1986年。

アリストテレース著、島崎三郎訳『動物誌（上）』岩波文庫、1998年。

アリストテレス著、戸塚七朗訳『アリストテレス全集11　問題集』岩波書店、1988年。

伊泉龍一著『タロット大全　―歴史から図像まで』紀伊國屋書店、2004年。

伊泉龍一、早田みず紀著『数秘術の世界　Modern Numerology Lesson あなたの人生の人生を導く"数"の神秘』駒草出版、2006年。

伊東俊太郎著『岩波セミナーブックス42　十二世紀ルネサンス　西欧世界へのアラビア文明の影響』岩波書店、1993年。

————著『近代科学の源流』中央公論社、1978年。

岩波書店編集部編『岩波西洋人名辞典　増補版』岩波書店、2000年。

ヴァラーハミヒラ著、矢野道雄、杉田瑞枝訳注『占術大集成（ブリハット・サンヒター）2』平凡社、1995年。

エリク・ド・グロリエ著、大塚幸雄訳『書物の歴史』白水社、1992年。

[か行]

キース・トマス著、荒木正純訳『宗教と魔術の衰退　上』法政大学出版局、1993年。
能崎健翁著『相学維新　手相編』五聖閣出版局、1932年。
キロ著、大和田斉眼訳『手相の言葉』明玄書房、1958年。
──著、中村文聰訳『人と人の手（手相秘典）』鷲峰社、1934年。

[さ行]

佐々木宏幹、藤井正雄、山折哲雄、頼富本宏監修、島田裕巳著『日本占法大全書』四季社、2006年。
シェイクスピア著、中野好夫訳『ヴェニスの商人』岩波文庫、1973年。
ジョスリン・ゴドウィン著、吉村正和訳『交響するイコン』平凡社、1987年。
ジョルジュ・ミノワ著、菅野賢治、平野隆文訳『未来の歴史　古代の預言から未来研究まで』筑摩書房、2000年。
ジョン・ヘンリー著、東慎一郎訳『一七世紀科学革命』岩波書店、2005年。
鈴木七美著『癒しの歴史人類学　ハーブと水のシンボリズムへ』世界思想社、2002年。

[た行]

田辺繁子訳『マヌの法典』岩波文庫、1953年。
D・チャットーパーディヤーヤ著、佐藤任訳『古代インドの科学と社会　古典医学を中心に』同朋舎、1985年。
チャールズ・シンガー著、西村顕治、川名悦郎訳『解剖・生理学小史』白揚社、1983年。
チャールズ・H・ハスキンズ、別宮貞督、朝倉文一訳『十二世紀ルネサンス』みすず書房、1997年。

[な行]

永島真雄著『手相の神秘』実業之日本社、1928年。

[は行]

プリニウス著、中野定雄、中野里美、中野美代訳『プリニウスの博物誌 I』雄山閣、1995年。

掘米庸三、木村尚三郎編『西欧精神の探求―革新の十二世紀〈上〉（下）』日本放送出版協会、2001年。

[ま行]

松居松葉著『西洋手相判断』大学館、明治36年。

松田薫著『手のひらの科学　掌様学入門』河出書房新社、1999年。

水谷驍著『ジプシー　歴史、社会、文化』平凡社新書、2006年。

宮城音弥著『手相の科学　形成途上の性格学』小学館、1984年。

―――著『性格』岩波新書、1960年。

図版出典目録

[1] Benham, G. William. (1932) How to Choose Vocations from the Hand, G. P. Putnam's Sons.
[2] Benham, G. William. (1988) The Benham Book of Palmistry, Newcastle Publishing Co., Inc..
[3] Burnett, Charles. (2001) Magic and Divination in the Middle Ages, Ashgate.
[4] C. S, M. Le Capitaine., D' Arpentigny., Heron-Allen, Edward. (1889) The Science of the Hand or the Art of Recognizing the Tendencies of the Human Mind by the Observation of the Formation of the Hands, Kessinger Publications, no data, Original edn..
[5] Car, Anthonny. (2002) Cheiro, Carrino Publishing.
[6] Cheiro. (1971) The Cheiro Book of Fate & Fortune, Barrie & Jenkins.
[7] Desbarolles, Adrien. (1859) Les Mysteres de la Main, Garnier Freres.
[8] Desbarolles. (1934) Revelations Completes, Vigot Freres, Editeurs.
[9] Fiery, Ann. (1999) The Book of Divination, Chronicle Books.
[10] Fitzhebert, Andrew. (1992) The Palmist' s CompanionThe Scarecrow Press.
[11] Gettings, Fred. (1970) The Book of Hand , Paul Hamlyn.
[12] Gettings, Fred. (1993) Palmistry, Chancellor Press.
[13] Hill, Katharine St.. (1893) Grammar of Palmistry, Sampson Low, Marston & Company.
[14] Hill, Katharine St.. (1974) The Book of the Hand, Sagar Publications.
[15] Hutchinson, Beryl. (1969) Your Life In Your Hand, Sphere Books Limited.
[16] Jaquin, Noel (1933) The Hand of Man, Faber & Faber Limited.
[17] King, Francis. (1979) Palmistry, Orbis Publishing Limited.
[18] Lyons, S. Albert. (1990) Predeicting the Future, Harry N. Abrams, Inc..
[19] Oxenford, Ina.,Wilkins, M. Lilian. (1900) Modern Palmistry 1901,

[20] Price, J. Derek. (1953) An old Palmistry, W. Heffer & Sons Limited.
[21] Saint-Germain, Comte de. (1897) Study of Palmistry for Professional Purposes and Advanced Purposes, Kessinger Publishing.
[22] Struthers, Jane. (1997) Predicting Your Future, Collins & Brown Limited.
[23] キロ著、中村文聰訳（1934）『人と人の手（手相秘典）』鷲峰社。
[24] ジョスリン・ゴドウィン著、吉村正和訳（1987）『交響するイコン』平凡社。
[25] Cosmic Patterns, Inc.. (1982-2004) Kepler Superb Astrology Software, Cosmic Patterns, Inc.
　　ソフトの正式名称：Kepler Superb Astrology Software
　　開発元：Cosmic Patterns, Inc.（コスミック・パターンズ社）
　　所在地：6212 N. W. 43rd Street, Suite B, Gainsville, FL 326 53, USA
　　日本販売総代理店：株式会社ジャネット
　　所在地：東京都渋谷区渋谷 1-3-18-6F

用語・人名索引

[あ行]

アイランド　　　　124, 143
アヴェロエス　　　　216
アキリーニ、アレッサンドロ
　　　　　　　　　　245
アクィナス、トマス　225, 234
アグリッパ、コルネリウス
　　　　　　　　　　249
アデラード　　214-216, 227,
　　229, 232
アフェクション・ライン　109
アポロの丘
　　56, 106, 118, 120, 122,
　　124, 126, 128, 130, 149,
　　156, 166
アポロの指
　　56, 149, 153, 157, 166
アポロ・ライン　　　　106
アポロ・リング　　106, 155
アリストテレス
　　186-191, 200, 215-216,
　　229, 240, 243, 279-280
インダギネ、ヨハン
　　246-248, 250, 252, 254,
　　267, 277
インテューティブ・ハンド
　　35, 42, 140-141, 146, 148,
　　156, 172, 176-177
インテレクチュアル・ハンド
　　35, 40, 148, 156, 170-172,
　　176
ヴァスシッド、ノエル　337
ヴァルクール=ヴァーモン、エ
　　ドガー・ド　　　　317
ヴィア・ラシビア　　　110
ヴィーナスの丘
　　62, 109, 119, 121, 123,
　　125, 127, 129, 131, 142,
　　149, 157, 167

ヴィーナスの帯　　113, 155
ウィザーズ、ファビアン　267
ウェブスター、リチャード
　　　　　　　　　　292
ウォートン、ジョージ
　　　　　　　　267-268
ウォーレン=デイビス、ディラ
　　ン　　　　　　　　343
エイヤー、V・A・K　198-199
エテイヤ　　　　　　　286
オクセンフォード、アイナ
　　304, 306, 307, 311, 328
親指
　　49, 66, 149, 157, 167

[か行]

カールス、カール・グスタフ
　　　　　　　　　　337
ガールトン、フランシス　333
カイログノミー　　　29-31
カイロマンシー　　　29-31
カミンズ、ハロルド　　333
カルダーノ、ジロラモ　252
切り替わり
　　　　78, 84, 90, 96, 164
切れ目
　　　　　　78, 84, 90, 96
キロー
　　190, 290, 292, 309-316,
　　319
グーテンベルグ、ヨハネス
　　　　　　　　　　240
鎖
　　　　　　79, 85, 91, 97
グリル　　　　　　　　128
クレイグ、R・A　　　301
クレイグ、ハーディン
　　　　　　　191, 225, 229

クロス	118, 174	ジュピターの指	52, 156, 166
クロス・ミスティーク	108	ジュピター・ライン	104
グンディサルボ、ドミンゴ	218	ジュピター・リング	104, 155
ゲティングス、フレッド	37, 196, 221, 262, 271-272, 314, 342	ショーレム、ゲルショム	257
		ジョン	230
コーヴァス、アンドレアス	242-246, 248, 250, 259, 277	スクエア	122, 173
		スコット、マイケル	224, 240
ゴクレニウス、ルドルフ	251-252	スター	120, 162
コペルニクス、ニコラス	280	スポット	126
		センシティブ・ハンド	35, 44, 148, 156, 160-161, 164, 172-173, 176

[さ行]

サターン・リング	105, 155	ソールズベリーのジョン	219, 224
サターンの丘	54, 94-95, 105, 118, 120, 122, 124, 126, 128, 130, 142-144, 149, 156, 166, 171, 177	ソーンダーズ、リチャード	262, 268-270, 281
		ソーンダイク、リン	216

[た行]

サターンの指	54, 142-144, 149, 156, 166, 171, 177	タッセル	133, 154
サン=ジェルマン伯爵	317-319	ダルペンティニー、カジミール・スタニスラス	29, 289-295, 297-298, 301-302, 307, 314, 317, 320, 323, 337
サン=マルタン、ルイ=クロード・ド	296	直観の三日月	110, 155
シェイクスピア	259	ティベルトゥス、アンティオコス	240, 243-244, 246
支線	79, 85, 91, 97, 144, 174		
シミアン・ライン	83, 89, 100, 248, 254, 315	テスニ、ジャン	253-255, 259
ジャケン、ノエル	328-331	哲学者ジョン	230
シャンブル、マリーニュ・キュルオ・ド・ラ	255-256	デバロール、アドルフ・アドリアン	295-302, 307, 314, 317-320, 323, 343
シュピール、ユリウス	196, 335, 339-341	ドット	126, 146
ジュピターの丘	52, 82, 86, 104, 118, 120, 122, 124, 126, 128, 130, 149, 156, 166, 174	トライアングル	130, 146, 175

ドライアンダー、ヨハネス
　　　　　　　　　　　245
トラベル・ライン　　　111
トリカッソ、パトリシオ
　　243-244, 248, 250, 259,
　　277

[な行]
ノルマン、マドモアゼル・ル
　　　　　　　　286-288

[は行]
バー　　　　　　　　　132
バースのアデラード
　　　　214-216, 227, 229, 232
ハート・ライン
　　70, 80-85, 89, 100, 119,
　　121, 123, 125, 127, 129,
　　131-133, 143-144, 149,
　　163, 174-175, 177
ハートリーブ、ヨハネス
　　　　　　　　　239, 314
バーネット、チャールズ
　　　　　　214-216, 223, 229
ハッチンソン、ベリル
　　　　　　　328, 331-333
パラケルスス
　　　　　　　249-251, 264
ハンドタイプ
　　34-37, 136, 140-141, 144,
　　152, 156, 160, 164, 166,
　　170-173, 176
ビーミッシュ、リチャード
　　　　　　　　　　　301
ヒスパヌス、ヨハネス
　　　　　　186, 215-216, 230
ピッチオーリ、アントニーオ
　　　　　　　　　　　277
ヒル、ST・キャサリン
　　　　304-307, 311, 328-329
ヒル、トーマス　　　　264
ファハド、T　　　　　213

フィツァバート、アンドリュー
　　193-194, 199, 201-202,
　　319, 322
フィンチャム、ジョニー
　　192, 199, 223, 225, 228,
　　251, 262
ブーシェ＝ルクレール、オーギュスト　　　　　　　　193
フェイト・ライン
　　70, 92-97, 119, 121, 125,
　　127, 129, 131-133, 154,
　　157, 163-164
複線
　　　　　　　78, 84, 90, 96
プラエトリウス、ヨハン　252
プラクティカル・ハンド
　　35, 38, 148, 152-153, 155
　　-156, 171, 176-177
フラッド、ロバート
　　　　　　　　252, 264-267
プラトン　　　　　　　188
フリードリヒ２世　225, 239
プリニウス　　　　192-193
プルキンジェ、ジャン　333
ブロ、ジャン・バプティスト
　　　　　　　　257-258, 269
ヘッド・ライン
　　70, 83, 86-91, 100, 119,
　　121, 123, 125, 127, 129,
　　131-133, 163
ヘロン＝アレン、エドワード
　　　　　　　186, 301-303
ベンハム、ウィリアム・G
　　　　　　　319-324, 331

[ま行]
マーキュリーの丘
　　58, 107, 112, 118, 120,
　　122, 124, 126, 128, 130,
　　145, 149, 157, 161, 167,
　　172, 177
マーキュリーの指　　58, 153,
　　157, 161, 167, 172, 177

マーキュリー・ライン　　112
マーズ・ライン　　108, 175
マーズの丘と平原
　　60, 76, 82-83, 89, 100,
　　108, 112, 118, 120, 122,
　　124, 126, 128, 130, 143,
　　146, 149, 157, 167, 172,
　　177
マイオリクス、ロデリクス・デ
　　　　　　　　　　230
マイナーライン
　　70, 102-113, 136, 145,
　　149, 155, 157, 172, 175,
　　177
マグヌス、アルベルトゥス
　　　　　　　　　　225
ミドロ、チャールズ　　333
メータム、ジョン　　231-232
メジャーライン
　　　　70-99, 103, 107, 136
モロー、マダム・アデル
　　　　　　　　　288-289

[や行]

ユウェナリス、デキムス・ユニ
　ウス　　　　　　192-193

[ら行]

ライフ・ライン
　　70, 74-79, 88, 98-99, 108,
　　119, 121, 123, 125, 127,
　　129, 131-133, 163, 174-
　　175, 177
リディアル、チャールズ　306
リリー、ウィリアム
　　　　267-268, 278-279, 281
リレイションシップ・ライン
　　　　　　　107, 163, 172
ルッツ、ルートヴィヒ　　251
ルナの丘
　　64, 88-89, 110, 119, 121,
　　123, 125, 127, 129, 131,
　　145-146, 149, 157, 167,
　　172-173, 177

レヴィ、エリファス
　　　　296-297, 299, 319
ロタマン、ヨハネス
　　　　248-249, 267-268
ロッカ、バルトロメオ・デッラ
　　　　　　　　　　241

[わ行]

ワーナー、ウィリアム・ジョン
　　　　　　　　　　309

エピローグ

　この本の共著者である伊泉龍一氏にはじめてお会いしたのは約8年前。わたしが本格的に西洋占術を学びはじめて、しばらく経った頃でした。とてもスマートな（かつ、ちょっと軽い！？）外見の印象とはかけ離れている伊泉氏の占いに関する奥深い知識に魅せられて、長らく（勝手に）師匠と仰がせていただいてまいりました。
　そんなわたしにとってのまさに「巨匠」と共に、こうして本を出版させていただく運びになったことは、個人的にはとても感慨深いところです。
　手相を含めた西洋占術に関して、わたしが強い興味を持ったのは子ども時代です。けれどもそれを本格的に探求してみようという気持ちになったのはずっと後のことで、最初はちょっとした思いつきのようなものだった気がします。それが、あれやこれやの事情を経て、気づけばプロとして仕事をするまでに至っていました。
　その過程を考えてみると、何だかとても不思議で、運命のどういう流れがわたしをここへ運んできたのだろう……と考えてしまうことがあります。
　この本を手に取ってくださったみなさんにも、「どうしてわたしの人生はこんなふうに進むことになったのだろう？」という疑問が、ふと心に湧くことはないでしょうか？　そして、そんなとき、手のひらに刻まれたシワが、それを語ってくれるのではないかという期待を抱いてしまうことはありませんか？
　この本の第Ⅱ部は、伊泉氏の手による、日本でこれまで正しく紹介されることのなかった手相の歴史についての非常に詳しい記述ですが、これは「人生の不思議」を解読することに魅入られた人間の

歴史を綴ったものでもあると、わたしは思っています。

　ところで、手相術は占いとして、とてもシンプルなものです。占星術やタロットと違い、なんの道具も要りません。ただ手を観ればよいのですから。でも学びはじめると、思いのほか手相術を身につけることが簡単ではないことに気づかされます。

　わたしが担当したのは第Ⅰ部第Ⅱ章からⅥ章にかけてですが、手相術を完全マスターできるテキストになるよう、システマティックにまとめることに尽力しました。「この相はこういう意味」「この線が出ている人はこう」という無味乾燥な解説はできるだけ避け、「解釈のしくみ」が分かるように努めています。

　ハンドタイプや指と丘については、解釈を覚えやすくする「イメージ」をつけるようにし、複合リーディングについては、その手順とポイントを明確にするよう、心がけたつもりです。

　さらに、手相の実際的なリーディングを明快なものにするために、チャートをつけるという試みに挑戦しました。手相をはじめて学ぶ方にも、プロを目指していらっしゃる方にも、これはきっとお役に立つと思います。

　この巻末のチャート作りに関しては、この本の編集担当者である木本万里さんに、ほとんどの部分を助けていただき、素晴らしい形に仕上げることが出来ました。木本さんにはこのほか、全般の構成に関することから細部に至るまでの的確なアドバイスをいただき、大変感謝しております。この場を借りて、改めて深く御礼申し上げます。

ジューン澁澤

エピローグ

　本書を執筆している間、パーティーや飲み会などで久しぶりに顔を合わせた知人から「今、何の本を書いているの？」と聞かれ、「手相の本だよ」と答えると、男女問わず、決まってすっと手のひらを差し出されました。

　かりにここで、誰かひとりの手相を観てあげたものなら大変です。次から次へと人が集まってきて、何人もの手相を観なければならない羽目になってしまいます。そこでわたしは、「本が出たら読んでよ。今書いている本は、自分で手相が読めるようになるための本だから」と返答して、毎度、その場を切り抜けることにしていました。

　ちなみに、今までほかの占いの本を書いているときに、こんな経験をしたことはありません。これはやはり、「手相の人気、恐るべし！」というべきなのでしょうか。

　実際に、手相術はある意味、日本でもっともポピュラーな占いだと言えるでしょう。もちろん「星占い」、「タロット」、「易」、「四柱推命」といったほかの占いも非常に人気があります。とはいえ、「星占い」や「タロット」は比較的若い層から、逆に「易」、「四柱推命」などは年配層からの支持が多いという点で、その人気の分布には年齢層による偏りがあることは否めません。

　その一方で手相はと言えば、老若男女問わず広く親しまれているという点で、ここ日本においては、まさしく「国民的」な占いだと言えるでしょう。何といっても、雑誌などの星占いによる「今月の運勢」に、ほとんど無関心の男性の方でも、手相を観てもらうとなると、とたんに引き込まれて真剣に聞き入ってしまうなんていう姿

も、決して珍しいことではありません。

　ほかでもない自分の手のなかに、自分の運命が刻まれているという、ふと考えてみれば、とても独特で不思議な発想に基づく手相術には、人を惹きつけてやまない何とも言えない魅力があります。だからこそ手相術は、その形を変えながらも、ヨーロッパの長い歴史のなかを生き続け、こうして21世紀の日本においても、衰えることのないその人気を保持しているのでしょう。

　さて今回、こうして手相術の本を書くにあたって、全体をとおして、ふたつの大事なポイントを見失わないようにしました。

　ひとつ目は、手相術のメソッドを説明するにあたって、まずはその基本原理をきちんと説明すること。そしてあくまでそれを基に、個々の解釈を記述していくというスタイルを採用することです。というのも、これまで日本で出版されている多くの手相術の本は、いきなり個々の解釈が羅列されているだけで、肝心のその基本原理について触れているものが、きわめて少なかったから、というのがその理由です。

　もうひとつは、本を読んでくれた人が自分で手相を観ることができるようになるために、"枝葉"をなるべく切り落としてその中心となる"幹"の部分を強調することです。すなわち、あれもこれもと細かな解釈を盛り込むことよりも、手相術の基本中の基本をまずはしっかりと解説することに努めることにしました。

　そのため本書では、欧米の手相術の本のなかに出ているすべての解釈を網羅しているわけではありません。たとえば、「指先の形」、「爪」、「指紋・掌紋」などについての解釈は、今回はあえて省略しました。

　特に、「指紋・掌紋」に関しては、20世紀に入ってからの欧米の手相術の世界では、それを重視すべきだと考える研究家も多々いる

ため、それについても一章を割くべきかとも、最後の最後まで迷いましたが、また別の機会に譲ることにしました。

　以上のようなふたつのポイントに留意しながら出来上がった本書は、「手相の根本にある"しくみ"をしっかり理解する」ということと、「自分で手相を観ることができるようになる」という点において、これまでの類書にはないほどの明快な内容の本になったのではないかと自負しています。

　とはいえ、わたし自身が執筆した第Ⅱ部の歴史のところは、その性格上、人名や年号などが頻発するため、どうしても読みづらいと感じられる部分もあるでしょう。特に、12世紀から17世紀ごろまでは、人名や書名の列挙と概略的な記述になってしまっているため、やや面白みに欠ける箇所も多々あるかと思います。なので、読むときには、あまり細部にこだわらず、ざっとおおまかな歴史の流れを追っていただければ幸いです。

　また、すでに本書を読んでいただいた方はお分かりのとおり、手相術の基本原理の多くは、占星術の天体のシンボリズムにあります。歴史的にも、手相術は占星術と結びつくことで、ひとつの体系的な占いとして形作られていきました。本書では、そういった手相術と占星術のかかわりについても、これまでの類書よりもしっかりと説明していますので、占星術ファンの人にも、本書の手相術はおおいに興味を持って読んでいただけるのではないかと思っています。

　同シリーズの前著『数秘術の世界』同様、本書の編集を担当していただいた駒草出版の木本万里さんには、こちらの勝手な都合で、原稿が大幅に遅れてしまったにもかかわらず、「じっくりよい本を作りましょう」と励ましの言葉をいただき、本当に感謝の念が尽きません。

ライターの水野由紀子さんには、海外の学術論文の収集のお手伝いをいただきまして、本当に助かりました。ありがとうございます。

　また毎度のことながら、本書の大枠は、新宿朝日カルチャーセンター、及び横浜ＮＨＫ文化センター・ランドマーク校での講座内容が基になっています。受講生の方々、ならびにスタッフのみなさん、本当にいつもありがとうございます。

　最後に、今から遡ること10年ほど前、当時、手相に関してまったく無知だったわたしのぶしつけな質問に対して、いろいろ丁寧に答えてくださった東洋占術家の大石眞行先生には、この場を借りて深くお礼を申し上げます。

伊泉　龍一

伊泉　龍一　【Ryuichi Izumi】

占い・精神世界研究家。タロット・カード、ヌメロロジー（数秘術）、占星術、手相術、ルーンなどを始めとして欧米の多数の占いを紹介している。
著書：『タロット大全　歴史から図像まで』（紀伊國屋書店）、『完全マスタータロット占術大全』（説話社）共著：『数秘術の世界』（駒草出版）、『数秘術完全マスターガイド』（同）、『リーディング・ザ・タロット』（同）、『ルノルマン・カードの世界』（同）
訳書：ジョアン・バニング著『ラーニング・ザ・タロット』（駒草出版）、レイチェル・ポラック著『タロットの書』（フォーテュナ）、ケヴィン・バーク著『占星術完全ガイド』（同）、マーカス・カッツ、タリ・グッドウィン著『シークレット・オブ・ザ・タロット』『ラーニング・ルノルマン』（同）他多数。
監修：アレハンドロ・ホドロフスキー、マリアンヌ・コスタ著『タロットの宇宙』（国書刊行会）
《オフィシャルサイト》運命の世界　　http://unmeinosekai.com/
　　　　　　　　　　西洋占星術の世界　http://astro-fortune.com/

ジューン澁澤　【June Shibusawa】

西洋占術研究家。
HL研究所（ヘルメティーク・ルードゥス・ラボラトリー）主宰。
錬金術やカバラなどの西洋思想を占いに取り込み、「エスパー・タロット」「血液型錬金術」などの斬新な占いを各メディアに発表中。
著書：『リーディング・ザ・タロット』、『血液型錬金術』（駒草出版）、『ミラクルあたる！　ワクワク手相うらない』（西東社）。

西洋手相術の世界
Astro Palmistry Lesson
『手』に宿された星々の言葉

2007年3月1日　初版発行
2019年3月28日　第4刷発行

著　者	伊泉　龍一	
	ジューン澁澤	
イラスト	山本　加奈子	
発行者	井上　弘治	
発行所	**駒草出版**　株式会社ダンク　出版事業部	
	〒 110-0016	
	東京都台東区台東 1-7-1	
	邦洋秋葉原ビル 2F	
	TEL：03-3834-9087	
	FAX：03-3834-4508	
印刷・製本	シナノ印刷株式会社	

© Ryuichi Izumi, June Shibusawa 2007, printed in Japan
ISBN978-4-903186-30-6　C2076
落丁・乱丁本はお取り替えいたします。

Astro Palmistry Chart
【西洋手相術チャート】

Love【恋愛】

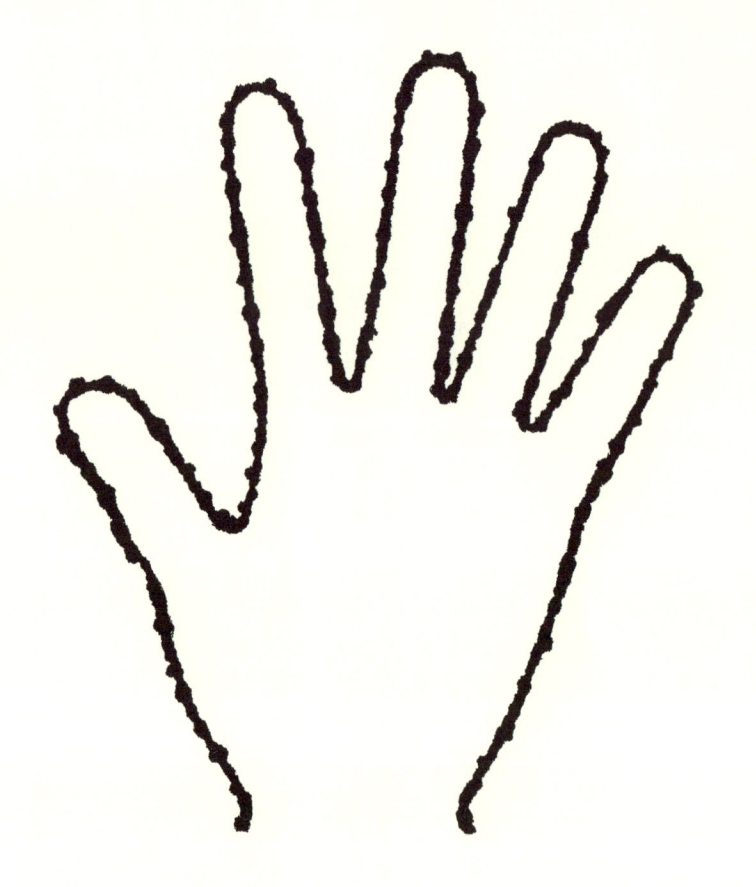

[Name]   [Age]

step:1【ハンドタイプで「恋愛傾向」を読む】

「ハンドタイプ」を見つけましょう。

	A 手のひらの横幅と縦の長さがほぼ同じなら	B 横幅よりも縦のほうが長いなら
a 手のひらの横幅と中指の長さがほぼ同じなら	A+a ⇒ プラクティカル・ハンド 【地】 **着実な人生を優雅に歩む人**	B+a ⇒ インテューイティブ・ハンド 【火】 **未知に挑むパワフルな輝きの人**
b 横幅よりも中指のほうが長ければ	A+b ⇒ インテレクチュアル・ハンド 【空気】 **自由と思索を愛する粋な人**	B+b ⇒ センシティブ・ハンド 【水】 **世界とつながる力を持つ優しい人**

Astro Palmistry Chart 【自己診断表】

step:2 【指と丘で「恋愛能力」を探る】
特徴的な「指と丘」をチェックしてみましょう。

	指	丘	
ジュピターの指と丘	直・曲・長・短	厚い	よりよい恋を見つける能力
サターンの指と丘	直・曲・長・短	厚い	恋を継続させる能力
アポロの指と丘	直・曲・長・短	厚い	恋心を表現する能力
マーキュリーの指と丘	直・曲・長・短	厚い	相手とよい関係を作る能力
マーズの丘と平原	直・曲・長・短	厚い	恋を勝ち得る能力
ヴィーナスの丘	直・曲・長・短	厚い	恋に落ちる能力
ルナの丘	直・曲・長・短	厚い	相手を理解する力
親　指	直・曲・長・短	厚い	自分を押しとおす力

ジュピター(人差し指)、サターン(中指)、アポロ(薬指)、マーキュリー(小指)

step:3 【ハート・ラインで「恋愛運」を読む】
ハート・ライン(P80～85)の「全体像」をチェックしてみましょう。

形　状		太い　・　普通　・　細い
		濃い　・　普通　・　薄い
流　れ		直線　・　曲線
到達点		マーズの丘　・　ジュピターの丘
時期別判断	〈子供時代〉	切れ目　・　切り替わり　・　複線　・　鎖　・　支線
	〈青年時代〉	切れ目　・　切り替わり　・　複線　・　鎖　・　支線
	〈壮年時代〉	切れ目　・　切り替わり　・　複線　・　鎖　・　支線

step:4 【マイナー・ラインと印で「悩み」を読む】
4つの丘にある「マイナー・ラインと印」をチェックしてみましょう。

	マイナー・ライン	印
アポロの丘	有(P106)・無	ク・スタ・スク・ア・ド・グ・トラ・バ・タ
マーキュリーの丘	有(P107)・無	ク・スタ・スク・ア・ド・グ・トラ・バ・タ
ルナの丘	有(P110)・無	ク・スタ・スク・ア・ド・グ・トラ・バ・タ
マーズの丘	有(P108)・無	ク・スタ・スク・ア・ド・グ・トラ・バ・タ

ク=クロス(P118)、スタ=スター(P120)、スク=スクエア(P122)、ア=アイランド(P124)、ド=ドットまたはスポット(P126)、グ=グリル(P128)、トラ=トライアングル(P130)、バ=バー(P132)、タ=タッセル(P133)

Work 【適職】

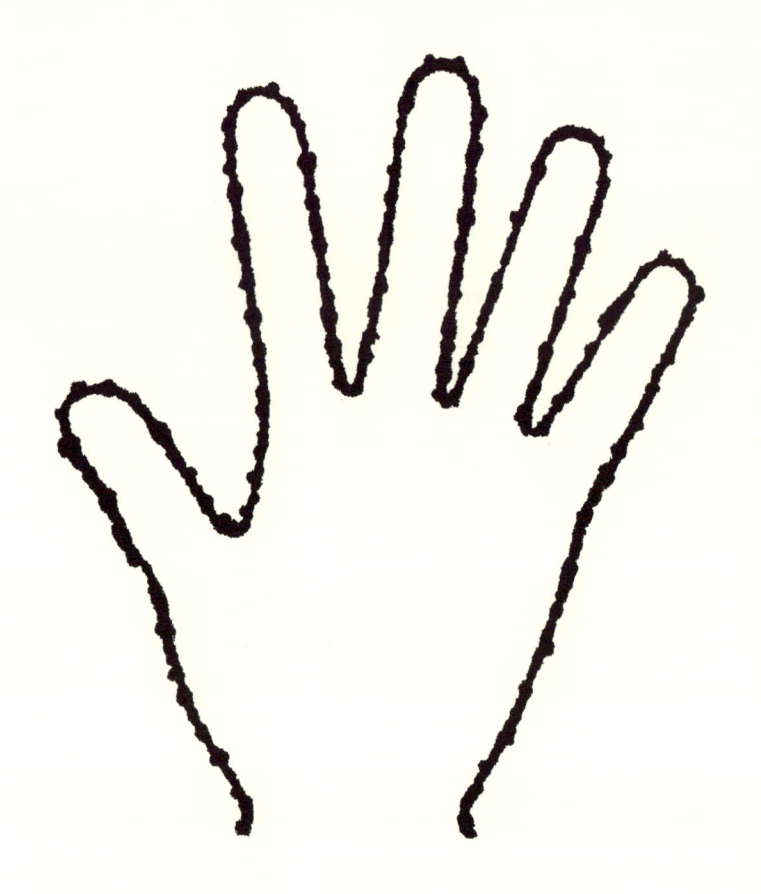

[Name]　　　　　　　　　　　　　　　　　　　[Age]

step:1 【ハンドタイプで「適職を探す指針」を読む】

「ハンドタイプ」を見つけましょう。

	A 手のひらの横幅と縦の長さがほぼ同じなら	B 横幅よりも縦のほうが長いなら
a 手のひらの横幅と中指の長さがほぼ同じなら	A+a ⇒ プラクティカル・ハンド 【地】 適性より、好き嫌いを重んじる	B+a ⇒ インテューティブ・ハンド 【火】 好奇心が強い分野を見つける
b 横幅よりも中指のほうが長ければ	A+b ⇒ インテレクチュアル・ハンド 【空気】 自由度の低い仕事は避ける	B+b ⇒ センシティブ・ハンド 【水】 人から喜ばれる仕事に向く

Astro Palmistry Chart 【自己診断表】

step:2 【指と丘で「仕事能力」を探る】

特徴的な「指と丘」をチェックしてみましょう。

	指	丘	
ジュピターの指と丘	直・曲・長・短	厚い	政治的、教育的仕事に対する能力
サターンの指と丘	直・曲・長・短	厚い	専門的技術や知識を身につける仕事に対する能力
アポロの指と丘	直・曲・長・短	厚い	創作や自己表現が必要な仕事に対する能力
マーキュリーの指と丘	直・曲・長・短	厚い	人と常にかかわる仕事や商売に対する能力
マーズの丘と平原	直・曲・長・短	厚い	人と競い合う仕事に対する能力
ヴィーナスの丘	直・曲・長・短	厚い	五感の発達を必要とする仕事に対する能力
ルナの丘	直・曲・長・短	厚い	想像や思いやりが必要な仕事に対する能力
親　指	直・曲・長・短	厚い	決定権を握る仕事に必要な能力

ジュピター（人差し指）、サターン（中指）、アポロ（薬指）、マーキュリー（小指）

Step:3 【フェイト・ラインで「使命」を読む】

フェイト・ライン（P92～97）の「全体像」をチェックしてみましょう。

形　状	太い　・　普通　・　細い	
	濃い　・　普通　・　薄い	
流　れ	直線　・　曲線	
到達点	上　・　中央　・　下	
時期別判断	〈子供時代〉	切れ目　・　切り替わり　・　複線　・　鎖　・　支線
	〈青年時代〉	切れ目　・　切り替わり　・　複線　・　鎖　・　支線
	〈壮年時代〉	切れ目　・　切り替わり　・　複線　・　鎖　・　支線

step:4 【マイナー・ラインで「特別な適性」を読む】

5つの「マイナー・ライン」をチェックしてみましょう。

ジュピター・リング	サターン・リング	アポロ・リング	直観の三日月	ヴィーナスの帯
有(P104)・無	有(P105)・無	有(P106)・無	有(P110)・無	有(P113)・無

Turning Point 【転機】

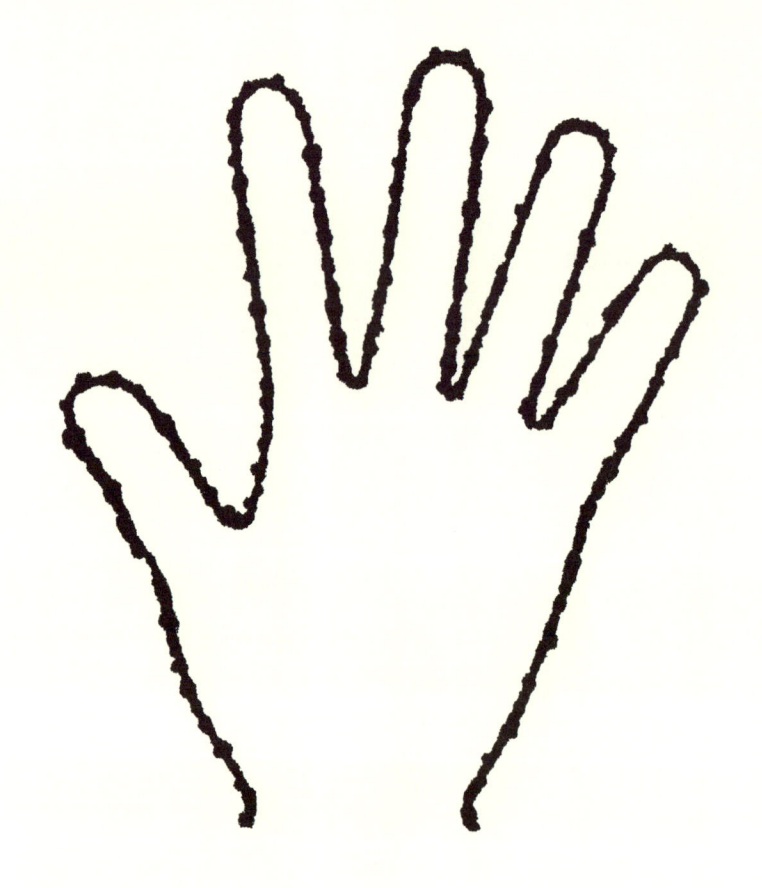

[Name]   [Age]

step:1 【ハンドタイプで「適性」を読む】

「ハンドタイプ」を見つけましょう。

	A 手のひらの横幅と縦の長さがほぼ同じなら	B 横幅よりも縦のほうが長いなら
a 手のひらの横幅と中指の長さがほぼ同じなら	A+a ⇒ プラクティカル・ハンド 【地】 適性より、好き嫌いを重んじる	B+a ⇒ インテューティブ・ハンド 【火】 好奇心が強い分野を見つける
b 横幅よりも中指のほうが長ければ	A+b ⇒ インテレクチュアル・ハンド 【空気】 自由度の低い仕事は避ける	B+b ⇒ センシティブ・ハンド 【水】 人から喜ばれる仕事に向く

step:2【指と丘で「仕事能力」を読む】
特徴的な「指と丘」をチェックしてみましょう。

	指	丘	
ジュピターの指と丘	直・曲・長・短	厚い	向上心や指導力が必要な仕事に対する能力
サターンの指と丘	直・曲・長・短	厚い	専門的な技術や知識がいる仕事に対する能力
アポロの指と丘	直・曲・長・短	厚い	創作や自己表現が必要な仕事に対する能力
マーキュリーの指と丘	直・曲・長・短	厚い	人と常にかかわる仕事や、商売に対する能力
マーズの丘と平原	直・曲・長・短	厚い	闘争心の必要な仕事に対する能力
ヴィーナスの丘	直・曲・長・短	厚い	五感の発達を必要とする仕事に対する能力
ルナの丘	直・曲・長・短	厚い	察知する直感が必要な仕事に対する能力
親　指	直・曲・長・短	厚い	決定権を任される仕事に必要な能力

ジュピター（人差し指）、サターン（中指）、アポロ（薬指）、マーキュリー（小指）

step:3【転機の内容により、注目するラインを見つけましょう】

起業・引退 ⇒ ライフ・ライン＆フェイト・ライン（＋リレイションシップ・ライン）
職種変更・進路変更 ⇒ フェイト・ライン（＋ヘッド・ライン）
別れの決断・結婚 ⇒ ハート・ライン（＋ライフ・ライン＆リレイションシップ・ライン）
留学・勉学始動 ⇒ ヘッド・ライン

ライン	項目	内容
ライフ・ライン (P74〜79)	形状と流れ	太い・普通・細い／濃い・普通・薄い／直線・曲線
	時期別判断	〈子供時代〉切れ目・切り替わり・複線・鎖・支線
		〈青年時代〉切れ目・切り替わり・複線・鎖・支線
		〈壮年時代〉切れ目・切り替わり・複線・鎖・支線
フェイト・ライン (P92〜97)	形状と流れ	太い・普通・細い／濃い・普通・薄い／直線・曲線
	時期別判断	〈子供時代〉切れ目・切り替わり・複線・鎖・支線
		〈青年時代〉切れ目・切り替わり・複線・鎖・支線
		〈壮年時代〉切れ目・切り替わり・複線・鎖・支線
ハート・ライン (P80〜85)	形状と流れ	太い・普通・細い／濃い・普通・薄い／直線・曲線
	時期別判断	〈子供時代〉切れ目・切り替わり・複線・鎖・支線
		〈青年時代〉切れ目・切り替わり・複線・鎖・支線
		〈壮年時代〉切れ目・切り替わり・複線・鎖・支線
ヘッド・ライン (P86〜91)	形状と流れ	太い・普通・細い／濃い・普通・薄い／直線・曲線
	時期別判断	〈子供時代〉切れ目・切り替わり・複線・鎖・支線
		〈青年時代〉切れ目・切り替わり・複線・鎖・支線
		〈壮年時代〉切れ目・切り替わり・複線・鎖・支線
リレイションシップ・ライン (P107)	形状と流れ	太い・普通・細い／濃い・普通・薄い／直線・曲線
	時期別判断	〈子供時代〉切れ目・切り替わり・複線・鎖・支線
		〈青年時代〉切れ目・切り替わり・複線・鎖・支線
		〈壮年時代〉切れ目・切り替わり・複線・鎖・支線

Marriage 【結婚】

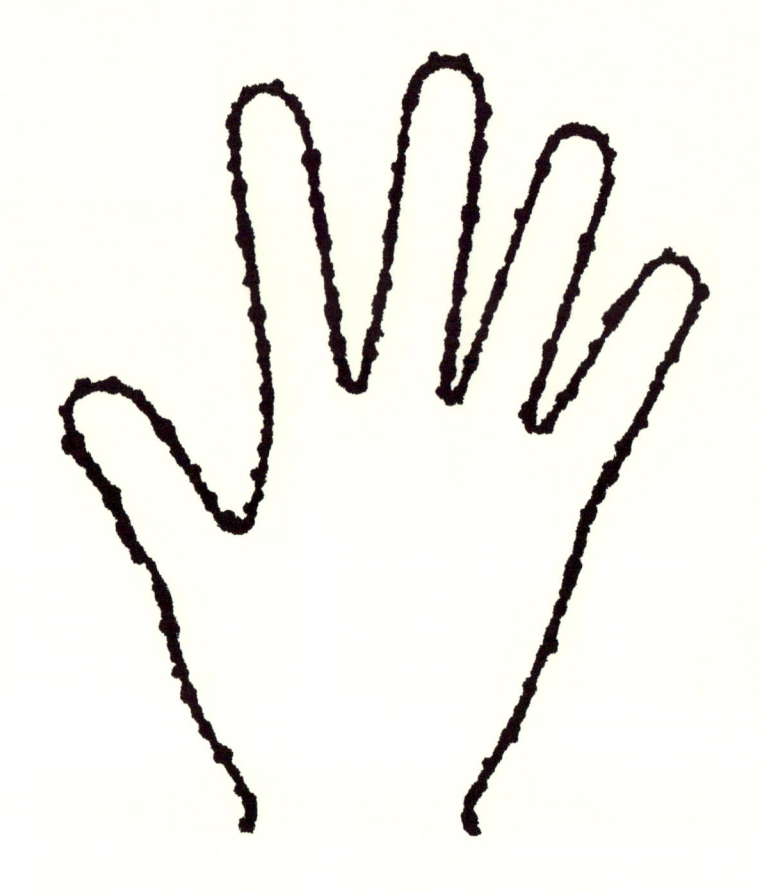

[Name] [Age]

step:1 【ハンドタイプで「理想的な結婚形態」を読む】

	A 手のひらの横幅と縦の長さがほぼ同じなら	B 横幅よりも縦のほうが長いなら
a 手のひらの横幅と中指の長さがほぼ同じなら	A+a ⇒ プラクティカル・ハンド 【地】 **信頼できるパートナーとの安定した結婚生活**	B+a ⇒ インテューティブ・ハンド 【火】 **ぶつかり合えるパートナーとの活気に満ちた結婚生活**
b 横幅よりも中指のほうが長ければ	A+b ⇒ インテレクチュアル・ハンド 【空気】 **自由を与えてくれるパートナーとの変化に飛んだ結婚生活**	B+b ⇒ センシティブ・ハンド 【水】 **分かり合えるパートナーとの愛にあふれた結婚生活**

Astro Palmistry Chart 【自己診断表】

step:2 【パートナーの指と丘で「相性」を読む】

自分のハンドタイプに対応するパートナーの手相を見てみましょう。

【自分のハンドタイプ】	【相手の指と丘】
プラクティカル・ハンド	サターンの指と丘（P54〜55）
インテレクチュアル・ハンド	マーキュリーの指と丘（P58〜59）
インテューティブ・ハンド	マーズの丘と平原（P60〜61）
センシティブ・ハンド	ルナの丘（P64〜65）

step:3 【ラインで結婚運を読む】

ふたつのラインの全体像をチェックしてみましょう。

ライフ・ライン(P74〜79)	形　状		太い ・ 普通 ・ 細い	
			濃い ・ 普通 ・ 薄い	
	流　れ		直線 ・ 曲線	
	時期別判断	〈子供時代〉	切れ目 ・ 切り替わり ・ 複線 ・ 鎖 ・ 支線	
		〈青年時代〉	切れ目 ・ 切り替わり ・ 複線 ・ 鎖 ・ 支線	
		〈壮年時代〉	切れ目 ・ 切り替わり ・ 複線 ・ 鎖 ・ 支線	
ハート・ライン(P80〜85)	形　状		太い ・ 普通 ・ 細い	
			濃い ・ 普通 ・ 薄い	
	流　れ		直線 ・ 曲線	
	時期別判断	〈子供時代〉	切れ目 ・ 切り替わり ・ 複線 ・ 鎖 ・ 支線	
		〈青年時代〉	切れ目 ・ 切り替わり ・ 複線 ・ 鎖 ・ 支線	
		〈壮年時代〉	切れ目 ・ 切り替わり ・ 複線 ・ 鎖 ・ 支線	

マイナーラインが出ているか探してみましょう。

ジュピター・リング	有(P 104)・無	マーズ・ライン	有(P 108)・無
ジュピター・ライン	有(P 104)・無	アフェクション・ライン	有(P 109)・無
サターン・リング	有(P 105)・無	直観の三日月	有(P 110)・無
アポロ・リング	有(P 106)・無	ヴィア・ラシビア	有(P 110)・無
アポロ・ライン	有(P 106)・無	トラベル・ライン	有(P 111)・無
リレイションシップ・ライン	有(P 107)・無	マーキュリー・ライン	有(P 112)・無
クロス・ミスティーク	有(P 108)・無	ヴィーナスの帯	有(P 113)・無

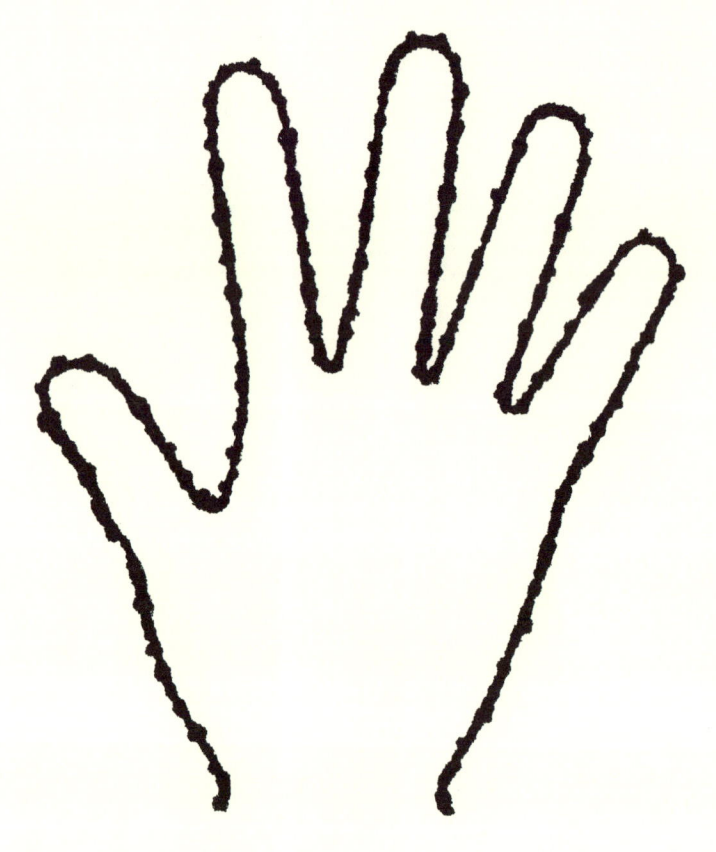

Astro Palmistry Chart 【自己診断表】

[Name] _____ [Age] _____

step:1【「ハンドタイプ」を書き込んでみましょう。】

ハンドタイプ： _____ エレメント： _____

キーワード： _____

傾　向： _____

Astro Palmistry Chart 【自己診断表】

step:2 【特徴的な「指と丘」を書き込んでみましょう。】

特徴的な指と丘	状　態	アビリティ	傾　向

step:3

「メジャー・ライン」の全体像を書き込んでみましょう。

	形　状	基点と到達点	傾　向
ライフ・ライン			
ハート・ライン			
ヘッド・ライン			
フェイト・ライン			

「マイナー・ライン」を探しましょう。

マイナー・ライン	丘	傾　向

step:4 【「印」を探しましょう。】

印	基本の意味	表れた場所	傾　向